간호직공무원
기출문제

간호관리/지역사회간호

89급

다락원

우리나라는 급속한 경제성장에 의한 국민소득의 증가와 건강보험제도의 도입으로 의료 서비스에 대한 수요가 나날이 증가하면서 의료자원의 집중을 초래하고 있습니다. 또한 소비자의 대형병원 선호 현상과 맞물려 종합병원의 규모가 예전과 비교할 수 없을 정도로 대형화되고 있습니다.

이러한 상황과 함께 의료인적자원의 중심부에 있는 간호사 및 지역사회에 배치되어 있는 간호인력들에게 의료소비자들의 기대와 욕구가 향상되고 있습니다.

특히, 우리나라는 매년 간호인력 공무원을 채용하여 보건복지의 선진화를 추구하고 있습니다.

여기에 발맞추어 이번에 출간하게 된 〈원큐패스 8·9급 간호직공무원 기출문제 간호관리/지역사회간호〉가 간호인력 공무원 시험을 준비하는 수험생들에게 완벽한 교재가 되기를 바라며 본 교재의 특징은 다음과 같습니다.

1. 시험공부 방향의 디딤돌이 될 최신 기출문제만을 엄선하여 수록하였다.
2. 반복적인 기출문제 학습으로 시험문제 출제경향을 손쉽게 파악할 수 있다.
3. 실제 출제된 다양한 문제를 풀어보면서 스스로 출제 난이도를 파악할 수 있다.
4. 각 문제별로 상세한 설명을 수록하여 학습자 스스로 공부할 수 있도록 구성하였다.
5. 자기주도학습의 기초인 정리학습을 할 수 있도록 각 문제별 메모장을 수록하였다.

끝으로 모든 수험생들이 〈원큐패스 8·9급 간호직공무원 기출문제 간호관리/지역사회간호〉를 통해 꼭 합격하기를 기원합니다. 감사합니다.

※ 질병관리본부가 질병관리청으로 승격하였음 알려드립니다.

응시자격
① 대한민국 국적 소지자(서울시는 거주지 제한없으나 지방직은 지역마다 상이하므로 반드시 지역 공고문 참조)
② 서울시는 간호사 면허증 소지자, 지방직은 간호사 면허증 또는 조산사 면허증 소지자(일부 지역은 제외이므로 지역 공고문 참조)
③ 원서접수 시에 자격증, 면허증, 학위를 취득하지 못하였어도 당해 면접시험 최종일까지 자격증, 면허증, 학위 취득이 확실시 되는 경우 응시 가능
④ 「지방공무원법」 제31조의 결격사유에 해당되거나, 「지방공무원법」 제66조에 해당되는 자 또는 「지방공무원 임용령」 제65조 및 「부패방지 및 국민권익위원회의 설치와 운영에 관한 법률」 제82조 등 관계법령 등에 의하여 응시자격이 정지된 자는 응시할 수 없음

응시연령
제한 없음

시험공고
매년 2월경 각 지방자치단체 홈페이지

선발전형
필기시험(매 과목당 100점 만점, 4지택 1형 20문항, 1문항 당 1분 기준) → 면접시험(필기시험 합격자에 한해 면접시험에 응시할 수 있음) → 최종합격

[필기시험 과목]

서울시	생물, 간호관리, 지역사회간호 (총 3과목)
지방직	국어, 영어, 한국사, 간호관리, 지역사회간호 (총 5과목)

[면접시험]
필기기험에 합격한자만 응시할 수 있으며 인성검사(서울시)와 면접시험을 실시한다.

[최종합격]
최종 발표일에 해당 응시처의 인터넷 홈페이지를 통하여 확인이 가능하다.

원서접수	서울시	서울시 인터넷원서접수센터 홈페이지
	서울시 이외	지방자치단체 인터넷원서접수센터 홈페이지

공통 적용 가산비율

[대상자 구분]

대상자	가산비율
취업지원 대상자	• 필기시험의 각 과목 40% 이상 득점한 자에 한하여 각 과목별 만점의 일정 비율 10% 또는 5%을 가산함
의사상자 대상자	• 필기시험의 각 과목 40% 이상 득점한 자에 한하여 각 과목별 만점의 일정 비율 5% 또는 3%을 가산하며, 다른 법률에 의한 취업지원대상이 될 경우 본인에게 유리한 것 하나만 가산함
자격증 소지자	• 각 과목에서 40%이상 득점한 자에 한하여 그 시험과목 만점의 일정 비율에 해당하는 점수를 다음 표에 의하여 필기시험의 각 과목별 득점에 가산함 • 자격증 가산점은 공통적용 자격증 1개, 직렬별 자격증 1개만 인정됨(최대 2개) 단, 1개의 자격증이 공통적용 자격증과 직렬별 자격증에 공통적으로 가산 대상이 되는 경우 본인에게 유리한 분야 하나만을 가산함(본인이 신청한 분야로 인정)

[가산비율(공통적용 자격증 가산비율)]

직 급	자격증 등급별 가산비율		
	1%		0.5%
8·9급	• 정보관리기술사 • 정보처리기사 • 정보보안기사 • 정보처리산업기사 • 정보보안산업기사	• 컴퓨터시스템응용기술사 • 전자계산기조직응용기사 • 사무자동화산업기사 • 전자계산기제어산업기사 • 컴퓨터활용능력 1급	• 정보기기운용기능사 • 정보처리기능사 • 워드프로세서(구 워드프로세서 1급) • 컴퓨터활용능력 2급

업무	① 각 지역의 국·공립병원이나 시립·도립병원 또는 각 지방 보건소, 의료원 및 재활원에서 근무한다. ② 간호사 본연의 업무 위주로 하며 지역민의 의료간호사업에 관한 전문적이고 기술적인 업무를 담당한다.

반복적 기출문제 학습으로 실제 시험감각 UP!

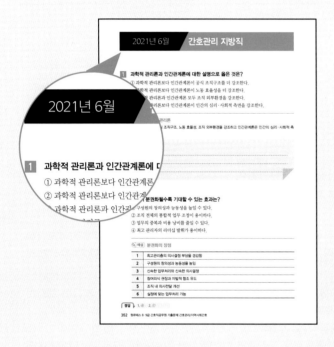

- 시험공부 방향의 디딤돌이 될 최신 기출문제를 수록하였다.
- 반복적인 기출문제 학습으로 시험문제 출제경향을 손쉽게 파악할 수 있다.
- 실제 출제된 다양한 문제를 학습함으로써 스스로 출제난이도를 파악할 수 있다.

문제별 포인트를 기록할 수 있는 메모장 기능 수록!

- 자기주도학습의 기초인 정리학습을 할 수 있도록 각 문제별 메모장을 수록하였다.

이론서에 준하는 상세한 설명으로 기초 이론 탄탄!

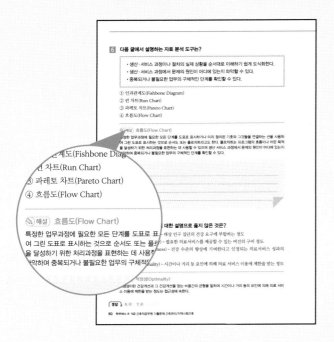

● 각 문제별 상세한 설명으로 틀린 문제를 복습하면서 자기주도학습을 할 수 있다.

도표 정리로 중요한 포인트 한눈에 쏙!

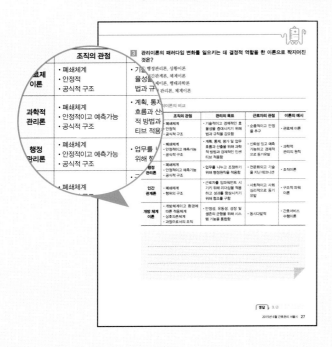

● 도표식 정리로 복잡한 설명을 한눈에 알아볼 수 있도록 정리하였다.

차례

간호관리 기출문제

지역사회간호 기출문제

부록

간호직공무원
기출문제

간호관리/지역사회간호

8·9급

간호관리
기출문제

1 **조직 관리 성과를 측정하는 데 있어 효과성에 대한 설명으로 옳은 것은?**

① 경제성 개념을 내포하며 투입과 산출에 대한 관계를 측정한다.

② 자원 활용을 고려하여 개인이나 조직이 수행한 성과의 공평성을 측정한다.

③ 가치 추구의 개념을 내포하며 조직 목적의 달성 정도를 측정한다.

④ 조직 목적을 달성하기 위해 자원을 생산적으로 사용했는가를 측정한다.

해설 효과성(Effectiveness)

조직 관리 성과 측정은 관리자가 달성해야 할 조직의 목적에 적합한지, 조직의 목적을 어느 정도 달성했는지를 측정한다. 조직은 관리자가 적합한 목적을 선정하고 그 목적을 달성했을 때 효과적이다. 즉 효과성은 가치추구의 개념이다.

2 **목표 관리(Management By Objectives, MBO)에 대한 설명으로 옳지 않은 것은?**

① 목표 설정의 과정은 상·하급자 간의 공동 목표 설정으로 이루어진다.

② 목표 관리의 과정은 피드백을 통하여 재계획이 이루어지는 순환 과정이다.

③ 목표 관리는 성과의 양적 측면보다 질적 측면을 중시하므로 계량화된 목표는 무시되는 경향이 있다.

④ 목표 관리의 활용 시 미리 뚜렷한 목표와 수단, 방법을 결정하여 계획적으로 업무를 수행함으로써 조직의 성과가 향상될 수 있다.

해설 목표 관리의 한계

1	조직의 목표를 명확히 하는 것은 어려우며, 최종 목표와 중간 목표 간의 갈등을 조정하기도 어렵다.
2	목표의 신축성이 결여되기 쉬우며 조직 외부 환경의 변화로 과거에 설정한 목표가 더 이상 현재의 목표로써 가치가 상실되었음에도 조직 구성원들이 목표를 고집하는 경우가 있다.
3	단기 목표를 지나치게 강조하는 경향이 있다.

정답 　1. ③　2. ③

4	계량화할 수 있는 목표를 강조한 나머지 계량화할 수 없는 성과가 무시되는 경향이 있다.
5	부서 간에 지나친 경쟁을 유발하여 조직전체의 성과에 악영향을 끼칠 수 있다.
6	예측된 문제해결로 인하여 상층 관리자의 지속적인 능력개발을 저해할 수 있다.

3 조직화의 원리 중 명령 통일의 원리에 대한 설명으로 옳은 것은?

① 조직 구성원들에게 가능한 한 가지의 주된 업무를 부여한다.
② 조직 구성원들의 업무 수행 효율화를 위해 업무를 전문화한다.
③ 조직 구성원들에게 권한과 책임에 따른 직무의 등급을 부여한다.
④ 조직 구성원은 한 사람의 직속 상관과 공식적 의사소통 채널을 갖는다.

📝해설) 명령 통일의 원리

명령 통일의 원리는 조직의 각 구성원은 한 명의 상관으로부터만 명령과 지시를 받고 보고해야 한다는 것이며, 두 명 이상의 상관으로부터 명령을 받거나 보고하게 해서는 안 된다는 원리이다. 명령 통일의 원리의 특징은 다음과 같다.

1	조직 구성원의 책임소재가 명확하다.
2	조직의 책임자가 조직을 전체적으로 조정할 수 있다.
3	상급자와 하급자 사이에 명령과 보고의 대상이 명백하다.
4	조직상 의사소통의 혼란을 최소화할 수 있다.
5	의사소통 시 하급자가 심리적 부담을 과도하게 받을 수 있다.
6	기능 전문가의 영향력 감소로 시행착오 및 업무지연이 발생할 수 있다.
7	계층적 권위가 과도하게 노출될 수 있다.

4 진료비 지불 제도 중 포괄수가제와 비교하여 행위별 수가제의 장점은?

① 국민 의료비 억제 가능　　　　　　② 진료비 관리 운영 편리
③ 과잉 진료 및 의료 서비스의 오남용 억제　④ 환자에게 양질의 고급 의료 서비스 제공

해설 행위별 수가제의 장점

1	의료 서비스의 양과 질 확대
2	의료인의 재량권 확대(의료인의 자율보장)
3	첨단 의·과학기술의 발달 유도
4	전문적 의료수가 결정에 적합
5	가장 현실적이며 합리적인 수가제도
6	의사와 환자와의 원만한 관계 유지
7	의사의 생산성 증가

5 테일러(Taylor)의 과학적 관리론에 대한 설명으로 옳은 것은?

① 사람의 적성과 능력은 누구나 동일하다.
② 한 번에 여러 가지 일을 동시에 하는 것이 능률적이다.
③ 직무의 기술적인 측면을 과학적으로 밝히는 것이 필수적이다.
④ 인간의 사회적·심리적 욕구가 충족되면 생산성이 높아진다.

해설 과학적 관리론

1	테일러와 그의 동료들에 의해서 1890년대에 시작되어 발전하였다.
2	근로자의 효율성과 생산성을 향상시키는 방법에 과학적 원칙을 적용하였다.
3	근로자가 업무를 수행하는 데 걸리는 시간 및 적절한 기구와 장비를 사용하여 업무를 더 쉽게 수행할 수 있는 방법과 가장 적은 시간으로 가장 많은 일을 수행할 수 있는 방법에 관심을 가졌다.

정답 4. ④　5. ③

| 4 | 테일러는 업무의 효율성을 높이기 위해 업무분석을 통하여 쓸데없는 동작을 제거하였고, 직무 표준화를 주장하였으며, 생산율에 따라 보수를 지급하는 제도를 채택하였다. 즉, 직무의 기술적인 측면을 과학적으로 밝히려고 하였다. |

6 다음 글에 해당하는 직무수행평가 방법은?

> 관리자가 직무에 해당하는 중요 영역들을 추출하여 몇 개의 범주 또는 차원으로 나눈 다음 각 범주의 주요 직무 내용을 6~10개 정도의 항목으로 나누어 평가하는 방법으로, 장점과 개선점을 제시할 수 있고 평가 시 주관성을 줄여 나갈 수 있는 방법이다.

① 서열법
② 중요사건 기록법
③ 강제배분법
④ 행위기준 평정척도법

해설 행위기준 평정척도법(Behaviorally Anchored Rating Scale, BARS)

1	전통적인 인사고과시스템이 지니고 있는 한계점을 극복·보완하기 위해 개발된 평가기법으로 행동평가 척도법이라고도 한다.
2	중요사건 서술법을 보다 정교하게 계량적으로 수정한 기법으로 고과자가 피고과자의 행위나 업적에 대해 등급을 매길 때 등급별로 판단의 근거가 되는 구체적인 행동기준을 제공한다.
3	관리자가 직무에 해당하는 중요 영역들을 추출하여 몇 개의 범주 또는 차원으로 나눈 다음 각 범주의 주요 직무 내용을 6~10개 정도의 항목으로 나누어 평가한다.

정답 6. ④

7 현재 우리나라 건강보험의 간호관리료에 대한 설명으로 옳지 않은 것은?

① 일당 수가의 개념을 적용하고 있다.

② 중환자실은 간호관리료 차등제가 적용되지 않고 있다.

③ 일반병동의 경우 상급종합병원은 1~6등급으로 구분하며, 6등급으로 갈수록 간호관리료 수가가 감소한다.

④ 일반병동의 경우 종합병원은 1~7등급으로 구분하며, 7등급의 경우 지역에 따라 차등 감산할 수 있다.

해설 간호관리료(간호등급 차등제)

1	병상 수 또는 환자 수 당 확보된 간호사 수에 따라 1~7등급으로 분류하여 그 등급에 따라 입원료에 대해 가산율을 적용하여 입원료를 차등지급하는 제도이다.
2	적정 수준의 간호사 수를 확보하지 못한 의료기관에서 간호 서비스의 일부를 보호자나 간병인에게 위임하는 등 입원진료 시 간호 서비스의 질이 저하되는 현상을 해소하고 의료기관의 간호 서비스 질 향상을 유도하고자 한다.
3	중환자실도 간호관리료 차등제에 포함된다.

〈출처: 대한간호협회 웹진, 보건복지부 고시 2018-041호〉

8 다음 글에 적합한 조직의 형태는?

> 400병상 규모의 A대학병원에서 앞으로 2년간 장루환자 교육을 위한 프로토콜 개발을 위하여 장루환자 간호 경력 5년 이상인 외과병동의 간호사, 간호교육 담당간호사, 상처 전문간호사 등으로 조직을 구성하였다. 이 개발이 끝나면 해당 간호사들은 다시 본래 소속되어 있던 부서로 돌아갈 예정이다.

① 프로젝트 조직

② 라인 조직

③ 라인 - 스탭 조직

④ 비공식 조직

정답 7. ② 8. ①

해설 프로젝트 조직

1	조직에 기동성을 부여한 일종의 대체조직으로 어떤 특정한 과제나 목표를 달성하기 위해 창설되는 임시적·동태적인 조직이다.
2	조직목적을 달성하기 위해 구성원들이 기존의 모 조직에서 빠져나와 함께 일하다가 프로젝트가 완성되고 나면 원래의 모 조직으로 돌아가는 탄력적인 조직이다.
3	오늘날에는 조직환경이 다양하게 변화하고 기술혁신이 급격하게 이루어진다. 따라서 종래의 정태적 조직만으로는 이와 같은 환경변화에 신속하고 합리적으로 대응할 수 없게 됨에 따라 출현하게 된 새로운 형태의 조직이다.
4	프로젝트 조직은 달성해야 할 분명한 조직 목적과 완성해야 할 분명한 마감시간이 있다.
5	프로젝트 조직은 목적을 달성하기 위해 각 분야의 전문가들이 함께 모여서 협력하는 조직으로 조직 내에서 구성원들은 거의 완벽한 수평관계를 갖는다.

---

9 **다음 글에 해당하는 의사결정 방법은?**

> 의료기관평가 방법에 대해서 전문가들 각각의 의견을 우편으로 조사하고, 이 의견들을 정리한 후 다시 전문가에게 배포하여 의견을 수렴함으로써 합의가 이루어질 때까지 해결책을 찾으려는 방법이다.

① 전자회의 기법 ② 델파이 기법
③ 명목집단 기법 ④ 브레인스토밍 기법

해설 델파이 기법의 단계

1단계	전문가에게 문제를 제시하고 일련의 질문지를 배분하여 잠정적인 해결안을 요구한다.
2단계	첫 번째 질문지를 익명으로, 독립적으로 완성한다.
3단계	첫 번째 질문지의 결과를 수집하여 복사하고 재생한다.
4단계	각 구성원들이 결과를 다시 받는다.
5단계	결과를 검토한 후 구성원들에게 해결책을 다시 요구한다. 여러 사람의 의견을 모은 결과가 새로운 해결안을 나오게 하거나 원래의 입장을 변화시키기도 한다.
6단계	만장일치에 도달할 때까지 4단계와 5단계가 반복된다.

정답 9. ②

10 하우스(House)의 경로-목표 이론에서 제시한 리더십 유형에 대한 설명으로 옳은 것은?

① 지시적(Directive) 리더십은 구성원에게 무엇을 기대하며 어떻게 과업을 성취할 것인가에 대한 지침을 제시하는 유형이다.

② 참여적(Participative) 리더십은 구성원의 복지와 욕구에 관심을 보이며 구성원에게 진실된 관심을 보이는 유형이다.

③ 성취 지향적(Achievement-Oriented) 리더십은 구성원에게 최대의 자유를 허용하며 구성원에 대한 통제가 없는 유형이다.

④ 후원적(Supportive) 리더십은 구성원에게 높은 수준의 목표에 도전하고 최고 수준의 업적을 달성하도록 자극하는 유형이다

해설 하우스(House)의 경로-목표 이론

지시적 리더십	리더가 부하의 활동을 기획, 조직, 통제하는 구조 주도적인 리더십으로 부하에게 기대하고 있는 것을 알려주고 구체적으로 지시하며 부하의 질문에 답하는 유형이다.
지원적 리더십	리더는 부하의 복지와 안녕에 대해 진실한 관심을 보이고 우호적 분위기조성과 작업 집단의 만족을 위해 노력하는 유형이다.
참여적(후원적) 리더십	리더는 부하에게 정보를 제공하고 그들의 아이디어를 공유할 것을 권유하며 의사결정 과정에서 부하들의 의견이나 제안을 고려하는 유형이다.
성취지향적 리더십	리더는 결과지향적이며 도전적인 목표를 설정하고 부하들이 그 목표를 달성하기 위해 최대한의 능력을 발휘할 것이라 기대하는 것으로 목표달성에 대한 책임은 부하에게 있는 유형이다.

정답 10. ①

11 **기획의 개념 중 조직 목표에 대한 설명으로 옳은 것은?**

① 조직이 존재하는 사회적 이유로 기획이 지향하는 도달점을 의미한다.

② 구성원의 행동을 이끌어가는 가치 또는 신념으로 기획을 성취하기 위한 방법이 방향성을 서술한 것이다.

③ 조직이 활동을 통해 달성하고자 하는 성과를 구체적인 수치로 표현한 것으로 결과를 측정하고 평가할 수 있도록 한다.

④ 조직의 의사결정을 안내하고 구성원의 행동 방침을 결정하는 지침으로 조직을 공평하고 일관성 있게 운영하게 한다.

🖎해설 **조직 목표**

1	목적에 대한 기대효과를 구체적인 수치로 표현한 것이다.
2	조직의 모든 활동을 통해서 달성해야 할 목적, 내용, 수준 및 일정(기간) 등을 분명히 하는 최종 지침이며 조직의 비전을 실현하고 목적과 철학을 실천하기 위한 구체적인 행동지침이다.
3	조직 목표의 내용은 이루어야 할 성과를 구체화한 것으로 이루어져야 한다.

12 **다음 내용에 해당하는 마케팅믹스 전략은?**

> 최근 원격 진료 시스템과 인터넷을 통한 상담과 진료 등으로 의료서비스의 접근이 용이하게 되었다.

① 제품 전략　　　　　　　　　② 유통 전략

③ 수가 전략　　　　　　　　　④ 촉진 전략

🖎해설 **유통 전략**

1	특정 제품이나 서비스가 생산자로부터 소비자에게 전달되는 과정을 용이하게 지원하는 활동을 총칭하는 것이다.

정답 11. ③　12. ②

2	의료 서비스 분야의 유통이란 의료이용자들이 의료 서비스를 원활하게 이용할 수 있도록 지원하는 활동을 총칭하는 것이다.
3	물리적 접근, 시간적 접근, 정보에 대한 접근, 환자의뢰체계
4	통원수술, 가정간호서비스, 컴퓨터 통신이나 인터넷을 통한 상담과 진료, 전화상담과 진료, 원격진료 시스템

13 입원 병동을 대상으로 간호 업무의 질을 구조적인 측면에서 평가하고자 할 때 고려해야 하는 항목은?

① 환자의 만족도 ② 환자의 기능 수준
③ 환자 문제 사정 및 기록 ④ 환자 대 간호사의 비율

해설 **구조적 접근**

1	정책, 절차, 직무기술서
2	조직구조
3	간호인력의 배치, 업무량
4	교육 및 연구
5	재정, 시설, 장비, 물품

정답 13. ④

14 2013년에 개정된 한국 간호사 윤리강령에서 제시하고 있는 '전문가로서 간호사의 의무'에 해당하는 것은?

① 건강 환경 구현 ② 관계윤리 준수
③ 건강 및 품위 유지 ④ 생명과학기술과 존엄성 보호

해설 전문가로서의 간호사 의무

간호표준 준수	간호사는 모든 업무를 대한간호협회 업무 표준에 따라 수행하고 간호에 대한 판단과 행위에 책임을 진다.
교육과 연구	간호사는 간호 수준의 향상과 근거기반 실무를 위한 교육과 훈련에 참여하고, 간호 표준 개발 및 연구에 기여한다.
전문적 활동	간호사는 전문가로서의 활동을 통해 간호정책 및 관련제도의 개선과 발전에 참여한다.
정의와 신뢰의 증진	간호사는 의료자원의 분배와 간호활동에 형평성과 공정성을 유지하여 사회의 공동선과 신뢰를 증진하는 데에 참여한다.
안전한 간호 제공	간호사는 간호의 전 과정에서 인간의 존엄과 가치, 개인의 안전을 우선하여야 하며, 위험을 최소화하기 위한 조치를 취한다.
건강 및 품위 유지	간호사는 자신의 건강을 보호하고 전문가로서의 긍지와 품위를 유지한다.

15 다음 글에 해당하는 도나베디안(Donabedian)의 질 평가 접근법은?

> 의료기관 인증평가 중 평가단원이 환자와 보호자에게 '입원 시 환자 권리와 책임에 대해 설명을 들으셨습니까?', '어떤 방법으로 설명을 들었습니까?', '직원에게 직접 들으셨습니까? 아니면 안내문을 받으셨습니까?' 라고 질문하였다

① 구조적 접근법 ② 과정적 접근법
③ 결과적 접근법 ④ 임의식 접근법

정답 14. ③ 15. ②

해설 과정적 접근법

과정적 접근이란 의료제공자와 환자 간에 혹은 이들 내부에서 일어나는 행위에 관한 것을 평가하는 것이다. 간호 활동을 중심으로 하는 평가로 간호과정에서 이루어지는 직·간접의 모든 간호활동에 대한 평가를 말하며, 평가하는 활동에는 눈에 보이는 것 뿐만 아니라 의사결정과 같이 눈에 보이지 않는 행동도 포함된다.

16 기대이론을 적용할 때, 다음 글에서 기혼 간호사들의 상황에 가장 부합한 것은?

> A병원에서는 설명 잘 하는 간호사를 선발하여 수상자 5명에게 1년간 모든 경비를 지원하는 해외연수 기회를 부여하기로 하였다. 그러나 A병원 기혼 간호사의 비율은 60%로 이들은 임신, 출산, 육아의 문제로 해외연수 기회를 크게 반기지 않고 있다.

① 유인가(Valences)가 낮다.
② 수단성(Instrumentalities)이 낮다.
③ 기대치(Expectancies)가 낮다.
④ 보상(Outcomes)이 적다.

해설 기대이론의 유인가(Valences)

어떤 일의 결과를 선호하는 정도로서 긍정적이거나 부정적일 수 있다. 만일 어떤 사람이 어떤 일을 원치 않는다면 부정적 유인가가 있을 것이고 그 일에 무관심하다면 유인가는 0이 된다. 긍정적 유인가는 어떤 일에 대한 욕구를 나타낸다.

정답 16. ①

17 병원 감염에 대한 설명으로 옳은 것은?

① 입원 당시 있었던 기존의 감염증이 악화되거나 합병증이 생긴 것을 말한다.

② 임신 기간 동안 모체의 감염으로 태아에게 수직 감염이 발생한 것을 말한다.

③ 이식물 삽입수술을 제외한 수술의 경우에는 퇴원 후 60일 이내에 발생한 감염을 말한다.

④ 환자와 의료인을 포함한 병원 근로자, 보호자, 방문객 등 병원환경을 접하는 사람에게서 발생한 것을 말한다.

해설 병원 감염

1	병원 감염은 '입원 당시에 나타나지 않음은 물론 잠복상태도 아니었던 감염이 입원기간 중 또는 수술 후 30일 이내에 발생한 경우'를 말하며 의료진과 보호자, 방문객, 다른 환자 등에 의해 감염되는 것도 포함한다.
2	병원 감염의 2/3 정도는 환자 자신의 면역 능력 저하로 인해 자신의 구강, 장 등에 가지고 있던 세균에 의해서 발생하는 내인성 감염이며 1/3 정도는 외부에 있는 균이 진료과정의 여러 가지 처치, 즉 요로나 혈관카테터 삽입, 내시경 검사 등과 관련되어 발생하는 외인성 감염이다.
3	감염 관리를 통해서 예방할 수 있는 부분이라는 것은 바로 외인성 감염에 해당하는 부분을 말한다.

18 병원의 감염 관리 방법에 대한 설명으로 옳지 않은 것은?

① 병원 내 모든 환자들에게 표준주의 방법을 적용하여 손 씻기를 한다.

② 격리 환자에게 사용한 비닐 가운은 감염성 폐기물이 아니므로 일반 환자와 동일한 방법으로 수거한다.

③ 공기주의 격리 방법을 적용받는 환자들은 병실 내 음압을 유지하도록 한다.

④ 반코마이신 내성 장알균(VRE)에 감염된 환자는 전용 격리실이 없는 경우에 코호트 격리 방법을 적용한다.

해설 감염 관리 방법

격리 환자에게 사용한 비닐 가운은 감염성 폐기물로 간주하여 감염성 폐기물 박스에 모아 버린다.

정답 17. ④ 18. ②

19 다음 상황에 적용되는 의료진의 윤리적 원칙과 거리가 먼 것은?

> 말기 암 환자인 A씨는 이제 진통제도 잘 듣지 않는다. 심각한 통증으로 마치 짐승처럼 계속 울부짖으며 몸부림치고 고통으로 잠도 잘 수 없다. 환자는 빨리 죽기를 간절히 소망하여 오늘 점심부터 음식을 거부하고 있다.

① 정의의 원칙 　　　　　　　　② 선행의 원칙
③ 악행 금지의 원칙 　　　　　　④ 자율성 존중의 원칙

🖋️**해설** 의료진의 윤리적 원칙

선행의 원칙	• 선행의 원칙은 미래의 해악을 예방할 의무, 당장의 해악을 제거할 의무를 포함한다. • 간호사를 포함한 의료인에게는 보통의 도덕을 넘어서는 의무, 즉 타인을 도와야 할 의무가 있다.
악행 금지의 원칙	• 악행 금지의 원칙은 우리가 타인에게 해를 입힐 위험을 초래하는 것을 금지한다. • 고통을 위한 고통은 금지되며 의사나 간호사들은 환자들에게 위험과 불가피한 고통을 최소화하여야 한다.
자율성 존중의 원칙	• 자율성이란 개인이 스스로 선택한 계획에 따라 행동과정을 결정하는 행동자유의 한 형태이다. • 자율성 존중의 원칙 안에 온정적 간섭주의가 있다.

※ 위 사례에서는 3가지의 윤리적 원칙이 적용되며 정의의 원칙은 분배와 관련되어 있기 때문에 해당되지 않는다.

정답 19. ①

20 현재 우리나라의 의료기관 인증제도에 대한 설명으로 옳지 않은 것은?

① 상급종합병원은 의무적으로 인증 신청을 하도록 의료법에 명시되어 있다.

② 의료기관 인증에 관한 업무를 의료기관평가인증원에 위탁하고 있다.

③ 의료기관 인증 기준에 환자 만족도, 환자의 권리와 안전 등을 포함하고 있다.

④ 의료기관 인증 유효기간은 4년이나, 조건부인증의 경우에는 유효기간을 1년으로 한다.

해설) 의료기관 인증제

1	• 인증제는 순위를 정하는 상대평가와는 달리, 의료기관의 인증기준 충족 여부를 조사하는 절대평가의 성격을 가진 제도이다. • 공표된 인증조사 기준의 일정수준을 달성한 의료기관에 대하여 4년간 유효한 인증마크를 부여하는 제도이다.
2	• 의료기관 인증제는 모든 의료기관을 대상으로 하고 있다. • 병원급 이상 의료기관은 자율적으로 인증을 신청할 수 있지만, 요양병원과 정신병원은 의료 서비스의 특성 및 환자의 권익 보호 등을 고려하여 2013년부터 의무적으로 인증신청을 하도록 「의료법」에 명시되어 있다.
3	• 의료기관 인증에 관한 업무를 의료기관평가인증원에 위탁하고 있다.
4	인증기준(「의료법」 제58조의 3)	• 환자의 권리와 안전 • 의료기관의 의료 서비스 질 향상 활동 • 의료 서비스의 제공과정 및 성과 • 의료기관의 조직 인력관리 및 운영 • 환자만족도

1 A간호사는 장기이식 병동의 간호단위관리자로, 며칠 전에 실시한 간이식의 최신지견 보수교육을 통해 알게 된 최신 정보를 병동간호사들에게 알려주었다. 또한 간이식실의 리모델링을 위해 타병원의 사례를 벤치마킹하고 이를 도입하고자 기획하고 있다. 다음 민츠버그(H. Mintzberg, 1975)의 관리자 역할 중 A간호사의 역할에서 제외되는 것은?

① 대표자 　　　　　　　　　② 전달자
③ 섭외자 　　　　　　　　　④ 기업가

🖊해설) 민츠버그(H. Mintzberg, 1975)의 관리자 역할

역할의 범위	구분 및 역할 정의	
대인관계 역할	대표자	• 법적이나 사회적으로 요구되는 상징적이고 일상적인 의무를 수행함 • 의식에 참여하거나 공적·법적·사회적 기능을 수행함
	지도자	• 부하직원들에게 동기를 유발시키고 직원의 채용과 훈련을 담당함 • 부하직원과 상호작용 등을 함
	섭외자	• 정보를 제공해 주는 사람들과의 네트워크 유지, 외부인과의 상호작용을 함
정보적 역할	모니터	• 다양하고 특정한 정보를 조직과 환경에서 찾고 받음 • 일차적으로 정보를 받는 모든 메일을 관리하고 관련자들을 관리함
	전달자	• 외부인이나 부하직원으로부터 받은 정보를 조직의 다른 사람에게 전파함 • 수렴한 정보를 조직에 전달하며 부하직원과 구두로 의사소통을 유지함
	대변인	• 외부인에게 조직의 계획, 정책, 활동, 결과 등을 알리며 조직에서 전문가로 활동함 • 이사회에 참석하고 정보를 외부에 알림
의사결정자 역할	기업가	• 조직과 환경에서 기회를 찾고 변화를 위한 사업을 추진함 • 개선을 위해 전략을 실행함
	고충처리자	• 조직이 기대하지 않았던 어려움에 당면했을 때 올바른 행동을 수행함 • 어려움과 위기를 해결하기 위해 전략을 수행함

정답 　1. ③

의사결정자 역할	자원분배자	• 중요한 결정을 내리기 위해 조직의 모든 자원을 할당하는 책임이 있음 • 예산정책, 부하직원의 일에 관한 프로그램과 스케줄링
	협상자	• 중요한 협상에서 조직을 대표함 • 협상역할을 함

---

2 현대적 관리이론에 속하는 팀제이론, 네트워크조직이론, 학습조직이론, 프로세스조직이론의 주요 관점은?

① 조직의 생존

② 생산성 향상

③ 효율적 관리 운영 방안

④ 조직의 질서 유지

📝**해설** 현대적 관리이론의 주요 관점

팀 조직	• 상호보완적 기능을 가진 소수의 전문가가 공통 목표달성을 위해 상호책임을 공유하며 문제해결을 위해 공동의 접근방법을 활용하는 조직단위이다.
네트워크 조직	• 네트워크 조직의 정의는 조직을 합병해 거대한 조직으로 만드는 것이 중요한 것이 아니라 네트워크를 연합해 창조적이고 효율적인 조직으로 만들어야 한다는 것이다. • 조직구성원 개개인의 전문적 지식에 근거한 자율권을 기초로 공식적 조직경계를 뛰어넘어 개인능력 발휘의 극대화, 제반기능, 사업부문 간 의사소통의 활성화를 도모하기 위한 신축적 조직운영 방식을 지닌 조직이다.
프로세스 조직	• 리엔지니어링에 의해 기존 경영조직을 근본적으로 재설계하고 획기적 경영성과를 도모할 수 있도록 프로세스를 기본단위로 설계한 조직이다.
학습 조직	• 조직원이 진실로 원하는 성과를 달성하도록 지속적으로 역량을 확대하고 새롭고 포용력 있는 사고 능력을 함양하며 학습을 통해 생산성을 향상시키려는 조직이다.

정답 2. ①

3 관리이론의 패러다임 변화를 일으키는 데 결정적 역할을 한 이론으로 짝지어진 것은?

① 행정관리론, 상황이론

② 인간관계론, 체계이론

③ 관료제이론, 행태과학론

④ 과학적 관리론, 체계이론

─────────────

✎해설) **조직이론의 비교**

팀조직	조직의 관점	관리의 목표	근로자의 관점	이론의 예시
관료제 이론	• 폐쇄체계 • 안정적 • 공식적 구조	• 기술적이고 경제적인 효율성을 증대시키기 위해 법과 규칙을 강요함	• 순종적이고 안정을 추구	• 관료제 이론
과학적 관리론	• 폐쇄체계 • 안정적이고 예측가능 • 공식적 구조	• 계획, 통제, 평가 및 업무 흐름과 산출을 위해 과학적 방법과 경제적인 인센티브 적용함	• 신뢰성 있고 예측 가능하고 경제적으로 동기유발	• 과학적 관리의 원칙
행정 관리론	• 폐쇄체계 • 안정적이고 예측가능 • 공식적 구조	• 업무를 나누고 조정하기 위해 행정원칙을 적용함	• 전문화되고 기술을 지닌 테크니션	• 조직이론
인간 관계론	• 폐쇄체계 • 행위의 구조	• 근로자를 임파워먼트 시키기 위해 리더십을 적용하고 성과를 향상시키기 위해 협조를 구함	• 사회적이고 사회심리적으로 동기유발	• 구조적 파워 이론
개방 체계 이론	• 개방체계이고 환경에 따른 적응체계 • 상호의존체계 • 과정으로서의 조직	• 안정성, 유동성, 성장 및 생존의 균형을 위해 시스템 기능을 통합함	• 동시다발적	• 간호서비스 수행이론

정답 ▶ 3. ②

4 A간호부에서 간호부의 철학을 새롭게 기술하려고 한다. 그 예로 옳은 것은?

① 인간존중의 사상을 바탕으로 환자중심의 간호를 제공한다.
② 세계와 함께하는 21C 초일류 간호부가 된다.
③ 국민이 질 높은 삶을 영위할 수 있도록 한다.
④ 간호의 질 개선 계획을 수립하고 실천한다.

해설 기획의 계층화

개념	유사개념 및 정의	예
비전	꿈, 미래상, 조직의 바람직한 미래상	국민과 함께 하는 21C 초일류 병원
목적	기관의 설립이념, 조직의 사회적 존재 이유, 조직의 사명을 명시한 것	A병원은 국가중앙병원으로서 세계 최고 수준의 교육, 연구, 진료를 통하여 국민이 건강하고 질 높은 삶을 영위할 수 있도록 최선을 다한다.
철학	기관의 경영이념, 의사결정의 기준과 가치, 조직 구성원에게 요구하는 사고의 틀	환자 중심, 인간 존중, 지식 창조, 사회봉사
목표	기관의 행동규범, 조직 구성원의 핵심적 행동지침	대상자에게는 친절과 봉사로 동료 간에는 신뢰와 협조로 업무에서는 자율과 책임으로 깨끗하고 밝고 부드러운 병원을 만든다.

5 A병원에서는 차기년도 예산수립을 하기 위해 올해 각 부서에서의 활동을 확인하고, 효과성, 효율성, 중요성을 체계적으로 분석한 후 그 결과에 근거하여 자금사용의 우선순위를 결정하려고 한다. A병원에서 사용하고 있는 예산수립방법은?

① 점진적 방법
② 영기준예산법
③ 기획예산제도
④ 활동기준원가계산

정답 4. ① 5. ②

해설 영기준예산법(Zero Based Budget, ZBB)

1	예산을 편성하고 결정할 때 전 회계연도의 예산에 구애 없이 조직체의 모든 사업과 활동에 대해 영기준을 적용한다.
2	각각의 효율성과 효과성 및 중요성을 체계적으로 분석하고 그에 따라 우선순위가 높은 사업이나 활동을 선택하여 실행예산을 결정하는 예산제도이다.
3	목표와 활동 중심적이다.
4	자원을 가장 효율적으로 사용할 수 있다.
5	관리자가 우선순위를 정할 수 있다.

6 일정 기간의 경제적 상태를 나타내기 위한 일련의 회계보고서인 재무제표에 대한 설명으로 옳은 것은?

① 재무상태표(대차대조표)를 통해 수익가치를 평가한다.
② 손익계산서는 조직의 재무상태를 나타내는 보고서이다.
③ 자산, 부채, 자본의 규모는 현금 흐름표를 통해 알 수 있다.
④ 재무구조의 건전성 및 안정성은 재무상태표(대차대조표)를 통해 확인할 수 있다.

해설 재무제표

손익계산서	• 당해 기간에 발생한 모든 수익과 이에 대응하는 비용을 나타낸다.
대차대조표	• 일정시점에서 그 기업의 재무상태를 표시한다. • 자산, 부채, 자본의 규모를 알 수 있으며 재무구조의 건전성 및 안정성을 알 수 있다.
현금흐름표	• 일정 기간에 현금이 어떻게 조달되고 사용되었는가를 보여준다.

정답 6. ④

7 조직구조의 기본 유형인 관료조직이 빠르게 변화하는 외적환경에 적응하고 효율성을 높이기 위하여 추진하는 변화는?

① 직무표준화로 조직의 공식화 정도를 높여 업무수행능력을 향상시킨다.

② 계층의 수를 확대하여 통솔범위를 좁힘으로써 관리의 효율성을 증진시킨다.

③ 조직의 수직적 분화 정도를 낮추고 팀제 조직으로 전환하여 업무의 효율성을 향상시킨다.

④ 분업의 정도를 높여 짧은 시간 내에 숙련된 기술을 습득함으로써 능률성을 향상시킨다.

해설) 동태적 조직

1	애드호크라시로 불리며 구성원의 자발성 및 창의적인 행동을 중심으로 구성되기 때문에 구조적인 면에서 융통성과 적응력이 높다.
2	공식화 정도가 낮고 통솔범위가 넓어 형식이나 공식에 얽매이지 않으며 의사결정권이 분권화되어 있다.
3	팀제 조직 등이 포함되어 있으며 업무의 효율성이 높다.
4	정치, 사회, 경제적 환경변화에 신속히 적응할 수 있다.

8 수직적 구조를 가지고 있는 조직과 관련된 것은?

① 인간관은 X이론에 바탕을 두고 있다.

② 자기통제(자율적)가 가능한 구성원이 많다.

③ 상향적 의사소통이 주로 일어난다.

④ 관리 폭이 넓다.

해설) 수직적 구조(라인 조직)

장점	단점
• 권한과 책임의 소재와 한계가 분명하다.	• X이론에 바탕을 두고 있다.
• 의사결정에 신속을 가할 수 있다.	• 업무가 의사 결정자 단독으로 처리될 수 있다.
• 관리자는 부하에게 강력한 통솔력을 발휘할 수 있다.	• 라인 조직 바깥의 전문적인 지식이나 기술이 활용되기 어렵다.
• 조직 운영에 효율을 기할 수 있다.	• 조직의 경직화로 환경변화에 민감하게 적응하기 어렵다.

정답 7. ③ 8. ①

9 A노인요양병원 간호부에서 경력간호사를 선발하기 위해 병원경력 5년, 석사 이상, 노인전문간호사 자격증 취득자 우대의 조건으로 간호사 외부모집공고를 시행하였다. 이러한 공고 내용은 다음 중 무엇으로부터 얻을 수 있는가?

① 직무설계
② 직무평가
③ 직무기술서
④ 직무명세서

해설 **직무명세서**

1	각 직무를 수행하는 데 필요한 자격요건을 직무기술에서 찾아 내 더욱 상세히 기술한 것이다.
2	직무를 적절하게 수행하는 데 필요로 하는 어떤 특별한 인적특성이나 요건(교육, 경험) 등에 대해 기록한 것이다.
3	직무를 수행하는 사람의 성격, 경험, 지식, 체력 교육수준 등을 구체적으로 계량화하여 명시한 것이다.

10 신입 간호사가 희망하는 부서에 배치되었으나 부서업무에 잘 적응하지 못한다면 부서 재배치 시 신중하게 고려할 원칙은?

① 실력주의
② 균형주의
③ 적재적소주의
④ 인재육성주의

해설 **적재적소주의**

적재적소주의는 개인이 소유하고 있는 능력과 성격 면에서 최적의 직위에 배치하여 최고도의 능력을 발휘하게 하는 것을 의미한다.

정답 9. ④ 10. ③

11 인적자원관리의 패러다임 변화에 따른 전략적 인적자원관리(Strategic Human Resource Management, SHRM)의 중요 관심은?

① 통제 중심의 인적자원관리
② 활용 중심의 인적자원관리
③ 개발 중심의 인적자원관리
④ 경쟁력 강화의 인적자원관리

해설 전략적 인적자원관리

시대별 구분	21세기(1980~1990년대 초)
배경 환경	세계화 무한경쟁, 급격한 환경변화
관리방식	자율경쟁중심
인사역할	인적자원 = 경쟁력, 조직전략과 인사전략의 상호적합성, 인사부서(사업의 전략적 파트너)

12 과학적 관리론에서 생산성 향상을 위해 제안된 성과에 의한 보상 원칙을 최근에 인센티브제도로 적용하는데 이 제도의 효과를 거두기 위해서 반드시 고려해야 할 동기부여 이론은?

① 2요인 이론
② 공정성 이론
③ 욕구단계 이론
④ 성취동기 이론

해설 공정성 이론의 적용

아담스가 제시한 이론으로 동기부여 이론은 자신이 받은 보상의 크기에도 달려 있지만 동시에 비슷한 상황에 있는 타인들과 비교하여 자신이 공정하게 대우받는다고 생각할 때 동기가 부여된다는 이론이다. 따라서 간호사 개인은 업무 성과에 대한 평가를 공정하게 하고 성과와 보상이 합치될 수 있도록 노력해야 한다.

정답 11. ④ 12. ②

32   원큐패스 8·9급 간호직공무원 기출문제 간호관리/지역사회간호

13 거래수단을 사용하여 리더십의 유효성을 제고한 전통적 리더십과 달리 현대의 리더십은 구성원을 변화시키는 리더십을 요구한다. 현대의 리더십 이론으로 옳은 것은?

① 변혁적 리더십은 구성원의 가치와 신념을 바꾸어 조직의 근본적인 변화를 이끈다.

② 슈퍼 리더십은 기존의 리더십보다 더욱 강력하게 조직 전체를 이끄는 영향력을 갖는다.

③ 교환적 리더십은 리더와 부하 사이의 교환 관계로 인하여 부하들이 리더의 영향력을 받아들인다.

④ 셀프 리더십은 리더 자신을 스스로 리드하고 부하직원을 셀프 리더로 만들어 조직 전체를 자율경영체제로 만들어 가는 리더이다.

해설 현대의 리더십이론

변혁적 리더십	• 리더가 구성원들로 하여금 자기 자신의 가치와 신념을 바꾸어 조직의 이익에 대해 관심을 가지도록 고무시키며 조직의 근본적인 변화를 이끈다.
슈퍼 리더십	• 리더의 역할을 구성원들이 자기 스스로를 리드할 수 있는 역량과 기술을 갖도록 하는 것으로 슈퍼 리더란 구성원들이 스스로를 리드해 나갈 수 있도록 이끄는 사람이다.
교환적 리더십 (거래적 리더십)	• 리더와 구성원 간의 교환관계에 기초를 둔 이론으로 리더의 역할은 기대하는 결과가 무엇인가를 구성원에게 주지하는 일이다. • 다른 하나는 결과의 달성 또는 미달성에 따라 구성원이 어떤 보상 또는 벌을 받을지를 명확히 하는 일이다. • 이러한 거래관계로는 구성원들을 장기적으로 동기부여 시킬 수 없고 구성원들이 리더의 영향력을 받아들이지 않을 수도 있다.
셀프 리더십	• 스스로를 리드하는 데 필요한 행동이나 사고와 관련된 일련의 전략을 말한다. • 슈퍼 리더십이란 구성원들이 셀프 리더가 될 수 있도록 가르치고 이끄는 과정이다. • 슈퍼리더는 리더가 모든 권력을 장악하고 구성원들을 보호해 주고 안내해 주며 구원해 주는 영웅적 스타일과 거리가 멀다.

정답 13. ①

14 A병동에서 의료오류가 발생하여 환자에 대한 위해의 가능성이 있었으나, 의료진의 신속한 회복조치에 의해서 원하지 않는 결과가 예방되었다. 어떤 상황인가?

① 근접오류가 발생하였다.
② 위해사건이 발생하였다.
③ 빠뜨림 사건이 발생하였다.
④ 적신호 사건으로 간주된다.

해설 근접오류(Near Miss)

근접오류란 의료오류가 발생하여 환자에 대한 위해의 가능성이 있을 수 있지만, 회복조치에 의해서 원하지 않는 결과가 예방된 경우를 말한다. 즉 환자에게 위해를 가져오지 않는 사건을 말한다.

15 다양한 분야에서 적용되고 있는 CQI(Continuous Quality Improvement) 활동 시 여러 가지의 질 관리 분석 도구를 사용하는데 개선 가능성이 높은 문제를 찾아 중점적인 노력을 기울일 수 있도록 도와주는 도구는?

① 런 차트(Run Chart)
② 히스토그램(Histogram)
③ 파레토 차트(Pareto Chart)
④ 인과관계도(Fishbone Diagram)

해설 파레토 차트(Pareto Chart)

히스토그램의 특별한 형태로 왼쪽부터 가장 큰 영향을 주는 요인의 순서로 나열하고 각 요인의 누적 양을 연결한 꺾은 선 그래프를 활용한 차트이다. 순위를 매긴 막대그래프와 함께 항목별 누적 백분율을 동시에 표시할 수 있으며 많은 프로세스 중 개선에 가장 중요한 프로세스를 찾는 데 도움이 된다.

정답 14. ① 15. ③

16 환자와 직접 관계된 비정상적인 사건이 발생하였다. 사건 발생 이후의 행동으로 옳은 것은?

① 사건보고서를 작성하고 환자의 차트와 같이 보관하였다.

② 적신호 사건임이 판단되어 72시간 이내 병원 환자안전 담당자에게 환자안전보고서를 제출하였다.

③ 환자의 차트에 해당 사건에 대한 객관적이고 정확한 상황을 기록하였다.

④ 사건보고서에 해당 사건의 발생 이후에 행해진 치료에 대해 기록하지 않았다.

해설) 간호기록

1	간호기록은 사실에 관한 정보를 정확하게 글로 남겨서 하나의 객관적인 사실로 보관하여 활용 및 의사소통할 주·객관적 자료를 요약하는 전문직 간호사의 고유한 책임이자 기술이다.
2	간호기록을 할 경우 사실에 근거한 정보를 기록할 책임이 있기 때문에 만약 환자와 직접 관계된 비정상적인 사건이 발생하였다면 환자의 차트에 해당 사건에 대한 객관적이고 정확한 상황을 기록하여야 한다.

정답 16. ③

17 환자에게 적용한 안전관리로 옳은 것은?

① 혈액과 수혈기록표를 담당간호사와 다른 간호사를 포함하여 2인이 다시 한 번 차트와 대조하여 확인하고 각각 서명한다.

② 화재 발생 시, 피난 우선순위는 화재 발생병실 환자, 경환자, 중환자, 화재 발생병실 옆 병실환자, 직원 순이다.

③ 오랜 침상안정 후 처음 보행할 때는 보조적인 도움 없이 혼자서 걸어보도록 하여 어지러움 여부를 확인한다.

④ 간호사는 환자에게 억제대 적용이 필요하다고 판단하는 경우 의사와 협의하여 의사 처방에 의해 적용한다.

해설 환자의 안전관리

1	수혈과정 시		수혈을 시작하기 전에 처방 오더와 혈액, 혈액제제의 일치를 확인하고 환자와 혈액, 혈액제제의 일치를 확인한다.
			두 사람이 확인하거나, 혹은 한 사람이 확인하고 자동화된 확인 기술(바코딩)을 사용하여 확인과정을 실시할 수 있다.
			두 사람이 확인하는 과정에서 식별 확인을 수행하는 한 사람은 환자에게 혈액, 혈액제제를 주입할 자격을 갖춘 수혈 실시자이며, 또 다른 한 사람은 병원이 정한, 확인과정에 참여하도록 자격을 갖춘 사람이다.
2	화재 발생 시 우선순위	1차 피난 대상	화재 발생 병실 환자, 화재 발생 옆 병실 환자
		2차 피난 대상	화재 발생 병실에서 가까운 병실의 환자 순서대로 대피
3	환자 유형별 대피방법	대피 순서	경환자에서 중환자 순으로 대피
		걸을 수 있는 사람	자세를 최대한 낮추고 물수건 등으로 입과 코를 가려 연기흡입을 최소화하면서 피난계단을 통해 피난장소로 이동
		걸을 수 없는 사람	휠체어, 침상으로 이동해야 하는 사람들은 화재 발생 장소의 반대편 비상용 승강기를 이용하여 피난장소로 이동
4	그 외의 환자 안전관리		오랜 침상안정 후 처음 보행할 때는 보조적인 보행기를 이용하고 간호사의 도움을 받는다.
			환자에게 억제대 적용이 필요하다고 판단되는 경우 의사와 협의하여 의사 처방에 의해 적용한다.

정답 17. ④

18 **A간호사의 수술위치확인 오류로 인해 위암 환자에게 유방 절제술이 시행되어, 이 환자에게 신체상의 손해가 발생하였다. 이 상황에서 간호사의 과실이 인정될 경우, A간호사에게 주어질 형사적 책임은?**

① 불법행위 책임

② 채무불이행 책임

③ 사용자 배상 책임

④ 업무상 과실치상죄

📝 **해설** **업무상 과실치상죄**

사람의 생명과 신체는 특히 중요한 법익이므로 주의의무를 태만히 하여 사람의 생명과 신체를 침해하는 경우에 「형법」에서는 이를 과실치상죄에 의해 벌하고 있다.

1	업무상 과실치상죄란 업무상의 과실로 인해 사람을 사망에 이르게 하거나 사람의 신체를 상해하는 것을 내용으로 하는 범죄로서 업무자라는 신분관계로 인하여 형이 가중되는데 이는 일반적으로 업무자가 결과에 대한 예견 가능성이 크기 때문이다.
2	간호사가 본연의 업무가 아닌 위임받은 업무나 의사의 지시에 따른 업무라도 진행 상황 속에서 간호사의 과실이 인정될 경우 업무상 과실치상죄가 인정된다.
3	위의 사례의 경우 사망에 이르지는 않았으므로 업무상 과실치상죄에 해당된다.

정답 18. ④

19 **간호사의 법적 의무 중 주의의무에 대한 설명으로 옳은 것은?**

① 주의의무는 유해한 결과가 발생되지 않도록 의식을 집중할 의무를 말한다.

② 주의의무 이행여부의 판단은 통상적인 간호사의 전문적 지식을 기준으로 한다.

③ 간호사의 주의의무 불이행에 대한 민사책임은 간호사 본인에게만 있다.

④ 주의의무는 결과 발생을 예견하여 주의하는 것으로 간호행위 전에 이행되어야 한다.

⊗해설 주의의무

내용	• 주의의무란 유해한 결과가 발생하지 않도록 의식을 집중할 의무이다. • 주의의무를 게을리하여 타인의 생명 또는 건강에 위해를 초래하게 되면, 민·형사상 법적 책임을 추궁 받게 된다.
법적근거와 의의	• 간호사의 주의의무는 의료행위 당시, 일반 간호학적 지식 정도의 능력을 갖춘 간호사가 통상 베풀어야 할 주의의무를 가리키는 것으로 통상인의 주의의무가 아니라 간호전문가로서의 주의의무를 의미한다. • 주의의무는 구체적인 내용이 명확히 설정되어 있는 것이 아니라, 사고가 발생한 후에 이를 위반하였는지의 여부가 검토되며 이는 결과 예견의무와 결과 회피의무로 구성된다.
책임의 범위	• 임상실무에서 간호사는 병원 또는 의사에게 고용된 피고용자이므로 실제적으로 피해자는 병원 내지 의사에 대해 이행보조자의 과실 책임 또는 사용자 책임에 기하여 손해배상을 청구할 것이다. • 간호사는 자신의 과실 부분에 대해 구상책임을 지게 된다.

정답 19. ①

20 마케팅 전략 수립을 위한 시장 세분화 개념을 간호서비스에 적용했을 때, 시장세분화 분류가 옳지 않은 것은?

① 간호사 – 내부시장
② 의료용품 제조업자 – 고객시장
③ 국민건강보험공단 – 영향자시장
④ 간호협회 등 의료관련 전문단체 – 간호서비스 의뢰시장

해설) 간호 서비스 시장의 세분화

간호고객 시장	간호 서비스 중 가장 중요한 시장으로 환자 및 가족, 개인, 지역사회, 일반 대중
간호내부 시장	간호사, 간호관리자, 의사, 병원행정가, 타 직종의 직원들, 기타 간호사와 함께 일하는 직원들
영향자 시장	간호 서비스 활동에 영향을 미치는 국회, 정부기관, 정치집단, 소비자 단체, 건강보험관련 단체
간호 서비스 의뢰시장	병원협회, 간호사협회, 의사협회 등과 같은 의료분야 전문단체와 간호 서비스를 이용하도록 대상자에게 소개하는 분야의 단체
공급업자 시장	의료용품 제조업자 및 공급업자, 의료업과 관련된 용역업자
간호사 모집시장	현재의 간호학생, 장래 간호사를 지망하는 학생들, 간호교육기관

정답 20. ②

1 간호조직의 성과 측면에서 효과성(Effectiveness)은 충족했지만 효율성(Efficiency)이 떨어지는 경우는?

① 자원을 최소한으로 투입하여 조직 목표를 달성한 경우
② 자원을 적정 수준으로 투입하여 조직 목표를 달성한 경우
③ 자원을 산출보다 더 많이 투입하여 조직 목표를 달성한 경우
④ 자원을 적정 수준으로 투입하였지만 조직 목표를 달성하지 못한 경우

해설 조직의 효율성과 효과성 비교

	내 용
저효율성 · 고효과성	관리자는 올바른 목표를 추구하나 목표 달성을 위해 자원을 낭비함
저효율성 · 저효과성	관리자는 잘못된 목표를 추구하고 자원도 적절하게 사용하지 못함
고효율성 · 고효과성	관리자는 올바른 목표를 추구하고 이 목표를 달성하기 위해 자원을 적절히 사용함
고효율성 · 저효과성	관리자는 적절하지 못한 목표를 추구하나 목표달성을 위해 자원을 적절히 이용함

2 간호관리자가 메이요(E. Mayo)의 인간관계론을 적용하여 조직관리를 할 때 취할 수 있는 행동은?

① 간호사의 개인별 능력에 따라 업무를 배정하고 전문화시킨다.
② 간호업부지침서를 작성 · 보완하여 구성원들이 준수하도록 한다.
③ 신규 간호사의 사회적, 심리적 어려움에 관심을 갖고 주기적으로 고충 상담을 한다.
④ 간호사의 직무 능률을 높이기 위해 복잡한 환경적 요소를 전체적 관점에서 개선한다.

정답 1. ③ 2. ③

인간관계론의 내용

1	인간의 사회적, 심리적, 비합리적인 요인을 중시한다.
2	비공식조직 및 소집단을 중시하고 인간중심의 관리를 강조한다.
3	사회적 인간으로서 비경제적 보상과 안정감, 소속감 등 인간의 심리적 요인을 중시한다.
4	사회적 능률성을 중시하고 개인보다는 집단의 사기를 중시한다.
5	조직관리의 인간화와 민주화를 강조함으로써 생산성을 제고한다.

3 **조직 유형 중 팀 조직에 대한 설명으로 옳은 것은?**

① 팀 구성원 간 상호 의존성이 낮다.
② 팀워크를 촉진하기 위해 리더가 통제권을 행사한다.
③ 의사결정에 필요한 정보가 리더에게 집중되어 있다.
④ 조직 내외의 환경 변화에 적응하는 유연성이 높다.

팀 조직의 특징

1	팀 성과에 따라 팀별로 조직의 보상이 이루어진다.
2	조직의 목표를 팀 조직 내에서 설정한다.
3	상호협력하고 정보를 공유하여 의사결정을 신속하게 내릴 수 있다.
4	팀 구성원 전체가 업무에 대한 조정을 계획·조정하고 통제해 나간다.
5	창조적 학습과정을 통하여 외부 환경변화에 대한 적응능력을 기른다.

정답 3. ④

4 **간호조직의 성과 측정을 위한 목표 진술로 옳은 것은?**

① 입원 환자의 퇴원 계획에 환자의 선호도를 최대한 반영한다.

② 연말까지 실무교육을 이수하는 간호사 비율을 전년도 대비 15 % 증가시킨다.

③ 입원 환자의 50 % 이상에서 간호과정을 적용하여 간호의 질을 높인다.

④ 병원 감염 발생률을 2주마다 분석하여 병원 감염을 예방한다.

✎해설 **목표의 정의**

목표란 기대효과를 구체적 수치로 표현한 것으로 조직이 업무를 수행하는 최종 지점이며 조직의 비전을 실현하고 목적, 사명 및 철학을 실천하기 위한 구체적인 행동지침이다.

5 **위조(Fabrication)에 해당하는 연구 부정행위는?**

① 실제 환자 인터뷰를 하지 않고 가상의 응답을 만들어 연구에 사용하는 행위

② 사전에 기대했던 연구결과를 얻기 위해 데이터를 임의로 수정하는 행위

③ 다른 연구자의 논문 내용을 인용 표시 없이 자신의 논문에 기술하는 행위

④ 연구에 참여하지 않은 사람을 허락 없이 저자에 포함시키는 행위

✎해설 **위조(Fabrication)**

위조는 연구 부정행위의 하나로 연구결과를 날조하여 보고하는 것으로 존재하지 않는 기록이나 자료를 의도적으로 창조하는 매우 비윤리적이며 불법적인 행위이다.

정답 4. ② 5. ①

6 다음 중 「의료법」상 보건복지부장관이 면허를 반드시 취소하여야 하는 경우는?

① 면허증을 빌려준 간호사

② 간호기록부를 거짓으로 작성한 간호사

③ 향정신성의약품 중독자로 판정된 간호사

④ 간호사의 품위를 심하게 손상시키는 행위를 한 간호사

해설 제8조(결격사유 등)

1	「정신건강증진 및 정신질환자 복지서비스 지원에 관한 법률」 제3조 제1호에 따른 정신질환자. 다만, 전문의가 의료인으로서 적합하다고 인정하는 사람은 그러하지 아니하다.
2	마약·대마·향정신성의약품 중독자
3	피성년후견인·피한정후견인
4	이 법 또는 「형법」 제233조, 제234조, 제269조, 제270조, 제317조 제1항 및 제347조(허위로 진료비를 청구하여 환자나 진료비를 지급하는 기관이나 단체를 속인 경우만을 말한다), 「보건범죄단속에 관한 특별조치법」, 「지역보건법」, 「후천성면역결핍증 예방법」, 「응급의료에 관한 법률」, 「농어촌 등 보건의료를 위한 특별 조치법」, 「시체해부 및 보존에 관한 법률」, 「혈액관리법」, 「마약류관리에 관한 법률」, 「약사법」, 「모자보건법」, 그 밖에 대통령령으로 정하는 의료 관련 법령을 위반하여 금고 이상의 형을 선고받고 그 형의 집행이 종료되지 아니하였거나 집행을 받지 아니하기로 확정되지 아니한 자

7 활동성 결핵으로 입원한 환자가 MRSA(메티실린내성황색포도알균, Methicillin-Resistant Staphylococcus Aureus) 양성으로 확인되었다. 이에 간호사의 감염 관리 중재로 옳은 것은?

① 손을 씻고 격리실을 나와서 바로 가운을 벗는다.

② 격리실의 공기순환장치 가동을 중단하고, 환자에게 마스크를 착용하게 한다.

③ 음압 장치가 가동되고 있는 격리실을 사용하고, 항시 출입문을 닫는다.

④ 다른 MRSA 양성 환자와 함께 격리실을 사용하되 두 병상 간에 커튼을 친다.

정답 6. ③ 7. ③

1	무균술(무균법)에 따라 가운을 벗고 손을 씻고 격리실을 나온다.
2	격리실의 공기순환장치를 가동하고, 공기순환은 시간당 12회 이상으로 한다.
3	활동성 결핵 환자이므로 다른 MRSA 양성 환자와 함께 두면 안 된다.

8 **간호조직이 구조적, 기술적, 구성원 측면에서 계획적 변화를 시도하려고 한다. 이에 해당하는 구조적 접근법은?**

① 전자간호기록용 소프트웨어를 최신 버전으로 업그레이드한다.

② 간호단위 관리자의 권한과 책임을 확대하여 운영의 자율성을 높인다.

③ 공기 감염병 환자의 관리를 위해 음압시설을 갖춘 병실 수를 20% 증가시킨다.

④ 근거기반 간호중재의 비용-효과성을 교육하고 이를 적용하도록 권장한다.

해설) 구조적 접근방법

1	전통적인 조직원칙을 적용해서 구조의 변화를 도모하는 방법이다.
2	조직구성원의 책임과 권한을 명백히 하고 적절한 분업을 실시하거나 조직을 분권화하여 조직의 성과를 높이는 것이 구조적 접근방법에 해당된다.
3	구조적 접근방법의 내용으로는 조직의 신설 및 폐지, 축소와 확대, 통·폐합, 기능·권한·책임범위의 재조정, 통솔범위의 재조정, 의사소통의 개선, 분권화 추진, 조직 내 절차의 명시 및 세분화, 보고체계의 확립 등이 있다.
4	간호단위 관리자의 권한과 책임을 확대하여 운영의 자율성을 높이는 것 또한 구조적 접근방법으로 볼 수 있고, 이렇게 함으로써 동기부여가 증가되고 제공되는 환자 간호수준의 향상을 기대할 수 있다.

정답) 8. ②

9 **환자안전사고에 대한 설명으로 옳지 않은 것은?**

① 환자에게 위해(Harm)를 발생시키지 않은 의료오류를 근접오류(Near Miss)라고 한다.

② 환자의 질병으로 인해 예측불가능하게 위해(Harm)가 발생한 사건을 위해사건(Adverse Event)이라고 한다.

③ 현재의 의학적 지식수준에서 예방 가능한 위해(Harm)가 의료오류로 인해 발생했다면 의료 과오의 가능성이 있다.

④ 사망 혹은 심각한 신체적·정신적 손상을 동반하거나 그러한 위험을 초래할 수 있는 기대하지 않은 사건을 적신호사건(Sentinel Event)이라고 한다.

───────────────

해설 **위해사건(Adverse Event)**

환자 및 가족, 방문객에게 제공되는 의료 서비스 제공과정 중에 계획된 서비스 제공이 정확하게 수행되지 않거나 예기치 않게 사고가 발생하여 신체적, 정신적 상해나 부작용이 발생한 사건을 말하며 위해사건은 환자의 질병이나 상태 때문이 아니라 병원에서 치료과정 중 발생한 사망이나 상해를 말한다.

10 **직무수행평가 방법에 대한 설명으로 옳은 것은?**

① 강제배분법은 소수의 피평가자를 대상으로 할 때 유용하다.

② 도표식 평정척도법은 평가자의 관대화 또는 가혹화 경향을 예방한다.

③ 목표관리법은 장기적인 목표를 위주로 하여 정성적 평가 기준을 주로 활용한다.

④ 행위기준 평정척도법(BARS)은 직무와 관련된 구체적 행동 기준을 척도로 사용한다.

───────────────

해설 **직무수행평가 방법**

강제배분법	강제배분법은 평정(평가, rating)대상이 많을 때는 평정(평가, rating)의 객관성·신뢰성을 보장할 수 있으나, 평정대상이 적거나 특별히 우수한 자 또는 열등한 자들로 구성된 조직의 경우에는 부적합하다.
도표식 평정척도법	작성이 간단하고 평정이 용이하여 가장 많이 사용되며 상벌의 목적으로 이용할 때 편리하다.

정답 9. ② 10. ④

목표관리법	단기적인 목표를 위주로 하여 정량적 평가기준을 주로 활용한다.
행위기준 평정척도법	직무와 관련된 구체적 행동기준을 척도로 사용한다.

11 병원에서 간호관리료 차등제 1등급 기준에 맞추어 간호인력을 산정하였다. 이에 적용된 간호인력 산정 방법은?

① 서술적 접근 방법
② 산업공학적 접근 방법
③ 관리공학적 접근 방법
④ 원형평가적 접근 방법

해설 서술적 접근 방법(Descriptive Method)

1	주관적으로 관리자의 경험을 근거로 간호요원의 종류와 수를 결정하는 방법이다.
2	간호제공자 입장에서 환자의 유형을 확인하여 간호표준을 설정하고, 간호업무를 수행하기 위해 필요한 간호사 대 환자의 비율을 결정하는 방법이다.
3	우리나라 「의료법」에는 환자 대 간호사의 비율을 입원 환자 5명에 간호사 2명, 외래 환자 30명에 간호사 1명의 비율로 책정한 인력 산정 방법이 이에 속한다.
4	국내 병원들의 간호사 확보율은 입원 환자 대 간호사의 비율을 5:2라는 최저기준을 적용하다가 1999년 11월 15일부터 입원환자 간호관리료 차등제가 도입되면서 간호사 확보율이 상향되었고, 그에 따라 환자에 대한 직접 간호시간도 증가하였다.

12 구성원의 임파워먼트(Empowerment)에 대한 설명으로 옳은 것은?

① 제로섬(Zero-sum) 관점에서 권력을 분배하는 것이다.
② 직위에 임명됨으로써 공식적으로 권력을 부여받는 것이다.
③ 개인의 역량을 향상시키고, 맡은 일에 대한 통제감을 높여준다.
④ 변혁적 리더십보다 거래적 리더십이 임파워링(Empowering)에 효과적이다.

해설 임파워먼트(Empowerment)

1	임파워먼트는 비제로섬의 관점이다.
2	공식적으로 권력을 부여받는 것이 아니라 권력을 하급자에게 이양하는 것이다.
3	거래적 리더십보다 변혁적 리더십이 임파워링에 효과적이다.

---

13 **다음 글의 내용과 같이 간호관리자를 선발할 때 적용한 리더십 이론은?**

> 1단계 : 관리자들의 리더십 유형을 파악한다.
> 2단계 : 간호업무의 구조화 정도, 관리자 – 간호사 관계, 관리자의 직위 권한을 기준으로 간호조직의 상황 호의성을 파악한다.
> 3단계 : 상황 호의성에 효과적인 리더십을 가진 관리자를 선발·배치한다.

① 블레이크와 머튼의 관리격자 이론(Managerial Grid)
② 하우스의 경로 – 목표 이론(Path-goal Theory)
③ 허시와 블랜차드의 상황적 리더십 이론(Situational Leadership Theory)
④ 피들러의 상황적합성 이론(Contingency Model of Leadership)

해설 피들러의 상황적합성 이론(Contingency Model of Leadership)

1단계	관리자들의 리더십 유형을 파악하고, LPC 점수를 기준으로 관계지향적 리더인지 과업지향적 리더인지를 결정한다.
2단계	간호업무의 구조화 정도, 관리자 – 간호사 관계, 관리자의 직위 권한을 기준으로 간호조직의 상황 호의성을 파악한다.
3단계	상황 호의성에 효과적인 리더십을 가진 관리자를 선발·배치한다.

14 동기부여 이론에 대한 설명으로 옳은 것은?

① 허츠버그(Herzberg)의 2요인 이론 : 직무 만족과 불만족은 각각 독립된 차원으로 존재하며, 각 차원에 영향을 미치는 주요 요인이 다르다.

② 브룸(Vrom)의 기대 이론 : 자신이 타인과 동등하게 대우받을 것으로 예상할 때 동기 부여된다.

③ 맥클랜드(McCleland)의 성취동기 이론 : 성취 욕구가 강한 사람은 쉽게 완수할 수 있는 과업을 선호한다.

④ 매슬로우(Maslow)의 욕구단계 이론 : 전체적 욕구 개념으로 두 가지 이상의 욕구가 동시에 작용하여 개인 행동을 유발한다.

✒️**해설**

②번은 아담스의 공정성 이론이며 ③번은 성취욕구가 강한 사람은 쉽게 완수할 수 없는 어려운 과업을 선호한다. ④번은 진행법에 따라 두 가지 이상의 욕구가 동시에 작용하는 경우는 없다.

15 직무분석에 대한 설명으로 옳은 것은?

① 직무분석 방법에는 설문지법, 면접법, 관찰법 등이 있다.

② 직무분석은 유사 직무들과 비교하여 특정 직무가 갖는 상대적 가치를 측정하는 것이다.

③ 직무분석은 담당할 과업의 수를 줄여 직무를 단순화시키거나 직무의 범위를 확대시키는 과정이다.

④ 직무분석의 결과로 도출되는 직무의 개요, 내용, 특성, 근무조건은 직무명세서(Job Specifcation)에 기술한다.

✒️**해설** **직무분석**

1	조직 내에 존재하는 직위의 본질과 기능요건을 규명하는 것이다.
2	직무내용, 근무조건, 다른 직무와의 관계 등 직무의 특성과 직무 수행에 필요한 기술, 태도, 적성 등 직무가 요구하는 개인적 특성을 결정하기 위해서 직무를 연구, 분석하는 것을 말한다.
3	직무분석의 결과로 도출되는 직무의 개요, 내용, 특성, 근무조건 등을 기술한 것은 직무기술서이다.

정답 14. ① 15. ①

16 **다음 「의료법」 제21조 제1항에도 불구하고, 예외적으로 허용하는 경우는?**

> 의료인이나 의료기관은 환자가 아닌 다른 사람에게 환자에 관한 기록을 열람하게 하거나 그 사본을 내주는 등 내용을 확인할 수 있게 하여서는 아니 된다.

① 의사결정이 가능한 환자의 배우자가 방문하여 배우자 본인의 동의서와 가족관계증명서를 제출하는 경우
② 질병관리본부장이 감염병의 역학조사를 위하여 필요하다고 인정하여 감염병환자의 기록을 요청하는 경우
③ 근로자가 산업재해로 인하여 「산업재해보상보험법」에 따라 보험급여를 받은 후 고용주가 기록을 요청하는 경우
④ 한국의료분쟁조정중재원의 감정위원이 A기관에서 발생한 의료사고의 원인 조사를 위해 B기관이 보관 중인 해당 환자의 과거 기록을 요청하는 경우

✎해설 **비밀누설금지의무의 면제**

1	환자의 동의가 있는 경우
2	법령에 의해 요구되는 경우 – 감염병 환자의 신고
3	정당한 업무행위 – 집단검진 시 감염병환자의 고지
4	의료인은 업무상 알게 된 타인의 비밀에 관한 사실은 증언을 거부할 수 있으나 공익상 중대한 필요성이 있어 법원에서 증언을 요구하는 경우

정답 16. ②

17 **조직구조 설계에 대한 설명으로 옳은 것은?**

① 조직의 부문화 정도가 높을수록 의사결정이 집권화된다.

② 조직의 공식화 정도가 높을수록 구성원의 행동 통제가 어려워진다.

③ 조직에서 필요한 전문 지식이나 기술의 종류가 다양할수록 조직이 수평적으로 분화된다.

④ 일상적이고 규칙적인 과업을 수행하는 조직일수록 의사결정이 분권화된다.

해설 **조직구조 설계**

1	조직의 부문화 정도가 높을수록 의사결정이 분권화된다.
2	조직의 공식화 정도가 높을수록 구성원의 행동 통제가 쉬워진다.
3	일상적이고 규칙적인 과업을 수행하는 조직일수록 의사결정이 집권화된다.

18 **간호 서비스의 질 평가 방법 중 과정적 접근 방법은?**

① 간호 실무 수행 방법의 표준과 규칙 마련 여부

② 근거중심 간호연구센터 설치 및 전담 인력 배치 여부

③ 환자안전 문제 발생 시 12시간 이내 적정진료관리실에 보고 여부

④ 관상동맥우회술 환자의 퇴원 후 약물 복용 순응도의 향상 여부

해설 **과정적 접근 방법**

의사소통, 검사, 투약, 수술, 의뢰과정, 환자간호 수행 및 태도, 간호기록, 환자교육 실시 등 업무수행에 대한 모든 요소가 포함된다.

정답 17. ③ 18. ③

19 **의료기관의 환자안전 관리에 대한 설명으로 옳지 않은 것은?**

① 위해사건(Adverse Event)의 기초적인 원인을 밝혀내기 위해 근본원인분석(Rot Cause Analysis)을 실시한다.
② 환자에게 심각한 위해(Harm)가 발생한 사건의 보고 여부는 보고자의 자발성을 우선적으로 존중한다.
③ 개인의 수행보다는 시스템과 프로세스에 초점을 맞추어 환자 안전 개선안을 마련한다.
④ 반복적으로 발생하는 환자안전 문제를 개선하기 위해서는 외부 고객과 내부 고객 모두에게 초점을 맞춘다.

해설 환자안전 관리

적신호 사건과 같이 환자에게 사망이나 심각한 위해를 가져온 경우에 대해서는 의무적(강제적)으로 보고하도록 하고 있다.

20 **의료기관의 감염 관리 방법에 대한 설명으로 옳은 것은?**

① 의료법령상 30개 병상을 갖춘 병원은 감염관리위원회를 설치하여야 한다.
② 의료법령상 콜레라 등 제1급 감염병 환자도 요양병원의 입원 대상에 포함된다.
③ 종합병원은 표준주의(Standard Precaution)를 적용하여 간호사가 입원 환자 접촉 시 항상 장갑과 마스크를 착용하게 해야 한다.
④ 의료법령상 운영되는 감염관리실에는 감염 관리에 경험과 지식이 있는 의사, 간호사, 해당 의료기관의 장이 인정하는 사람 중 1명 이상이 전담 근무하여야 한다.

해설 의료기관의 감염 관리 방법

1	200개 병상을 갖춘 병원이다.
2	콜레라 등 제1급 감염병 환자는 요양병원의 입원 대상으로 하지 아니한다.
3	장갑과 마스크는 혈액, 체액, 분비물 등으로 오염 가능성이 있을 때 착용한다.

정답 19. ② 20. ④

1 A병원의 B간호부장은 의료기관 서비스 평가를 앞두고 간호 질 향상을 위해 성과급제를 도입함과 동시에 간호인력을 재배치하였다. 이는 간호관리자 역할 중 어떤 역할을 수행한 것인가?

① 대표자 역할　　　　　　　　　　② 섭외자 역할
③ 의사결정자 역할　　　　　　　　④ 전달자 역할

✍해설　의사결정자 역할(기업가)

기업가는 조직의 발전과 성장을 위해 환경 변화에 맞는 전략을 수립하고 실현하는 역할이며 새로운 제도를 도입하거나(성과급제의 도입) 신사업을 추진하는 일을 한다.

2 다음은 창의적 집단 의사결정을 위한 단계이다. 어떤 기법을 사용한 의사결정인가?

- 구성원들이 한 집단으로 모인다. 그러나 토의가 이루어지기 전에 각 구성원들은 독립적으로 문제에 대한 아이디어를 문서로 작성한다.
- 구성원들은 각자 아이디어를 제출한다.
- 모든 아이디어가 제출되고 기록된다.
- 재조정된 아이디어에 대한 토론 후 의사결정을 한다.

① 레인스토밍　　　　　　　　　　② 명목집단 기법
③ 델파이 기법　　　　　　　　　　④ 전자회의

정답 1. ③　2. ②

✎해설 명목집단 기법

의사결정이 진행되는 동안 구성원들이 모이기는 하나 언어적 의사소통을 금지하므로 그 명칭을 명목집단 기법이라고 한다. 전통적인 회의에서와 같이 집단의 구성원들은 존재하지만 그들은 독립적 활동을 제한받는다.

3 '간호사의 교대 근무시간은 각각 8시간을 엄수해야 한다.'라는 것은 다음 중 어떤 기획 유형에 해당되는가?

① 목표 ② 정책

③ 절차 ④ 규칙

✎해설 규칙

1	대부분의 규칙은 정책과 절차 편람에 포함되어 있다.
2	규칙은 조직의 구성원들이 특별한 상황에서 행해야 할 것과 금지해야 할 것을 알려주는 명확한 지침이다. 따라서 규칙은 변동을 인정하지 않으며 유동성이 서면화되어 있다.
3	규칙은 정책보다 훨씬 더 엄격하고 제한된 것으로 표준적인 업무처리 방법상 기준이 되며 특별한 상황과 관련하여 수행되어야 할 구체적이고 명확한 행동을 요구한다.
4	규칙은 절차에 관련되어 행동을 지시해 주지만 행동의 시간적 순서를 나타내는 것은 아니다.

정답 3. ④

4 현황 분석을 위한 자료를 수집하고 계획안을 작성하는 관리 과정에서 수행되는 간호활동에 대한 설명으로 가장 옳은 것은?

① 간호직원에게 동기부여를 하기 위한 의사소통 활동이 활발히 이루어진다.
② 간호관리사업의 목표를 설정하고 예산을 배정하는 활동이 이루어진다.
③ 간호제공 방법을 개선함으로써 간호직원의 직무만족을 증가시키는 활동이 이루어진다.
④ 필요한 간호인력의 종류와 수를 정하고 이들을 채용할 계획을 수립하는 활동이 이루어진다.

해설 계획안

정의	• 계획안은 기획의 산물로써 미래의 행위를 예측하여 성취하기 위한 수단이다. • 자원이나 통제방법에 관한 전략을 명세화한 것이다. • 목표 성취를 위한 청사진이므로 목표달성 예정표를 세우기 위한 활동과 절차를 구체적으로 진술한다.
포함해야 할 요소	• 사업의 목적과 목표에 맞는 예상되는 결과를 예견해서 포함시켜야 한다. • 목적과 목표 달성에 이용되는 정책, 프로그램, 절차, 규칙 등의 수단이 포함되어야 한다. • 활동에 필요한 자원의 종류와 양을 포함시킨다. • 예산을 배정하는 활동이 이루어진다. • 계획안을 수행하기 위한 의사결정 절차 및 방법에 대한 디자인을 명기하여야 한다. • 계속적으로 계획안을 보완하기 위한 조정절차를 포함시켜야 한다.

5 다음 중 목표관리(Management By Objectives, MBO)의 장점에 대한 설명으로 가장 옳지 않은 것은?

① 목표달성에 대한 구성원들의 몰입과 참여의욕을 증진시킨다.
② 구성원들에게 효과적인 자기관리 및 자기통제의 기회를 제공한다.
③ 관리자는 상담, 협상, 의사결정, 문제해결, 경청 등을 포함한 관리자로서의 능력이 향상된다.
④ 장기목표를 강조하여 구성원의 조직비전 공유를 촉진한다.

정답 4. ② 5. ④

해설 목표관리의 단점

1	조직의 목표를 명확히 하는 것은 어려우며, 최종 목표와 중간 목표 간의 갈등을 조정하기 어렵다.
2	목표의 신축성이 결여되기 쉬우며 조직 외부 환경의 변화로 과거에 설정한 목표가 더 이상 현재의 목표로써 가치가 상실되었음에도 조직 구성원들이 목표를 고집하는 경우가 있다.
3	단기 목표를 지나치게 강조하는 경향이 있다.
4	계량화할 수 있는 목표를 강조한 나머지 계량화할 수 없는 성과가 무시되는 경향이 있다.
5	부서 간에 지나친 경쟁을 유발하여 조직 전체의 성과에 악영향을 끼칠 수 있다.
6	예측된 문제해결로 인하여 상층 관리자의 지속적인 능력개발을 저해할 수 있다.

6 A병원의 대차대조표를 통하여 파악할 수 있는 정보로 가장 옳은 것은?

① A병원의 재무구조의 건전성을 알 수 있다.
② A병원의 고정비용, 변동비용, 직접비용, 간접비용을 알 수 있다.
③ A병원의 진료수익과 진료비용을 알 수 있다.
④ A병원의 경영분석의 주요자료로 특히 수익성의 지표가 된다.

해설 대차대조표의 중요한 재무정보

1	기업의 경제적 자원에 대한 정보를 제공한다.
2	기업의 유동성과 지급 능력을 알 수 있다.
3	기업 재무구조의 건전도를 알 수 있다.
4	기업의 장기계획 수립, 기업의 확장, 새로운 프로젝트의 계획에 도움이 되는 정보를 제공한다.
5	채권자 지분과 주주를 알 수 있다.

정답 6. ①

7 다음 중 조직의 분권화에 대한 설명으로 가장 옳은 것은?

① 중요한 의사결정이 조직의 상부에서 이루어진다.

② 구성원의 창의성이 낮아질 수 있다.

③ 업무의 전문화가 가능하다.

④ 위기에 신속하게 대처할 수 있다.

⊗해설) 분권화

1	최고 관리자가 중대한 결정에 충분한 시간을 갖게 한다.
2	하부 관리자가 자율성을 가짐으로써 실무변화에 신속히 대응할 수 있게 한다.
3	조직의 반응 시간을 줄여 급변하는 조직환경에 빠르게 대처할 수 있게 한다.
4	부서 간, 기능 간 또는 부서 내, 기능 내 구성원들 간의 인간관계를 증진한다.
5	구성원이 조직에 기여하고 있다는 느낌을 가짐으로써 일에 대한 동기부여를 높인다.
6	개인으로 하여금 창의력을 발휘할 수 있게 한다.
7	비공식적이며 민주적인 관리체제를 발전시킬 수 있다.
8	조직 전체로는 업무통합이 이루어지지 않아 비용이 많이 든다.
9	조직 전체에 적용되는 방침을 일관성 있게 유지하기 어렵다.
10	조직이 조정되지 않고 통제가 불가능할 수 있다.

8 사례관리에서 적용하는 표준진료지침(Critical Pathway, CP)의 특징으로 가장 옳은 것은?

① 같은 질병군에 속한 환자들 간 진료과 과정에 개별성이 중요하게 요구되고 변이가 큰 질환을 우선적으로 다룬다.

② 환자의 입원일수 단축을 목표로 하며 의료의 질이 저하되는 약점이 있다.

③ 간호영역에 한정하여 적용한다는 점에서 간호과정(Nursing Process)과 일맥상통한다.

④ 질병군별 포괄수가제(DRG)의 도입과 비용−효과적인 환자관리의 필요성이 증가하면서 그 중요성이 강조된다.

정답 7. ③ 8. ④

해설 **표준진료지침(Critical Pathway, CP)**

1	포괄수가 대상, 질환, 진료 과정 상 변이가 적은 질환을 우선적으로 다룬다.
2	의료 질의 최대화를 목적으로 한다.
3	단점으로는 의료 질이 저하된다는 표현도 있다.
4	간호뿐만 아니라 의료 전반에 대해 적용한다.

9 조직의 권한관계에 있어서 스태프(Staff)의 권한에 대한 설명으로 옳은 것은?

① 조직의 주요목표를 효과적으로 달성하도록 간접적으로 지원해준다.
② 조직 내에서 상하의 수직적 계층구조를 형성한다.
③ 목표수행에 직접적인 책임을 지고 업무를 수행한다.
④ 조직의 목표가 달성되도록 직접적으로 의사결정을 한다.

해설 **스태프의 권한**

스태프의 권한은 라인 조직을 지원하고 보좌하고 전문적인 지식, 기술을 요구한다. 그러나 결정권은 없으며 조직의 주요 목표를 효과적으로 달성하도록 간접적으로 지원해준다.

정답 9. ①

10 A종합병원의 내과병동 수간호사는 다음과 같은 조직변화 전략을 채택하였다. 어떤 유형의 조직변화 전략에 속하는가?

> 사람들은 변화로 인해 어떤 이익을 가질 수 있을지 알 수 있고 확신할 수 있을 때 변화하므로, 변화를 위해 구성원들에게 생기는 개인과 기관의 이득을 구체적으로 보여준다.

① 동지적 전략　　　　　　　　　　② 권력-강제적 전략
③ 경험적-합리적 전략　　　　　　　④ 규범적-재교육적 전략

해설 경험적-합리적 전략

경험적-합리적 전략에서 사람은 합리적으로 생각하며 자신에게 유리한 쪽으로 행동한다고 가정한다. 사람들은 변화로 인해 어떤 이익을 가질 수 있을지 알 수 있고 확신할 수 있을 때 변화하므로, 관리자는 변화를 위해 구성원들에게 생기는 개인과 기관의 이득을 구체적으로 보여주어야 한다.

11 다음 중 내부모집의 특성에 대한 설명으로 옳지 않은 것은?

① 조직 내 구성원의 사기가 높아질 수 있다.
② 조직 내 파벌이 조성될 수 있다.
③ 새로운 직위에 대하여 구성원의 적응이 쉬운 편이다.
④ 인력개발 비용을 줄일 수 있다.

해설 내부모집의 특성

장점(순기능)	단점(역기능)
• 직원 사기 증진 및 응집력 향상, 동기유발	• 해당 직위에 적절한 사람 배치 가능
• 승진자의 사기 증진	• 훈련과 사회화 시간의 단축
• 정확한 능력 평가	• 외부모집을 하위계층으로 하향시킴
• 고과기록 보유로 적합한 직원을 적재적소에 배치 가능	• 인력개발비용 증가

정답 10. ③　11. ④

• 직원의 능력을 최대로 활용할 수 있고, 직원의 능력개발을 강화시킬 수 있음	• 창의성 결여로 조직발전에 장애
• 조직 구성원의 기능을 자세히 분석할 수 있는 계기가 될 수 있음	• 승진을 위한 과다경쟁
• 신속한 충원과 충원비용 절감	• 조직의 경직화로 환경변화에 민감하게 적응하기 어렵다.

12 A병원 간호부는 간호사들의 업무성과를 평가하여 그 결과에 따라 보수를 차등지급하고 있다. 이 제도의 단점으로 볼 수 있는 것은?

① 서열이 존중되는 조직의 안정성을 해칠 수 있다.
② 인건비 관리가 비효율적이다.
③ 직원의 동기가 감소된다.
④ 조직의 생산성이 감소된다.

해설 능력별 보상제도의 단점

1	연공서열이 중시되는 기업에서는 조직의 안정성을 해칠 위험이 있다.
2	직원들이 능력별 보상제도의 객관성, 공정성에 대한 신뢰가 약하면 보상제도에 대하여 오히려 불신을 키울 수 있다.
3	능력별 보상제도가 너무 강조되면 비인간적·기계적 조직생활과 노동착취의 수단으로 왜곡되어 통제지향적 인사관리가 될 가능성이 있다.

정답 12. ①

13 다음은 브룸(Vroom)이 기대이론(Expectancy Theory)에서 제시한 기대이론의 주요변수 중 하나에 대한 설명이다. 어떤 주요변수에 대한 설명인가?

> 특정활동을 통해 어떤 것을 얻을 수 있는 확률을 의미하며, 0~1의 값을 가진다. 만약, 어떤 사람이 이 행동이 특정한 결과를 낸다고 믿는다면 1의 값을 가지고, 가능성이 없다고 지각되면 0의 값을 가지게 된다.

① 행동선택(Choices)
② 유인가 / 유의성(Valences)
③ 수단성(Instrumentalities)
④ 기대(Expectancies)

해설 기대감(Expectancies)

기대감은 특정한 행동(노력)을 통하여 어떤 것을 얻고자 하는 주관적(지각된) 확률로 0~1의 값을 가진다. 만약 특정한 행동이 자기 자신에게 어떤 결과를 반드시 가져온다고 믿는다면 기대감은 1이고, 자신이 아무리 노력해도 달성 가능성이 전혀 없다고 믿는다면 기대감은 0이 된다.

14 A대학병원에 노인 병동을 신축 증설함에 따라 신규 간호사들이 많이 근무하게 되었다. 노인 병동에서 일하게 된 간호사들은 노인 간호 경험이 없어 힘들어하지만 발전하는 병원에 근무한다는 자부심으로 열심히 일하고 있다. 다음 중 허쉬와 블렌차드 리더십 관점에서, 현재 노인 병동을 이끌어가는 데 가장 적합한 리더 유형은?

① 의사결정과 과업수행에 대한 책임을 부하에게 위임하여 부하들이 스스로 자율적 행동과 자기통제하에 과업을 수행하도록 하는 리더
② 결정사항을 부하에게 설명하고 부하가 의견을 제시할 기회를 제공하는 쌍방적 의사소통과 집단적 의사결정을 지향하는 리더
③ 아이디어를 부하와 함께 공유하고 의사결정 과정을 촉진하며 부하들과의 인간관계를 중시하여 의사결정에 많이 참여하게 하는 리더
④ 부하에게 기준을 제시해 주고 가까이서 지도하며 일방적인 의사소통과 리더 중심의 의사결정을 하는 리더

정답 13. ④　14. ②

해설 성숙도

구성원들의 성숙도를 보면, 신규 간호사들이 많아 직무수행능력은 낮고, 그 대신 자부심으로 열심히 일한다고 했기 때문에 직무수행 의지는 높다. 이것은 성숙도(M2)에 해당하므로 설득형 리더십이 적절하다. ①번은 위임형 리더십, ②번은 설득형 리더십, ③번은 참여형 리더십, ④번은 지시형 리더십이다.

15 A병원에서는 2014~2015년 2년 동안 병원 감염의 추이를 분석한 관찰치를 통하여 업무 흐름이나 경향을 조사하고 개선전략을 수립하고자 한다. 이에 해당되는 질 관리 분석 도구는?

① 인과관계도(Cause Effect Diagram)

② 관리도(Control Chart)

③ 런 차트(Run Chart)

④ 파레토 차트(Pareto Chart)

해설 런 차트(Run Chart)

런 차트는 일정기간 동안 업무과정의 성과를 측정한 관찰치를 통하여 업무흐름이나 경향을 조사하고 개선전략을 수립할 목적으로 사용된다. 시간의 변화에 대한 프로세스의 변화를 그림으로 나타내며, 이러한 변화가 일어나는 특별한 원인을 더욱 쉽게 발견할 수 있도록 해준다.

정답 15. ③

16 A병원 간호부에서는 간호수준을 향상시키기 위해 질 향상 활동을 계획했다. 우선 간호의 질을 평가하기 위한 평가활동을 시행하였고, 이제부터 개선활동을 할 예정이다. 일반적인 질 관리과정을 적용할 때 다음 중 가장 먼저 이루어져야 할 활동은?

① 질 개선 계획을 수립한다.
② 개선활동의 표준을 설정한다.
③ 조직의 개선과제를 명확히 규명한다.
④ 질 개선활동에 필요한 인력, 시설, 예산 등을 확보한다.

해설) 개선활동 절차

1	개선활동의 첫 단계는 결과의 비교 단계를 통해 조직의 개선과제를 명확히 규명하는 것이다.
2	개선과제가 규명되면 다음으로 개선활동의 표준을 설정한다.
3	설정된 목표를 토대로 질 개선 계획을 수립하며 질 개선 활동에 필요한 인력, 시설, 물자, 예산, 교육 등 모든 관련 요소를 포함하여 수립한다.
4	질 개선 계획에 따라 실제로 개선과제를 수행한다.
5	개선과제의 수행 중에도 적절한 시기에 진행상황을 모니터링하고 문제분석 및 필요한 지원이 있어야 한다.
6	최종 개선활동의 성과를 표준과 비교하여 평가한다.
7	평가의 결과에 따라 적절한 교정활동 및 원인파악, 표준의 재설정, 개선방안을 모색하고 일련의 과정을 반복한다.

17 의료기관인증제도에 대한 설명으로 옳지 않은 것은?

① 등급판정은 인증, 조건부 인증, 불인증으로 구분된다.
② 인증을 받은 기관은 5년 동안 인증마크를 사용할 수 있다.
③ 요양병원과 정신병원은 의무적으로 인증을 신청해야 한다.
④ 조사기준은 기본가치체계, 환자 진료체계, 지원체계, 성과 관리체계이다.

정답 16. ③ 17. ②

✍해설 인증등급

인증등급은 인증, 조건부 인증 및 불인증으로 구분하며 인증의 유효기간은 4년으로 한다. 다만, 조건부 인증의 경우에는 유효기간을 1년으로 한다.

---

18 다음 중 간호사가 겪고 있는 윤리원칙 충돌 중 선행의 원칙과 정직의 원칙이 충돌한 사례로 가장 옳은 것은?

① 박씨는 말기 암환자로 자살을 시도하였으나 실패 후 상처 치유를 위해 입원하였다. 상처 소독과 환자 관찰을 위해 간호사는 매일 병실에 들어갔다.

② 백혈병으로 진단받은 40세 이씨는 검사 결과 당장 수혈을 받아야하나, 종교적인 이유로 수혈을 거부하고 있다. 간호사는 수혈을 권유하였으나 환자는 들으려 하지 않는다.

③ 6개월 전 위암으로 진단받은 김씨는 본인의 질병을 위궤양으로 알고 있으나, 비슷한 색의 주사를 맞는 옆 병상 환자를 보고 자신도 암환자인지를 간호사에게 묻고 있다. 보호자의 강력한 주장으로 의료진은 김씨에게 진단명을 언급하지 못하는 상황이다.

④ 말기 암환자 최씨는 통증 호소가 심해 여러 종류의 진통제를 투약 받았으나, 효과를 보지 못해 간호사는 처방된 위약(Placebo)을 투약하였고 그 후 최씨의 통증 호소는 감소하였다. 최근 위약(Placebo) 투약 후에도 최씨는 다른 진통제 처방을 가끔씩 요구하기도 한다.

✍해설 선행의 원칙과 정직의 원칙

①번은 성실의 규칙, ②번은 선의의 간섭주의(자율성의 원칙과 선행의 원칙 충돌), ③번은 신의의 규칙이다.
선행의 원칙은 환자의 해로운 선택이 야기하게 될 해로운 결과로부터 환자를 보호하기 위해 환자 의사와 관계없이 그에게 이득이 되는 행동을 하게 하는 원칙이며 정직의 원칙은 진실을 말해야 하는 의무를 말한다.

19 다음 중 의료기관인증평가의 정확한 환자확인 방법으로 옳지 않은 것은?

① 확인 과정에서 개방형 질문으로 환자를 참여시킨다.

② 환자의 병실 호수와 환자의 이름을 사용하여 확인한다.

③ 모든 상황과 장소에서 일관된 환자 확인 방법을 사용한다.

④ 의사 표현이 어려운 환자는 별도의 확인 방법을 적용한다.

해설) 환자확인 방법

환자의 생년월일과 환자의 이름을 사용하여 확인한다.

20 다음 중 보건 의료서비스의 특성으로 옳지 않은 것은?

① 재고의 저장이 불가능하다.

② 가격 설정 기준이 명확하다.

③ 수요 및 공급의 균형이 어렵다.

④ 서비스의 내용, 과정, 질이 일정하지 않다.

해설) 보건 의료서비스

보건 의료서비스는 가격 설정 기준이 불명확하다.

정답 19. ② 20. ②

1 간호의 질 관리 접근방법에서 과정적 요소는?

① 의사소통　　　　　　　　　② 병원감염발생률
③ 퇴원환자만족도　　　　　　　④ 직무기술서

📖 **해설**) 과정적 요소

1	간호수행 – 의사소통, 숙련성, 간호사의 태도
2	간호부서와 타 부서와의 상호작용
3	관리와 지도성

2 다음 글에서 설명하는 조직화의 원리는?

> • 조직의 공동 목표를 달성하기 위해 집단의 노력을 질서 있게 배열함으로써 조직의 존속과 효율화를 도모한다.
> • 조직 내의 제반 활동을 통일시키는 작용으로, 분업과 전문화가 매우 심화된 현재 보건의료 조직에서 각 하부시스템 간의 시너지 효과가 극대화 될 수 있도록 하는 원리이다.

① 통솔범위의 원리　　　　　　② 분업전문화의 원리
③ 조정의 원리　　　　　　　　④ 명령통일의 원리

정답) 1. ①　2. ③

해설 조정의 원리

조정의 원리는 조직의 공동 목표를 달성하기 위해 집단의 노력을 질서 있게 배열하여 조직의 존속과 효율화를 도모한다. 조직 내의 제반 활동을 통일시키는 작용으로, 분업과 전문화가 매우 심화된 현재 보건 의료조직에서 각 하부시스템 간의 시너지 효과를 극대화 할 수 있다.

3 다음 글에서 설명하는 직무수행평가의 오류 유형은?

> 수간호사는 우연하게 A간호사의 부정적인 면을 보게 되었다. 수간호사는 그 일로 인하여 A간호사에 대하여 불신을 하게 되었고, 다른 업무요소도 부족하다고 판단하여 직무수행평가 점수를 실제 능력보다 낮게 주었다.

① 후광효과(Halo Effect) ② 혼효과(Horn Effect)
③ 중심화 경향(Central Tendency) ④ 관대화 경향(Leniency Tendency)

해설 혼효과(Horn Effect)

혼효과는 후광효과의 반대로 어느 특성이 '부족하다'는 인상을 갖게 되면 다른 특성도 '부족하다' 고 평가해 버리는 경향을 가리키며, 평가자가 지나치게 비판적이어서 피고과자가 실제 능력보다 낮게 평가되는 것을 말한다.

4 간호 서비스를 향상시키기 위한 마케팅 믹스 전략의 사례에 대한 설명으로 옳지 않은 것은?

① 불만이 있는 고객을 대상으로 맞춤형 서비스를 개발하여 운영하는 것은 제품에 대한 전략이다.

정답 3. ② 4. ③

② 접근이 용이한 인터넷을 통한 원격진료 서비스를 환자에게 제공하는 것은 유통에 대한 전략이다.

③ 지역주민들의 건강유지 및 증진을 위한 종합건강검진센터를 운영하는 것은 촉진에 대한 전략이다.

④ 간호서비스를 세분화, 차별화하여 구체적인 항목으로 만들고 원가분석을 통해 적절한 가격으로 재조정하는 것은 가격에 대한 전략이다.

✎해설 **제품 전략**

지역주민들의 건강유지 및 증진을 위한 종합건강검진센터를 운영하는 것은 제품 전략이다.

---

5 **다음 사례에서 설명하는 것은?**

> K병동에서 낮 근무 중인 A간호사는 항생제 피부반응 검사를 하지 않고 처방된 페니실린계 항생제를 환자에게 투여하였다. 이 약물을 투여받은 환자는 갑자기 급격한 혈압강하 및 실신을 일으켰다.

① 근접오류
② 위해사건
③ 잠재적 오류
④ 환자안전문화

✎해설 **위해사건**

위해사건이란 일시적 손상으로 중재가 요구될 수 있는 과오가 발생하였거나 입원기간이 연장되는 과오가 발생한 것을 의미한다.

정답 5. ②

6 카츠(Katz)가 제시한 간호관리자의 인간관계 기술에 대한 설명으로 옳은 것은?

① 환경과 조직의 복잡성을 이해하고 대처하는 능력으로 최고 관리자에게 많이 필요하다.

② 사람들과 효과적으로 의사소통하고 동기부여 해주는 능력으로 모든 계층의 관리자에게 필요하다.

③ 특정 업무를 수행하는 데 필요한 지식과 기술을 이용할 수 있는 능력으로 최고 관리자에게 많이 필요하다.

④ 조직의 목적과 간호단위 내의 목표를 연결시키는 능력으로 현장의 일선 관리자에게 많이 필요하다.

해설 간호관리자의 인간관계 기술

개념적 기술	• 조직의 모든 이해관계와 활동을 조정하고 통합할 수 있는 정신적 능력이다. • 조직을 전체로 보고 각 부분이 서로 어떻게 의존관계를 유지하는가를 통찰할 수 있는 능력이다. • 조직의 최고 관리자에게 많이 필요한 능력이다.
전문적 기술	• 전문화된 분야에 고유한 도구 및 절차, 기법을 사용할 수 있는 능력이다. • 조직의 하위수준에서 중요시된다.
인간적 기술	• 개인으로서든 또는 집단으로서든 다른 사람과 같이 일하고 그들을 이해하며 그들에게 동기를 부여할 수 있는 능력이다. • 어느 계층에서나 거의 비슷한 비중으로 중요시된다.

7 의사결정 방법 중에서 명목집단기법에 대한 설명으로 옳은 것은?

① 대화나 토론 없이 서면으로 의견을 제출한 후 조정된 의견에 대해 토론 후 표결하였다.

② 설문지로 전문가의 의견을 제시 후 수정된 설문지에 다시 의견을 제시하였다.

③ 문제에 대한 자신의 의견을 컴퓨터를 이용하여 제시하였다.

④ 집단의 리더가 제기한 문제에 대해 유용한 아이디어를 가능한 한 많이 제시하였다.

🖎해설 **의사결정 방법**

①번은 명목집단 기법, ②번은 델파이 기법, ④번은 브레인스토밍 기법이다.

8 보건의료기관의 재무제표 중 손익계산서에 대한 설명으로 옳은 것은?

① 왼쪽 차변에 자산을 기록하고 오른쪽 대변에 부채와 자본을 기록한다.

② 유동자산과 유동부채를 비교하여 기관의 단기 지급능력을 파악할 수 있다.

③ 기관의 수익력을 파악하여 기관의 미래 경영성과를 예측할 수 있다.

④ 기관의 실제 현금의 입출금 내역과 잔액을 기록한다.

🖎해설 **손익계산서**

손익계산서는 일정 기간에 기업의 경영성과를 나타내는 보고서로 기관의 수익력을 파악하게 해준다.

정답 7. ① 8. ③

9 다음 글에서 설명하는 직무설계 방법은?

> • K병원 간호부는 간호·간병통합서비스를 시행하려고 한다. 이에 따라 기능적 간호 업무 분담체계를 팀 간호 체계로 전환하고자 한다.
> • 이때 단순업무를 담당하는 간호사에게 난이도가 높고 보다 질적인 간호업무를 수행하도록 하여 성취감을 발휘할 수 있도록 한다.

① 직무충실화　　　　　　　　　② 직무순환

③ 직무확대　　　　　　　　　　④ 직무단순화

🖉해설) 직무충실화

조직원의 적극적인 동기유발을 위해 직무가 동기부여 요인을 충족시킬 수 있도록 재구성하는 방법으로 직무내용 자체가 직원에게 도전감, 성취감, 인정감, 책임, 발전 및 성장에 대한 기회를 제공할 수 있도록 재구성되어야 한다는 입장이다.

10 다음 글에서 설명하는 길리스(Gillies)의 간호인력 산정에 대한 접근 방법은?

> K병원의 간호부장은 환자분류체계에 따른 환자유형별 간호표준을 정하고, 그 표준에 따라 정해진 업무 수행빈도와 난이도를 기초로 하여 필요한 간호 인력의 수요를 예측하였다.

① 서술적 접근 방법

② 원형적 접근 방법

③ 산업공학적 접근 방법

④ 관리공학적 접근 방법

정답 9. ① 　 10. ④

✍️해설 **관리공학적 접근 방법**

관리공학적 접근 방법이란 환자를 간호요구에 따라 분류한 후 각 분류군에 따라 필요한 시간을 산출하여 총 간호 업무량에 따라 간호사를 배치하는 방법이다.

---

11 **간호부 규정을 위반한 간호사의 훈육원칙으로 옳은 것은?**

① 간호사의 문제행동에 초점을 둔다.

② 훈육규칙은 유동적으로 적용한다.

③ 훈육은 가능한 한 시간을 갖고 천천히 처리한다.

④ 훈육은 처음부터 공개적으로 시행하여 재발을 예방한다.

✍️해설 **훈육원칙**

1	간호사의 문제 행동에 초점을 둔다.
2	규칙은 일관성 있게 적용한다.
3	신속하게 대처한다.
4	비밀을 보장하나 비공개적인 비난을 심각하게 받아들이지 않는 간호사에게는 공개적인 추궁이 필요하다.

정답 11. ①

12 「의료법 시행규칙」 상 환자가 담당 의사·간호사 등으로부터 치료 방법, 진료비용 등에 관하여 충분한 설명을 듣고 이에 관한 동의 여부를 결정할 수 있는 권리는?

① 진료 받을 권리
② 알권리 및 자기결정권
③ 비밀을 보호받을 권리
④ 상담·조정을 신청할 권리

🖊️해설) **알권리 및 자기결정권**

「의료법 시행규칙」 상 환자가 담당 의사·간호사 등으로부터 치료 방법, 진료비용 등에 관하여 충분한 설명을 듣고 이에 관한 동의 여부를 결정할 수 있는 권리는 알권리 및 자기결정권이다.

13 간호단위 기록에 대한 설명으로 옳은 것은?

① 환자기록 : 법적으로 중요한 자료가 되고 직원을 보호하는 근거가 된다.
② 약물기록 : 경구투약을 제외한 투약방법은 기입하지 않는다.
③ 진단검사 기록 : 검사 전 준비사항은 기록으로 남기지 않는다.
④ 간호기록 : 상급자의 요청이 있을 경우 기록내용을 임의로 수정할 수 있다.

🖊️해설) **간호단위 기록**

환자기록	법적으로 중요한 자료가 되고 직원을 보호하는 근거가 된다.
약물기록	모든 투약방법을 기록해야 한다.
준비사항	검사 전·후 준비사항을 기록으로 남겨야 한다.
기록내용	상급자의 요청이 있더라도 기록내용을 임의로 수정할 수 없다.

14 K병원 간호부에서 환자만족도를 높이기 위해 현재 간호단위에서 운영 중인 팀 간호방법의 운영결과를 평가·보완하고자 할 때 우선적으로 수행해야 하는 활동은?

① 업무표준을 설정한다.
② 간호사들의 간호업무가 만족스럽게 수행되도록 지지한다.
③ 성과에 따라 상여금을 차등 지급한다.
④ 수집된 업무수행 결과자료를 분석한다.

해설 **팀 간호방법**

팀 간호방법은 전문직 간호사와 비전문직 직원들로 이루어진 팀에 의한 간호제공 방법이기 때문에 먼저 업무표준을 설정해야 한다.

15 간호사들의 능력은 높으나 동기가 낮은 A간호단위에 허쉬(Hersey)와 블랜차드(Blanchard)의 상황대응 리더십 이론을 적용했을 때 수간호사의 지도유형은?

① 관계지향성은 낮고 과업지향성이 높은 리더유형
② 과업지향성과 관계지향성이 모두 높은 리더유형
③ 관계지향성은 높고 과업지향성이 낮은 리더유형
④ 과업지향성과 관계지향성이 모두 낮은 리더유형

해설 **수간호사의 지도유형**

능력은 높으나 동기가 낮은 간호사들은 관계지향성이 높고 과업지향성이 낮은 리더십 유형을 적용해야 한다.

정답 14. ① 15. ③

16 **질 보장(Quality Assurance)과 총체적 질 관리(Total Quality Management)에 대한 설명으로 옳지 않은 것은?**

① 질 보장의 목적은 특정범위를 벗어난 결과를 초래한 개인과 특별한 원인을 규명하는 것이다.

② 질 보장은 예방과 계획보다는 감사를 중요하게 여기고 결과 중심적이다.

③ 총체적 질 관리의 목적은 문제가 확인되지 않더라도 지속적인 질 향상을 추구하는 것이다.

④ 총체적 질 관리의 영역은 임상의료의 과정 및 결과, 환자에게 취해진 활동에 국한된다.

✎해설) **총체적 질 관리**

총체적 질 관리의 영역은 임상 및 비임상을 포함한 모든 시스템 과정을 대상으로 한다.

17 **간호관리 이론 중에서 베버(Weber)의 관료제에 대한 설명으로 옳은 것은?**

① 비공식적인 조직을 활성화해야 한다.

② 근무경력에 따라 보수를 지급해야 한다.

③ 관리자는 구성원의 고용안정을 위해 노력해야 한다.

④ 지위에 따른 공적 권한과 업무 책임이 명확해야 한다.

✎해설) **베버의 관료제 이론**

1	관리자의 주관적 판단에 의사결정을 맡김으로써 발생할 수 있는 조직의 불안정을 최소화하기 위해 업무수행에 관한 규칙과 절차를 공식화한다.
2	종업원들은 능력과 과업에 따라 선발되고 승진된다.
3	고용안정에는 별다른 관심이 없다.
4	지위에 따른 공적 권한과 업무 책임이 명확해야 한다.

정답 16. ④ 17. ④

18 「의료법」상 의료기관 인증기준에 포함되지 않는 것은?

① 환자 만족도
② 의료기관의 의료서비스 질 향상 활동
③ 진료비용의 적정성
④ 의료서비스의 제공과정 및 성과

📝해설 의료기관 인증기준

1	환자의 권리와 안전
2	의료기관의 의료 서비스 질 향상 활동
3	의료 서비스의 제공과정 및 성과
4	의료기관의 조직·인력관리 및 운영
5	환자 만족도

19 다음 글에서 설명하는 간호사의 권력 유형에 해당하지 않는 것은?

> • A간호사는 신경외과 중환자실 20년 경력의 중환자 전문간호사로서 유용하거나 희소가치가 있는 정보를 소유하고 있다.
> • A간호사는 임상수행능력이 탁월하여 임상수행에 어려움을 겪는 신규간호사에게 도움을 주고 동료간호사들로부터 닮고 싶다는 얘기를 많이 듣는다.

① 전문적 권력　　　　　　　② 정보적 권력
③ 준거적 권력　　　　　　　④ 연결적 권력

정답 ▶ 18. ③　19. ④

전문적 권력	전문적 기술이나 지식 또는 독점적 정보를 가지고 있을 때 발생하는 권력이다.
정보적 권력	유용하거나 희소성의 가치가 있는 정보를 소유하고 있는 권력이다.
준거적 권력	자신보다 뛰어나다고 인식되는 사람을 닮고자 할 때 발생하는 권력이다.

20 **마약류 관리에 관한 법령상 마약에 대한 설명으로 옳지 않은 것은?**

① 처방전 또는 전자서명이 기재된 전자문서를 포함한 진료기록부는 5년간 보존하여야 한다.

② 마약, 예고 임시마약 또는 임시마약 저장시설은 이중으로 잠금장치가 된 철제금고로 한다.

③ 마약류의 저장시설은 일반인이 쉽게 발견할 수 없는 장소에 설치하되 이동할 수 없도록 설치한다.

④ 마약을 기재한 처방전 발급 시 그 처방전에 발급자의 업소 소재지, 상호 또는 명칭 및 면허번호를 기입하여 서명 또는 날인하여야 한다.

🖋️해설) 진료기록부 보존

처방전 또는 전자서명이 기재된 전자문서를 포함한 진료기록부는 2년간 보존하여야 한다.

정답 20. ①

1   조직관리 이론의 특성에 대한 설명으로 옳지 않은 것은?

① 인간관계론 – 인간의 심리적, 사회적 욕구가 충족될 때 생산성이 향상된다.

② 관료제 이론 – 권한이나 규칙을 포함한 공식적인 시스템이 조직의 능률적 기반을 제공한다.

③ 과학적 관리론 – 분업과 직무 표준화를 통하여 효율적으로 직무를 설계한다.

④ 행정관리 이론 – 전문 능력에 따라 인력을 선발하고 권한을 위임함으로써 관리의 효율성을 높인다.

해설   행정관리 이론

1	일반관리론 또는 경영관리론이라고도 한다.
2	광범위하고 일반적인 관리이론으로써 생산성에 역점을 두기 보다는 주로 조직을 관리하는 보편적인 원리 정립에 중점을 둔다.
3	경영의 문제를 조직의 상위계층에 집중하고 건전한 경영원칙을 적용하는 것을 강조한다.

2   「의료법」 상 의료기관 인증을 신청하여야 하는 기관은?

① 300 병상의 종합병원   ② 30 병상의 병원

③ 요양병원   ④ 한방병원

해설   요양병원

「의료법」 상 요양병원은 의료기관 인증을 신청하여야 한다.

정답   1. ④   2. ③

3 「의료법 시행규칙」상 환자의 권리가 아닌 것은?

① 존엄의 권리
② 진료받을 권리
③ 알권리 및 자기결정권
④ 상담·조정을 신청할 권리

📝해설) 환자의 권리

진료받을 권리	환자는 자신의 건강보호와 증진을 위하여 적절한 보건 의료서비스를 받을 권리를 갖고, 성별·나이·종교·신분 및 경제적 사정 등을 이유로 건강에 관한 권리를 침해받지 아니하며, 의료인은 정당한 사유 없이 진료를 거부하지 못한다.
알권리 및 자기결정권	환자는 담당 의사·간호사 등으로부터 질병 상태, 치료 방법, 의학적 연구 대상 여부, 장기이식 여부, 부작용 등 예상 결과 및 진료 비용에 관하여 충분한 설명을 듣고 자세히 물어볼 수 있으며, 이에 관한 동의 여부를 결정할 권리를 가진다.
비밀을 보호받을 권리	환자는 진료와 관련된 신체상·건강상의 비밀과 사생활의 비밀을 침해받지 아니하며, 의료인과 의료기관은 환자의 동의를 받거나 범죄 수사 등 법률에서 정한 경우 외에는 비밀을 누설·발표하지 못한다.
상담·조정을 신청할 권리	환자는 의료 서비스 관련 분쟁이 발생한 경우, 한국의료분쟁조정중재원 등에 상담 및 조정 신청을 할 수 있다.

4 조직의 재무상태표에 대한 설명으로 옳은 것은?

① 자본은 부채와 자산의 합으로 표시한다.
② 조직의 미래 현금 흐름을 예측하는 데 유용하다.
③ 일정 기간 동안의 경영 성과를 비용과 수익으로 나타낸다.
④ 조직 재무 구조의 건전성을 나타낸다.

정답 ▸ 3. ① 4. ④

해설 **조직의 재무상태표**

1	자산은 부채와 자본의 합으로 표시한다.
2	조직의 일정시점에서 그 기업의 재무상태를 표시한다.
3	일정 기간에 현금이 어떻게 조달되고 사용되었는가를 보여준다.
4	일정 기간 동안의 경영성과를 수입과 지출로 나타난다.
5	조직 재무구조의 건전성을 나타낸다.

5 「환자안전법 시행규칙」 상 환자안전 전담인력의 자격기준으로 옳지 않은 것은?

① 「의료법」에 따른 전문의 자격이 있는 사람
② 의사 면허를 취득한 후 2년 이상 보건의료기관에서 근무한 사람
③ 치과의사 면허를 취득한 후 5년 이상 보건의료기관에서 근무한 사람
④ 간호사 면허를 취득한 후 5년 이상 보건의료기관에서 근무한 사람

해설 **환자안전 전담인력의 자격기준**

1	의사·치과의사 또는 한의사 면허를 취득한 후 5년 이상 보건의료기관에서 근무한 사람
2	「의료법」제77조에 따른 전문의 자격이 있는 사람
3	간호사 면허를 취득한 후 5년 이상 보건의료기관에서 근무한 사람

정답 5. ②

6 다음 글에서 설명하는 자료 분석 도구는?

> • 생산·서비스 과정이나 절차의 실제 상황을 순서대로 이해하기 쉽게 도식화한다.
> • 생산·서비스 과정에서 문제의 원인이 어디에 있는지 파악할 수 있다.
> • 중복되거나 불필요한 업무의 구체적인 단계를 확인할 수 있다.

① 인과관계도(Fishbone Diagram)
② 런 차트(Run Chart)
③ 파레토 차트(Pareto Chart)
④ 흐름도(Flow Chart)

─────────

🖎해설) 흐름도(Flow Chart)

특정한 업무과정에 필요한 모든 단계를 도표로 표시하거나 미리 정의된 기호와 그것들을 연결하는 선을 사용하여 그린 도표로 표시하는 것으로 순서도 또는 플로차트라고도 한다. 플로차트는 프로그램의 흐름이나 어떤 목적을 달성하기 위한 처리과정을 표현하는 데 사용할 수 있으며 생산 서비스 과정에서 문제의 원인이 어디에 있는지 파악하며 중복되거나 불필요한 업무의 구체적인 단계를 확인할 수 있다.

7 의료의 질 구성요소에 대한 설명으로 옳지 않은 것은?

① 적합성(Adequacy) – 대상 인구 집단의 건강 요구에 부합하는 정도
② 가용성(Availability) – 필요한 의료서비스를 제공할 수 있는 여건의 구비 정도
③ 효과성(Effectiveness) – 건강 수준의 향상에 기여한다고 인정되는 의료서비스 성과의 산출 정도
④ 적정성(Optimality) – 시간이나 거리 등 요인에 의해 의료 서비스 이용에 제한을 받는 정도

─────────

🖎해설) 적정성(Optimality)

적정성이란 건강개선과 그 건강개선을 얻는 비용간의 균형을 말하며 시간이나 거리 등의 요인에 의해 의료 서비스 이용에 제한을 받는 정도는 접근성에 속한다.

정답 6. ④   7. ④

8 **동기부여 이론에 따른 관리 전략의 설명으로 옳은 것은?**

① 동기·위생 이론 – 조직의 정책, 복리후생제도, 작업조건을 개선함으로써 구성원의 동기를 부여한다.

② 기대 이론 – 구성원이 기대하는 명확하고 구체적인 목표를 설정하게 하고, 직무 수행에 대해 즉각적인 피드백을 제공한다.

③ 공정성 이론 – 구성원이 공정하다고 인식할 수 있는 직무 수행평가 과정과 보상 체계를 마련한다.

④ 성취동기 이론 – 친화 욕구가 가장 높은 구성원에게 대규모 프로젝트의 리더 역할을 부여한다.

🖉해설 **동기부여 이론에 따른 관리전략**

동기·위생 이론	성취감, 안정감, 도전감, 책임감, 성장과 발전을 제공하는 직무를 제공한다.
기대 이론	관리자는 작업과 결과 간의 연관성을 분명히 할 필요가 있고 바람직한 행동에 대해 보상해주어야 한다.
공정성 이론	관리자는 조직에서의 사회적 비교과정에 주의를 기울이고 구성원이 공정하다고 인식할 수 있는 직무수행평가 과정과 보상체계를 마련해야 한다.
성취동기 이론	성취욕구가 가장 높은 구성원에게 대규모 프로젝트의 리더 역할을 부여한다.

정답 8. ③

9 **질병에 따른 격리 방법으로 옳은 것은?**

① 수두 – 공기전파주의 격리 방법을 적용하여 음압설비 병실을 제공한다.
② 세균성 이질 – 공기전파주의 격리 방법을 적용하여 1인 병실을 제공한다.
③ 홍역 – 비말전파주의 격리 방법을 적용하여 마스크를 착용한다.
④ 다제내성균 감염 – 비말전파주의 격리 방법을 적용하여 장갑을 착용한다.

해설) 공기전파주의

감염을 유발하는 작은 입자가 공기 중에 먼지와 함께 떠다니다가 흡입에 의해 감염이 발생하는 것을 방지하기 위한 주의법으로 홍역, 수두, 결핵 등의 질환이 있는 경우에 적용되며 특수한 공기청정기나 음압시설, Ventilation (환기)이 필요하다.

10 **「의료법」상 의료기관을 개설한 의료법인과 그 의료기관에 종사 하는 의료인의 민사 책임에 대한 설명으로 옳지 않은 것은?**

① 의료인의 과실로 인해 환자가 약속된 의료서비스를 제공받지 못해 손해가 발생한 경우, 환자는 계약자인 의료법인에게 손해배상을 청구할 수 있다.
② 의료인의 불법행위로 인하여 손해를 입은 환자는 의료법인에게 손해배상을 청구할 수 있지만, 직접 그 의료인을 상대로 하여 손해배상을 청구할 수 없다.
③ 의료인의 불법행위 책임이 인정되기 위해서는 환자의 손해가 의료인의 고의 또는 과실에 의한 위법한 행위로 인해 발생해야 한다.
④ 의료인의 의료행위가 불법행위로 인정되는 경우, 그 의료행위에 대한 감독에 상당한 주의를 하지 않은 의료법인은 사용자의 배상책임을 진다.

해설) 의료인의 불법행위

의료인의 불법행위로 인하여 손해를 입은 환자는 의료법인 및 의료인을 상대로 손해배상을 청구할 수 있다.

정답 9. ① 10. ②

---

11 **조직화의 원리 중 계층제의 원리에 대한 설명으로 옳은 것은?**

① 효과적으로 관리할 수 있는 부하직원의 수를 한정한다.

② 조직의 업무를 종류와 내용별로 나누어 분담한다.

③ 관리자를 최고 – 중간 – 일선 관리자로 등급화한다.

④ 공동의 목표를 달성하기 위하여 부서 간 분쟁을 해결한다.

해설 **계층제의 원리**

조직구성원들을 권한, 책임, 의무의 정도에 따라 상하계급이나 계층별로 배열하여 집단화한 뒤 각 계층 간에 권한과 책임을 배분하고 명령계통과 지휘, 감독의 체계를 확립하는 것을 말한다.

---

12 **권한 위임에 대한 설명으로 옳은 것은?**

① 사안이 중요할수록 위임의 정도는 높아진다.

② 조직의 규모가 클수록 위임의 정도는 낮아진다.

③ 상·하위 계층의 모든 구성원이 전문성을 살릴 수 있다.

④ 업무의 분산으로 조직 전체의 비용이 감소한다.

정답 11. ③ 12. ③

해설 권한위임

1	사안이 중요할수록 위임의 정도는 낮아진다.
2	조직의 규모가 클수록 위임의 정도는 높아진다.
3	상·하위 계층의 모든 사람들이 자신의 전문성을 살릴 수 있다.
4	조직구조의 분산으로 조직 전체의 비용이 증가한다.

13 거래적 리더십을 발휘하는 리더의 특성으로 옳은 것은?

① 주변 사람의 의견에 귀를 기울이고 새로운 업무에 도전하여 배움의 기회로 활용한다.

② 구성원의 욕구나 능력 수준에 따라 개별적으로 배려하여 높은 차원의 욕구를 갖도록 자극한다.

③ 구성원이 목표를 달성하면 원하는 보상을 얻는다는 확신을 갖게 함으로써 동기를 부여한다.

④ 구성원에게 자율과 책임을 부여하여 스스로 책임지고 행동하게 한다.

해설 거래적 리더십

거래적 리더십은 즉각적이고 가시적인 보상으로 동기를 부여하는 리더십이다.

정답 13. ③

14 다음 글에서 설명하는 간호 서비스의 특성은?

> 간호의 성과 수준이 환자마다 일정하지 않을 가능성이 높다.
> 이에 대처하기 위해 표준 간호 실무 지침을 개발하고 간호사 역량 강화 프로그램을 운영한다.

① 무형성　　　　　　　　　　② 이질성
③ 비분리성　　　　　　　　　④ 소멸성

🔖**해설** 이질성

1	이질성이란 동일한 서비스라고 하더라도 그 서비스를 누가, 언제, 어디서 제공하느냐에 따라 제공된 서비스의 질이나 성과가 다르다는 것을 의미한다.
2	서비스의 이질성은 서비스의 표준화와 품질관리를 어렵게 한다. 따라서 소비자 만족을 유도하고 일관성 있게 서비스를 제공하기 위해서는 서비스 질 관리의 중요성을 강조해야 하며 소비자의 다양한 요구에 대응할 수 있는 개별화 된 맞춤 서비스를 해야 한다.

15 간호 · 간병통합서비스에 대한 설명으로 옳지 않은 것은?

① 일정 기준 조건을 갖춘 입원 병동 단위로 운영한다.
② 입원료는 의학관리료와 간호관리료를 합한 총액이다.
③ 환자의 중증도와 간호필요도를 측정하여 국민건강보험공단에 제출한다.
④ 간호사의 지도 · 감독 하에 간호조무사가 환자의 기본적인 일상생활을 보조할 수 있다.

🔖**해설** 입원료

입원료는 간호관리료와 관련된 수가이다.

정답 14. ② 15. ②

16 의료기관 내 환자안전 관리를 위한 접근법으로 옳지 않은 것은?

① 업무 수행 과정을 단순화하고 표준화한다.

② 근접오류에 대해 강제적 보고 체계를 원칙으로 한다.

③ 표준화된 공통 언어를 사용하고 개방적인 의사소통을 함으로써 팀워크를 향상시킨다.

④ 의료인 개인에 초점을 두기보다는 오류를 발견·예방할 수 있는 시스템을 구축하기 위해 노력한다.

🖋️해설 **근접오류**

근접오류란 환자에게 도달하지 않았거나 도달하였어도 아무런 위해가 없는 경우로 강제적 보고체계를 원칙으로 하지는 않는다.

---

17 진료계획표(Clinical Pathway)를 적용한 입원환자 사례관리에 대한 설명으로 옳지 않은 것은?

① 고위험·고비용 질병을 대상으로 한다.

② 의료서비스의 지속성을 향상시킨다.

③ 진료의 자율성을 증가시킨다.

④ 다학제 전문 분야의 협력을 유도한다.

🖋️해설 **진료계획표(Clinical Pathway)**

진료계획표는 일련의 간호를 수행하기 위해 환자 간호의 비용 효과적인 측면을 계획, 사정, 적용, 평가하는 구조화된 간호방법론으로 시간 및 활동 순서를 연속성 있게 지도화해 놓아서 진료의 자율성을 저하시킨다.

정답 **16.** ② **17.** ③

18 간호인력 예산 수립 시 고려해야 할 것만을 모두 고른 것은?

> ㄱ. 입원 환자 수   ㄴ. 결근·이직률
>
> ㄷ. 간호전달체계   ㄹ. 간호소모품 사용량

① ㄱ, ㄴ   ② ㄴ, ㄷ

③ ㄱ, ㄴ, ㄷ   ④ ㄱ, ㄷ, ㄹ

✍️해설 **간호인력 예산 수립 시 고려사항**

간호인력 예산 수립 시 고려해야 할 사항으로는 간호 업무량, 환자간호요구도, 입원환자 수, 결근 및 이직률, 간호전달체계, 직접 간호활동시간, 간접 간호활동시간, 비생산적인 활동, 환자체류시간 등이 있다.

19 조직 구조 유형에 대한 설명으로 옳은 것은?

① 라인 조직 – 특정한 과제를 달성하기 위한 임시 조직이다.

② 프로젝트 조직 – 구성원의 수직적 권한과 책임을 강조한다.

③ 매트릭스 조직 – 구성원 간 위계가 없는 자율적인 조직이다.

④ 네트워크 조직 – 고도의 분권화, 수평화, 이질성이 나타난다.

✍️해설 **조직 구조 유형**

1	특정한 과제를 달성하기 위한 임시 조직은 프로젝트 조직이다.
2	구성원의 수직적 권한과 책임을 강조하는 조직은 라인 조직이다.
3	기능과 생산의 이중적인 기능과 권한, 위계가 존재하기 때문에 조직 구성원에게 역할 및 정체성 갈등을 유발할 수 있는 조직은 매트릭스 조직이다.

20 「근로기준법령」상 정하고 있는 수당만을 모두 고른 것은?

> ㄱ. 연장 근로 수당 ㄴ. 휴일 근로 수당
> ㄷ. 직책 수당   ㄹ. 특수 작업 수당

① ㄱ, ㄴ ② ㄷ, ㄹ
③ ㄱ, ㄴ, ㄹ ④ ㄱ, ㄴ, ㄷ, ㄹ

✎해설 **수당의 종류**

「근로기준법」상 정하고 있는 수당은 연장 근로 수당과 휴일 근로 수당 등이 있다.

정답 20. ①

1 다음 설명에 해당하는 것은?

> 대형 의료사고나 산업재해와 같은 심각한 사고는 우연히 발생하는 것이 아니라 그 이전에 경미한 사고나 징후들이 반드시 존재한다.

① 적신호 사건
② 하인리히 법칙
③ 근본원인 분석
④ 스위스 치즈 모형

해설 하인리히 법칙

하인리히 법칙이란 대형 의료사고나 산업재해와 같은 심각한 사고는 우연히 발생하는 것이 아니라 그 이전에 경미한 사고나 징후들이 반드시 존재한다는 이론이다.

2 진료비 지불제도 중 행위별 수가제에 대한 설명으로 옳은 것은?

① 의료 서비스 항목별로 가격을 매겨 지불하는 방식이다.
② 과잉 진료를 줄일 수 있지만 의료 서비스의 질도 저하될 위험이 있는 방식이다.
③ 유사한 질병군 별로 미리 책정된 일정액의 진료비를 지불하는 방식이다.
④ 환자의 입원 1일당 또는 외래진료 1일당 의료 서비스 수가를 정하여 지불하는 방식이다.

해설 행위별 수가

행위별 수가는 간호 개별행위 각각에 수가를 산정하여 환자가 간호 서비스를 많이 이용할수록 간호 수가가 많이 부가되게 하는 방법으로 의료 서비스의 질이 향상되는 장점이 있으나 과잉진료가 될 경향이 높다.

정답 1. ② 2. ①

3 **약품 관리 방법으로 옳지 않은 것은?**

① 약품의 외관, 포장이 유사한 경우 분리 보관한다.

② 병동에서 사용하고 남은 마약은 병동에서 즉시 폐기한다.

③ 고위험 약품 보관은 경구, 주사 등 제형별로 각각 분리하여 보관한다.

④ 항암주사제, 고농도 전해질은 각각의 안전지침에 따른 규정에 의거하여 보관한다.

📝**해설** 약품 관리 방법

수령 후 사용할 필요가 없는 마약은 24시간 이내 약국에 반납하고 잔량은 매일 1회 반납한다.

---

4 **화재 발생 시 대처 방법으로 옳은 것은?**

① 대피는 중환자부터 경환자, 보호자, 방문객, 조직구성원 순으로 한다.

② 비상 상황 기준에 따른 환자분류체계에 의하여 환자를 분류하여 대피시킨다.

③ 타 방화구획으로 대피하는 것보다 1차 화점으로 이동하는 것이 안전하다.

④ 보행이 가능한 환자는 계단보다 엘리베이터를 이용하여 신속하게 대피시킨다.

📝**해설** 화재 발생 시 대처 방법

화재 발생 시 대피는 경환자에서 중환자 순으로 대피한다. 승강기는 정지 시 위험하므로 이용하지 않으며 비상상황 기준에 따른 환자분류체계에 의하여 환자를 분류하여 대피시킨다.

정답 3. ② 4. ②

5 **직무급에 대한 설명으로 옳은 것은?**

① 근속연수에 따라 임금을 결정한다.

② 개인의 조직 공헌도에 따라 임금을 결정한다.

③ 직무의 책임성과 난이도 등에 따라 임금을 결정한다.

④ 직무특성과 근로자의 직무수행능력에 따라 임금을 결정한다.

해설 **직무급**

직무급은 각 직무의 중요성과 난이도에 따라 직무의 양과 질에 대한 상대적 가치를 평가하고, 그 결과에 따라 임금을 결정하는 임금체계이다.

6 **자원기준 상대가치 수가제도(Resource-Based Relative Value System, RBRVS)에 대한 설명으로 옳지 않은 것은?**

① 상대가치 점수는 매년 변하지만 환산지수는 변하지 않는다.

② 의료행위에 필요한 육체적, 기술적 노력을 반영할 수 있다.

③ 환자의 위급성과 위험성에 따른 업무량의 강도를 반영할 수 있다.

④ 의료행위에 제공되는 인력, 시설, 장비 등의 소모량을 반영할 수 있다.

해설 **상대가치 수가제도**

상대가치 수가제도는 보험급여를 받을 수 있는 진료행위에 대해 행위별로 수가를 정하는 현행 방식 대신 진료행위별 상대가치 점수를 매기는 것이다. 각 행위의 건강보험 수가를 산출하려면 상대가치 점수에다 기본단가를 곱하면 된다. 상대가치 점수와 환산지수는 매년 변하게 되어 있다.

정답 5. ③ 6. ①

7 **직무충실화에 의하여 동기부여가 효과적인 사람은?**

① 존재욕구가 강한 사람
② 친교욕구가 강한 사람
③ 자아실현욕구가 강한 사람
④ 소속욕구가 강한 사람

📝**해설** **직무충실화**

직무충실화는 직무 수행자 스스로 그 직무를 계획하고 통제하도록 위임하는 것이므로 도전감, 성취감, 인정감, 책임 등이 있는 자아실현욕구가 강한 사람에게 효과적이다.

8 **질병관리본부에서 제시한「의료관련감염 표준예방지침」(2017)상 전파경로에 따른 주의와 질병의 연결이 옳은 것은?**

① 공기전파주의 – 활동성 결핵, 홍역, 백일해
② 비말전파주의 – 디프테리아, 풍진, 유행성이하선염
③ 접촉주의 – VRE(Vancomycin-Resistant Enterococci)감염, 세균성 이질, 성홍열
④ 혈액(체액)주의 – A형 간염, B형 간염, HIV(Human Immunodeficiency Virus)

📝**해설** **비말전파주의**

비말전파주의는 세균성, 바이러스성 호흡기계 감염인 디프테리아, 파상풍, 풍진, 볼거리, 인플루엔자 등의 질환이 적용된다.

정답 7. ③   8. ②

9 지난 5년간 분기별 입원환자의 병원감염 발생 추이를 살펴보는 데 적절한 분석도구는?

① 런 차트(Run Chart)

② 레이다 차트(Radar Chart)

③ 유사성 다이어그램(Affinity Diagram)

④ 원인결과도(Fishbone Diagram)

해설 런 차트(Run Chart)

런 차트는 일정기간 동안 업무과정의 성과를 측정한 관찰치를 통하여 업무흐름이나 경향을 조사할 목적으로 사용하는 도구이다.

10 동기부여 이론은 두 가지 군으로 분류할 때, 다음 설명에 해당하는 군에 속하는 이론은?

• 무엇이 조직구성원들의 동기를 불러일으키는가를 다룬다.

• 조직구성원들의 행동을 유발시키는 인간의 욕구나 만족에 초점을 맞춘다.

---

① 공정성 이론

② ERG 이론

③ 기대 이론

④ 목표설정 이론

해설 동기부여 이론

동기부여 이론은 어떠한 요인이 동기를 부여시키는 데 작용하는지, 즉 어떤 요인들이 조직구성원들의 동기를 부여시킬 수 있는가를 다루는 이론들이다. 따라서 내용 이론은 인간의 행동을 유발하도록 하는 인간의 욕구나 만족에 초점을 맞추고 있다. 내용이론에는 매슬로우의 욕구단계 이론, 알더퍼의 ERG 이론, 매클랜드의 성취동기 이론, 허즈버그의 동기위생 이론, 맥그리거의 XY 이론 등이 있다.

정답 9. ① 10. ②

11 다음 설명에 해당하는 간호전달체계 유형은?

> • 비용의 절감과 질 보장을 목적으로 환자가 최적의 기간 내에 기대하는 결과에 도달
>   할 수 있도록 고안됨
> • 모든 의료팀원들의 다학제적 노력을 통합하여 환자결과를 향상시키는 데 초점을 둠

① 사례관리   ② 팀간호방법
③ 일차간호방법   ④ 기능적 분담방법

해설 사례관리

환자간호의 질과 비용을 효율적으로 관리함으로써 병원과 환자 모두 만족할 수 있는 접근방안의 하나가 사례관리이다.

12 다음 기준을 사전에 설정한 후 이에 따라 해당 직무의 등급을 평가하는 방법은?

> • 1등급 : 높은 수준의 학습과 오랜 경험을 필요로 하고, 판단력과 독자적인 사고가
>   요구되는 과업을 수행
> • 2등급 : 높은 수준의 학습을 필요로 하고, 판단력과 독자적인 사고가 자주 요구되
>   는 과업을 수행
> • 3등급 : 사전에 간단한 학습을 필요로 하는 과업을 수행
> • 4등급 : 매우 단순하고 반복적인 과업을 수행

① 서열법   ② 점수법
③ 요소비교법   ④ 직무분류법

정답 11. ①   12. ④

<del>해설</del> **직무분류법**

직무분류법 또는 직무등급법은 서열법에서 더 발전한 것으로 직무를 사전에 만들어 놓은 여러 등급(1급, 2급, 3급) 등에 적절히 판정하여 맞추어 넣는 평가방법이다.

13 **인간관계론에 근거하여 조직구성원을 관리하고자 할 때 적합한 활동은?**

① 간호조직의 팀워크를 향상시키기 위해 동아리 지원 제도를 도입한다.

② 간호사의 급여체계에 차별적 성과급제를 도입하여 인센티브를 제공한다.

③ 일반병동에 서브스테이션(Substation)을 설치하여 물리적 환경을 개선한다.

④ 다빈도 간호행위에 대하여 병원간호실무 표준을 설정한다.

<del>해설</del> **인간관계론**

인간관계론은 인간을 사회적·심리적 존재로 보고 민주적이고 참여적인 관리방식과 개방적인 의사전달체계를 사용함으로써 조직구성원들의 사회적·심리적 욕구를 충족시켜야 한다고 보는 이론이다. 또한 공식조직과는 별도로 자연 발생적으로 형성된 비공식 조직의 존재를 인식하는 것으로 ①번이 가장 적절한 답이다.

정답 13. ①

14 다음 사례에서 간호사의 위약(Placebo) 사용에 대한 정당성을 부여할 수 있는 윤리 원칙은?

> 환자가 수술 후 통증조절을 위해 데메롤(Demerol)과 부스펜(Busphen)을 투약받고 있다. 수술 후 1주일이 넘었는데도 환자는 매 시간마다 호출기를 누르며 진통제를 요구하고 있다. 담당 간호사는 의사와 상의하여 부스펜과 위약을 처방받아 하루 3회 투약하기로 하였다.

① 신의의 원칙
② 정의의 원칙
③ 선행의 원칙
④ 자율성 존중의 원칙

해설 **선행의 원칙**

선행의 원칙은 미래의 해악을 예방할 의무와 당장의 해악을 제거할 의무를 포함한다. 환자의 해로운 선택이 야기할 해로운 결과로부터 환자를 보호하기 위해 환자의 의사와 관계없이 그에게 이득이 되는 행동을 하게 하는 원칙이다. 위약으로 통증이 감소한 경우에 위약임을 알리지 않는 것을 선행의 원칙으로 볼 수 있다.

15 내부모집과 외부모집의 일반적인 특징의 비교로 바르게 연결한 것은?

	내부모집	외부모집
① 모집 범위	넓다	좁다
② 모집 비용	많다	적다
③ 인력개발 비용	적다	많다
④ 신규직원 적응 기간	짧다	길다

✍️ **해설** 내부모집과 외부모집의 장단점

내부모집	장점	• 고과기록 보유로 적합한 직원을 적재적소에 배치 가능함 • 직원의 사기가 향상됨 • 직원의 능력을 최대로 활용할 수 있음 • 간편하고 비용이 절감됨
	단점	• 모집범위의 제한으로 유능한 인재를 영입할 수 없음 • 파벌이 조성될 수 있음 • 급속한 성장기엔 공급부족 현상이 발생할 수 있음
외부모집	장점	• 모집범위가 넓어 유능한 인재 확보가 가능함 • 인력개발 비용이 절감됨 • 새로운 정보나 지식이 제공되고 조직에 활력을 불어 넣을 수 있음
	단점	• 부적격자를 채용할 가능성이 있음 • 안정되기까지는 적응기간이 소요됨 • 내부인력의 사기가 저하될 수 있음 • 채용에 따르는 비용이 소요됨

정답 15. ④

16 피들러(Fiedler)의 상황적합성 이론에서 제시한 리더십 상황에 따른 효과적인 리더십 행동유형의 연결이 옳은 것은?

	리더십 상황			리더의 직위권력
리더십 행동유형	리더-구성원관계	과업구조	
①	나쁨	높음	강함	과업지향적 리더십
②	나쁨	낮음	약함	과업지향적 리더십
③	좋음	높음	강함	관계지향적 리더십
④	좋음	낮음	약함	관계지향적 리더십

📝해설 리더십 상황

리더와 구성원 간의 관계가 좋지 않고 과업이 비구조적이며 리더의 직위 권력이 약할수록 리더십 상황은 리더에게 비호의적이다. 상황이 리더에게 아주 호의적이거나 비호의적일 때에는 과업지향적인 리더십이 효과적이다.

17 「의료법」상 진단서 등에 대한 설명으로 옳은 것은?

① 조산사는 자신이 조산한 것에 대한 사망증명서 교부를 요구받은 때에는 정당한 사유 없이 거부하지 못한다.

② 의사는 진료 중이던 환자가 최종 진료 시부터 24시간이 지난 후 사망한 경우에는 다시 진료를 해야만 증명서를 내줄 수 있다.

③ 의사는 자신이 진찰한 자에 대한 진단서 교부를 요구받은 때에는 정당한 사유가 있는 경우에도 거부하지 못한다.

④ 환자를 검안한 치과의사는 「형사소송법」 제222조 제1항에 따라 검시를 하는 지방검찰청 검사에게 환자의 허락없이 검안서를 교부하지 못한다.

정답 16. ② 17. ①

✎해설 **조산사**

조산사는 자신이 조산한 것에 대한 사망증명서 교부를 요구받았을 경우에 정당한 사유없이 거부하지 못한다.

18 다음 설명에 해당하는 기획의 원칙은?

> 간호관리자가 병원 질 관리 시스템 구축을 기획하기 위해 필요한 인원, 물자, 설비,
> 예산 등 모든 제반 요소를 빠짐없이 사전에 준비하였다.

① 탄력성
② 계층화
③ 포괄성
④ 간결성

✎해설 **포괄성 원칙**

포괄성의 원칙이란 기획에는 필요한 제반요소들이 포함되어야 한다는 것으로 계획안을 수행하는 과정에서 인원, 물자, 설비, 예산 부족 등으로 차질이 생기지 않도록 충분한 사전검사를 해야 한다.

정답 18. ③

19 페이욜이 제시한 행정관리론의 관리원칙이 아닌 것은?

① 규율(Discipline)의 원칙

② 공정성(Equity)의 원칙

③ 고용안정(Stability of Tenure of Personnel)의 원칙

④ 방향 다양성(Diversity of Direction)의 원칙

⊗해설 **페이욜의 행정관리 원칙**

페이욜의 행정관리 원칙에는 분업의 원칙, 권한의 원칙, 규율의 원칙, 명령통일의 원칙, 지휘의 일원화, 공동목표 우선, 합당한 보상의 원칙, 집권화의 원칙, 계층 조직의 원칙, 질서의 원칙, 공평의 원칙, 고용안정의 원칙, 창의의 원칙, 사기의 원칙 등이 있다.

---

20 전단적 의료(Unauthorized Medical Care)가 발생하지 않도록 의료인이 준수해야 할 의무는?

① 비밀누설금지의 의무

② 결과예견 의무

③ 결과회피 의무

④ 설명과 동의 의무

⊗해설 **전단적 의료**

전단적 의료란 침습적인 의료행위를 하기 전에 설명 및 동의를 구하지 않은 의료행태를 의미하므로 모든 의료행위를 시행하기 전에는 반드시 설명과 동의의무를 가져야 한다.

정답 19. ④   20. ④

1 기획의 원칙에 대한 설명으로 옳은 것은?

① 기획자의 전문성이 부각될 수 있는 전문용어를 사용한다.

② 기획자의 주관이 개입되지 않도록 객관적 정보를 통해 미래를 예측한다.

③ 조직의 목적 달성을 위해 처음 의도한 기획안은 변경하지 않아야 한다.

④ 추상성이 낮은 수준에서 높은 수준으로 순차적으로 기획한다.

해설 기획의 원칙

간결성의 원칙	• 기획과정을 통해 기획은 간결하고 명료하게 표현되어야 한다. • 목적이 명료하지 못하면 기획은 복잡하게 되고 낭비의 원인이 되므로 복잡한 전문용어를 피하여 평이하게 작성되어야 한다.
장래예측의 원칙	• 많은 기획이 비현실적이고 너무 이상적으로 보이는 것은 그 기획의 입안자가 진정한 의미의 예측을 하지 않기 때문이다. • 예측 시 기획 입안자의 선입견이나 주관성이 개입되기 쉬우므로 정확하게 예측할 수 있도록 정확한 정보를 통해 수립하여야 한다.
탄력성의 원칙	• 기획은 수립할 당시의 상황이나 장래예측에 기초를 두지만 변동상황이 발생하였을 때 기획을 수정해야 하므로 기획수립 시초부터 융통성 있게 수립하여야 한다. • 기획은 변동되는 상황에 대응할 수 있고, 하부 집행기관이 창의력을 발휘할 수 있도록 탄력성을 지녀야 한다.
계층화의 원칙	• 기획은 구체화 과정을 통해 가장 큰 것에서부터 시작하여 연차적으로 기획을 파생시킨다.

정답 1. ②

2 변혁적 리더십(Transformational Leadership)의 구성 요소만을 모두 고르면?

> ㄱ.개별적 배려   ㄴ.영감적 동기부여
> ㄷ.보상 연계   ㄹ.지적 자극

① ㄱ, ㄴ   ② ㄱ, ㄹ
③ ㄱ, ㄴ, ㄹ   ④ ㄴ, ㄷ, ㄹ

📝해설 변혁적 리더십의 구성 요인

카리스마	리더는 바람직한 가치관, 존경심, 자신감을 구성원들에게 심어 줄 수 있어야 하고 비전을 제시할 수 있어야 한다.
개별적 관심	리더는 구성원들이 개인적 성장을 이룰 수 있도록 그들의 욕구를 파악하고 알맞은 임무를 부여해야 한다.
지적 자극	리더는 구성원들이 기존의 합리적 틀을 뛰어넘어 창의적인 관점에서 상황을 분석하도록 격려해야 한다.

3 간호관리 체계모형의 투입 요소는?

① 간호인력의 수   ② 환자의 재원일수
③ 간호사 이직률   ④ 환자 만족도

📝해설 투입 요소

투입 요소에는 인력, 물자, 자금, 건물설계, 정보, 시간 등의 자원을 포함한다.

정답 2. ③   3. ①

4 다음 글에서 설명하는 것은?

> 전년도의 경비에 근거하여 차기 연도의 물가상승률이나 소비자물가지수 등을 추가 혹은 곱하는 방법으로 차기 연도의 예산을 세우는 방법

① 유동 예산제　　　　　　　　　② 점진적 예산제
③ 기획 예산제　　　　　　　　　④ 영기준 예산제

✎해설) 점진적 예산제

1	예산수립의 전통적인 접근방법으로 전 회계연도에서의 총 비용이 옳다는 가정 아래 전년도의 비용에 차기년도의 물가상승률이나 이자율을 곱하여 차기년도의 예산을 세우는 방법이다.
2	새로운 프로그램은 전년도 예산에 단순 추가된다.
3	예산 협상은 점차로 증가되는 양만을 고려하고 더 이상 전년도 예산을 면밀하게 검토하지 않아도 된다고 생각하지 않기 때문에 예산수립을 쉽고 신속하게 할 수 있다.

5 의료인이 감염 예방을 위해 N95 마스크를 착용해야 하는 질병만을 모두 고르면?

> ㄱ. 홍역　　　　　　ㄴ. 수두　　　　　　ㄷ. 풍진
> ㄹ. 성홍열　　　　　ㅁ. 디프테리아(diphtheria)

① ㄱ, ㄴ　　　　　　　　　　② ㄱ, ㅁ
③ ㄷ, ㄹ　　　　　　　　　　④ ㄱ, ㄴ, ㅁ

✎해설) N95

홍역, 수두, 결핵은 N95 마스크를 적용한다.

정답) 4. ②　5. ①

6 **통제 활동에 대한 설명으로 옳은 것은?**

① 근본원인분석(Root Cause Analysis) – 적신호 사건을 예방하기 위하여 근본 원인을 전향적으로 파악한다.

② 린(Lean) – 지속적인 질 향상을 위해 업무 성과의 변이를 최소화한다.

③ 6–시그마(6–Sigma) – 업무 프로세스에서 낭비 요소를 제거하고 고객에게 가치 있는 요소를 강조한다.

④ 오류유형과 영향분석(Failure Mode and Effect Analysis) – 업무 프로세스에서 발생할 수 있는 사건 유형을 사전에 파악하고 체계적으로 분석한다.

🖎**해설** 통제 활동

근본원인분석 (Root Cause Analysis)	위해사건이 발생한 후 그 원인을 분석하는 것이므로 이를 후향적·사후적 접근법이라고 한다.
린 (Lean)	Toyota Production System을 기초로 미국 MIT의 IMVP 전문가들에 의해 Lean이라고 명명된 이 생산방식은 생산현장에서 가치가 없는 제반 낭비를 제거하고 가치를 극대화하여 궁극적으로 불량zero, 재공·재고zero 유지를 목표로 하는 전 세계 통용의 선진 생산System이다.
6–시그마 (6–Sigma)	조직 내의 다양한 문제를 구체적으로 정의하고, 현재 수준을 계량화하고 평가한 다음 개선하고 이를 유지관리하는 기법이다.
오류유형과 영향분석 (Failure Mode and Effect Analysis)	업무 프로세스에서 발생할 수 있는 사건 유형을 사전에 파악하고 체계적으로 분석한다.

정답 6. ④

7 **목표관리(MBO)에 대한 설명으로 옳지 않은 것은?**

① 구체적인 목표와 측정 방법을 계획함으로써 조직성과를 향상시킨다.

② 단기목표에 치중하여 조직의 장기목표에 지장을 초래할 수 있다.

③ 객관적인 직무수행평가와 통제 활동을 용이하게 돕는다.

④ 성과의 질적 측면을 강조함으로써 계량적 목표 측정을 소홀히 한다.

해설 **목표관리**

목표관리는 성과의 양적 측면을 강조함으로써 질적 목표 측정을 소홀히 하는 경향이 있다.

8 **허즈버그(Herzberg)의 동기–위생 이론에 대한 설명으로 옳은 것은?**

① 직무수행을 향상시키기 위해 위생요인을 개선한다.

② 위생요인을 개선하면 직무만족이 높아진다.

③ 작업조건 향상을 통해 동기요인을 개선한다.

④ 직무충실화를 통해 동기요인을 개선한다.

해설 **허즈버그의 2요인 이론(동기–위생 이론)**

동기 요인	성취감, 인정, 직무 흥미, 책임감, 도전성, 성장 가능성
위생 요인	정책 및 관리, 감독, 인간관계, 작업조건, 급여, 지위, 안정성

9 다음 글에서 설명하는 의사소통 네트워크의 유형은?

- 구성원들 간 의사소통에 대한 만족도가 낮다.
- 조직 내 강력한 리더가 있고 모든 구성원이 그 리더와 의사소통한다.
- 구성원의 과업이 복잡할 경우에 의사소통 속도가 느리고 정보 공유가 어렵다.

① 원형
② 사슬형
③ 수레바퀴형
④ 완전연결형

✎해설 **수레바퀴형(윤형)**

1	집단 내에 특정한 리더가 있을 때 나타난다.
2	특정의 리더에 의해 모든 정보를 전달하기 때문에 정보가 특정 리더에게 집중되는 현상을 보인다.
3	과업이 단순할 경우 의사소통의 속도는 빠르지만, 과업이 복잡할 경우에는 그 속도가 느리며 구성원들 간의 정보공유가 이루어지지 않는다.
4	구성원들 간 의사소통에 대한 만족도가 낮다.

10 상급종합병원의 일반병동 간호관리료 차등제에 대한 설명으로 옳은 것은?

① 7개 등급으로 구분하고 7등급을 기준으로 가산한다.
② 병상 수 대 간호사 수의 비가 2.1 미만이면 1등급이다.
③ 응급실, 신생아실, 분만실도 일반병동 간호관리료를 적용한다.
④ 직전 분기의 평균 병상 수 대비 당해 병동에서 간호업무에 종사하는 직전 분기 평균 간호사 수에 따라 산정한다.

정답 9. ③ 10. ④

1	입원환자에 대한 간호 서비스를 강화하기 위해 간호사 확보 수준에 따라 입원환자에 대한 간호관리료를 차등지급하는 방식이다.
2	기존 입원료 대비 가산 방식이 직전 등급 대비 입원료 가산 방식으로 변경되어 3개월 단위로 산정된다.
3	종합병원 3등급과 병원 5등급의 입원료 가산율을 10%에서 15%로 높여서 간호사 추가 고용에 따른 의료기관의 인건비 증가분 보상이 상당부분 가능해진다.
4	직전 등급 대비 입원료 가산 방식으로 전 분기의 평균 병상 수 대비 당해 일반 병동에서 간호업무에 종사하는 직전 분기 평균 간호사 수에 따라 산정한다.
5	2007년 10월부터 신생아 중환자실이, 2008년 7월부터 중환자실 차등수가제가 시행된다.
6	1등급 기준은 병상 수 대 간호사의 비가 2.5: 1 미만인 경우이다.
7	현행 6등급 의료기관 중 병상 수 대 간호사의 비가 6.0 이상인 기관은 입원료의 5%를 감액하는 네거티브 등급인 7등급을 신설한다.

11 용어에 대한 설명으로 옳지 않은 것은?

① 의료오류(Medical Error) – 현재의 의학적 지식수준에서 예방가능한 위해사건 혹은 근접오류

② 과오(Malpractice) – 상식을 가진 일반인의 표준적 수준을 충족하지 못하는 행위

③ 과실(Negligence) – 유해한 결과가 발생하지 않도록 정신을 집중할 주의의무를 태만히 한 행위

④ 전단적 의료(Unauthorized Medical Care) – 위험성이 있는 의료를 행하기에 앞서 환자로부터 동의를 얻지 않고 의료행위를 하는 것

해설 간호과오

간호사가 간호행위를 행함에 있어서 평균 수준의 간호사에게 요구되는 업무상의 주의의무를 게을리하여 환자에게 일신상의 손해를 발생하게 한 것이다.

정답 11. ②

12 개인 의사결정에 비해 집단 의사결정이 가진 장점만을 모두 고르면?

| ㄱ. 결정의 질 | ㄴ. 수용성 |
| ㄷ. 신속성 | ㄹ. 비용 |

① ㄱ, ㄴ   ② ㄷ, ㄹ
③ ㄱ, ㄴ, ㄹ   ④ ㄴ, ㄷ, ㄹ

✎해설 **집단의사결정**

집단의사결정은 질, 수용성, 만족도 부분에 장점이 있다.

13 다음 글에서 설명하는 환자분류방법은?

> 간호 서비스 유형과 양을 결정하는 환자군별 특징을 광범위하게 기술하고 이를 기준으로 유사성에 기초하여 환자를 분류한다.

① 요인평가법   ② 원형평가법
③ 점수평가법   ④ 서술평가법

✎해설 **원형평가**

| 1 | 환자를 3~4개 군으로 나누어 범주별로 간호요구량을 광범위하게 기술함으로써 각 범주를 대표하는 환자의 특성을 평가하는 것이다. |
| 2 | 8개의 간호행위 영역인 식사, 위생, 배설, 운동 및 체위변경, 투약 및 정맥주사, 검사 및 처치, 관찰 및 측정, 간호 교육 및 정서적 지지 영역으로 나뉘어 환자분류 결정치침 등을 개발한 것이다. |

정답 12. ①   13. ②

14 「의료법령」상 의료기관 인증에 대한 설명으로 옳은 것은?

① 인증등급은 인증 또는 조건부인증으로 구분하고, '인증' 유효기간은 4년이다.

② 이의신청은 평가결과 또는 인증등급을 통보받은 날부터 60일 이내에 하여야 한다.

③ 조건부인증을 받은 의료기관의 장은 1년의 유효기간 내에 보건복지부령에 정하는 바에 따라 재인증을 받아야 한다.

④ 의료기관인증위원회의 위원은 인증전담기관의 장이 임명하거나 위촉한다.

해설 「의료법령」상 의료기관 인증

1	인증등급은 인증, 조건부인증, 불인증으로 구분한다. 인증의 유효기간은 4년으로 하고 조건부인증의 경우에는 유효기간을 1년으로 한다.
2	조건부인증을 받은 의료기관의 장은 유효기간 내에 보건복지부령으로 정하는 바에 따라 재인증을 받아야 한다.
3	이의신청은 평가결과 또는 인증등급을 통보받은 날부터 30일 이내에 하여야 한다. 다만, 책임질 수 없는 사유로 그 기간을 지킬 수 없었던 경우에는 그 사유가 없어진 날부터 기산한다.
4	위원회의 위원장은 보건복지부차관으로 하고, 위원회의 위원은 보건복지부장관이 임명 또는 위촉한다.(의료기관단체에서 추천하는 자, 노동계, 시민단체, 소비자단체에서 추천하는 자, 보건의료에 관한 학식과 경험이 풍부한 자, 시설물 안전진단에 관한 학식과 경험이 풍부한 자, 보건복지부 소속 3급 이상 공무원 또는 고위 공무원에 속하는 공무원)

15 다음 괄호 안에 들어갈 말로 옳은 것은?

> 백내장 수술 진료비를 행위별수가제가 아닌 포괄수가제로 지불한 결과, 진료 비용이 감소하였다. 백내장 수술 결과는 행위별수가제 환자군과 포괄수가제 환자군 간에 차이가 없는 것으로 나타났다. 따라서 백내장 수술에 대해 포괄수가제가 행위별수가제에 비해 (   )이 높다고 평가하였다.

① 효능성
② 효과성
③ 효율성
④ 형평성

✎해설 **효율성**

효율성은 투입과 산출의 관계와 관련을 갖고 일을 올바르게 처리하는 것을 말한다. 일정한 투입으로 더 많은 결과를 얻었다면 효율성의 측면이 증가한 것을 의미한다.

16 조직 내 간호인력 수요예측에 관한 설명으로 옳지 않은 것은?

① 간호업무량을 파악하기 위해 시간-동작 분석 결과를 활용한다.
② 간호인력 수요는 환자 수, 환자 요구도, 병상점유율의 영향을 받는다.
③ 사전에 직무분석을 통해 직무 내용 및 해당 인력의 자격요건을 결정한다.
④ 간호 업무의 난이도와 중요도를 반영하기 위해 서술적 방법으로 인력을 산정한다.

✎해설 **서술적 방법**

관리자의 경험을 근거로 하여 주관적으로 간호요원의 종류와 수를 결정하는 방법으로 인력산정 계획을 결정하는 데 수집되는 정보는 관리자가 선택한 변수를 중심으로 모아지며 간호활동의 양이나 질에 대한 조사 없이 이루어진다.

정답 15. ③ 16. ④

17 「한국간호사 윤리강령」의 항목에 대한 설명으로 옳은 것은?

① 건강 환경 구현 – 간호사는 건강을 위협하는 사회적 유해환경, 재해, 생태계의 오염으로
부터 간호대상자를 보호하고, 건강한 환경을 보전·유지하는 데에 참여한다.

② 전문적 활동 – 간호사는 간호 수준의 향상과 근거기반 실무를 위한 교육과 훈련에 참여하
고, 간호 표준 개발 및 연구에 기여한다.

③ 대상자 보호 – 간호사는 간호의 전 과정에서 인간의 존엄과 가치, 개인의 안전을 우선하
여야 하며, 위험을 최소화하기 위한 조치를 취한다.

④ 취약한 대상자 보호 – 간호사는 인간 생명의 존엄성과 안전에 위배되는 생명과학기술을
이용한 시술로부터 간호대상자를 보호한다.

✎해설 한국간호사 윤리강령의 내용 일부

건강 환경 구현	간호사는 건강을 위협하는 사회적 유해환경, 재해, 생태계의 오염으로부터 간호대상자를 보호하고, 건강한 환경을 보전·유지하는 데에 참여한다.
전문적 활동	간호사는 전문가로서의 활동을 통해 간호정책 및 관련제도의 개선과 발전에 참여한다.
대상자 보호	간호사는 간호대상자의 건강과 안전이 위협받는 상황에서 적절한 조치를 취한다.
취약한 대상자 보호	간호사는 취약한 환경에 처해 있는 간호대상자를 보호하고 돌본다.

정답 17. ①

18 직무평가방법에 대한 설명으로 옳은 것은?

① 서열법 – 표준 척도 없이 직무별 중요도와 가치를 종합적으로 비교하는 방법
② 점수법 – 중요도가 유사한 직무를 묶어서 분류 후 그룹별 특성을 기술하고 점수를 부여하는 방법
③ 직무등급법 – 기준이 되는 특정 직무를 선정하고 다른 직무를 기준 직무와 비교하여 등급을 결정하는 방법
④ 요소비교법 – 직무평가 요소별로 중요도에 따라 점수를 부여하고 직무별 총점을 산출하는 방법

해설 직무평가방법

서열법	• 각 직무를 상대적인 숙련, 노력, 책임, 작업조건 등의 요소를 기준으로 종합적으로 판단하여 전체적으로 순위를 정하는 가장 오래된 방법이다.
점수법	• 직무의 가치를 점수로 나타내어 평가하는 것이다. • 평가의 대상이 되는 직무로부터 여러 평가요소를 선정한 뒤, 이들 각 평가요소의 중요도에 따라 일정한 가중치를 부여한다. • 각 평가요소에 대해 점수를 부여하고 이 점수를 해당 평가요소에 부여된 가중치의 점수로 전환시켜 합산한 총점으로 각 직무의 상대적 가치가 결정된다.
직무등급법	• 직무를 사전에 만들어 놓은 여러 등급에 적절히 판정하여 맞추어 넣는 평가방법으로 등급을 정의함에 있어 전반적인 직무를 측정하고 있다.
요소비교법	• 서열법에서 발전된 기법으로 서열법이 여러 직무를 포괄적으로 가치를 평가하고 서열을 매기는 반면, 요소비교법은 직무가 갖고 있는 평가요소별 직무 간의 서열을 정하는 것에서 시작한다.

19 병원 감염관리 방법으로 옳은 것은?

① 격리된 세균성 이질 환자에게 사용한 수액세트를 일반 의료폐기물 박스에 버린다.
② 방문객을 제한하되 응급실 소아 환자의 보호자 수는 제한하지 않는다.
③ 코호트 격리 중인 VRE(Vancomycin–Resistant Enterococci) 감염 환자들의 활력징후 측정 시 매 환자마다 장갑을 교체한다.
④ 격리된 콜레라 환자에게 사용한 가운을 병실 앞 복도에 비치된 전용 폐기물 박스에 버린다.

정답 18. ① 19. ③

해설 병원 감염관리 방법

1	격리된 세균성 이질 환자에게 사용한 수액세트는 감염 의료 폐기물 박스에 버린다.
2	방문객 제한 시 응급실, 소아 환자의 보호자 수 등도 제한해야 한다.
3	코호트 격리 중인 VRE(Vancomycin-Resistant Enterococci) 감염 환자들의 활력징후 측정 시 매 환자마다 장갑을 교체한다.
4	격리된 콜레라 환자에게 사용한 가운은 처치 후 환자 병실을 떠나기 전에 가운을 벗고 나온다.

20 **병동 물품관리에 대한 설명으로 옳은 것은?**

① 물품의 기준량은 침상 수, 환자 수, 간호요구도 등을 고려하여 결정한다.
② 최근 공급된 멸균제품을 기존 멸균제품보다 선반 앞쪽에 배치한다.
③ 부피가 작고 사용량이 많은 진료재료의 공급은 정수보충방식을 원칙으로 한다.
④ 매주 공급되는 소모품은 주간 평균 사용량과 동일한 개수를 청구하여 재고가 없게 한다.

해설 병동 물품관리

1	물품의 기준량은 침상 수, 환자 수, 간호요구도 등을 고려하여 결정한다.
2	최근 공급된 멸균 제품은 기존 멸균 제품보다 선반 뒤쪽에 배치한다.
3	부피가 작고 사용량이 많은 진료재료의 공급은 정수교환 방식을 원칙으로 한다.
4	간호단위의 재고가 많으면 부동 비용의 증가로 경영의 비효율성을 초래하고 부족 시 업무의 비효율성뿐 아니라 의료사고 발생 요인이 될 수 있어 적정 기준량을 설정하는 것이 중요하다.

정답 20. ①

1 **〈보기〉의 간호전달체계의 종류는?**

> **보기**
>
> 전문직 간호사와 간호보조인력이 함께 팀을 이루어 일을 하는 것으로, 일반적으로 2~3명의 간호요원이 분담 받은 환자들의 입원에서 퇴원까지 모든 간호를 담당한다.

① 팀간호   ② 일차간호
③ 모듈간호   ④ 사례관리

해설) 모듈간호방법

모듈간호방법은 전문직 간호사와 비전문직 보조인력이 함께 팀을 이루어 간호를 제공한다는 것으로 팀 간호방법과 유사하며, 환자가 입원해서 퇴원할 때까지의 간호를 제공할 책임이 있다는 것은 일차간호 방법과 유사하다.

2 **요통환자가 많은 지역사회에서 요통전문병원을 개원하였다면, 의료의 질(Quality) 구성요소 중 어느 것에 해당하는가?**

① 가용성(Availability)   ② 적합성(Adequacy)
③ 적정성(Optimality)   ④ 효율성(Efficiency)

해설) 의료의 질 구성요소

적합성	대상 인구집단의 요구에 부합하는 정도를 말함
가용성	필요한 서비스를 제공할 수 있는 여건의 구비 정도
적정성	건강개선과 그 건강개선을 얻는 비용 간의 균형
효율성	의료 서비스의 제공 시 자원이 불필요하게 소모되지 않고 효율적으로 활용되었는지에 대한 정도

정답 1. ③   2. ②

3 간호사는 간호조무사에게 욕창 발생의 위험이 있는 환자를 2시간마다 체위변경을 하도록 지시하였다. 간호조무사는 간호사의 지시를 잘못 듣고 4시간마다 체위변경을 시행하였고 이로 인하여 1단계 욕창이 발생하였다. 간호사의 행위에 해당하는 것은?

① 설명의무 태만
② 확인의무 태만
③ 동의의무 태만
④ 요양방법 지도의무 태만

✎해설 간호사 의무

1	간호사와 간호조무사 업무 관계에서도 과실이 간호조무사의 행위에 기인하고 간호사에게는 구체적 과실이 없었다 해도 간호사는 이들을 지도·감독하고 그 행위를 확인하여야 할 의무가 있기 때문에 그 과실에 대하여 확인을 태만히 한 책임을 추궁받는다.
2	간호자체는 간호사의 책임 아래 이루어져야 하는 국민감정가 법적 규정, 즉 민법상의 사용자의 책임, 형법상의 지휘감독의무 등 간호행위에 대해서는 간호사의 주체성이 강조된다.

정답 3. ②

4 직무수행평가에서 강제배분법을 사용함으로써 감소시킬 수 있는 평가 상의 오류 유형은?

① 후광 효과

② 논리적 오류

③ 규칙적 오류

④ 관대화 경향

(해설) **관대화 경향**

관대화 경향이란 평가자가 피고과자 대부분의 실제 능력이나 업적보다 더 높게 평가를 해버리는 경향을 말하며 이 때 강제배분법을 사용함으로써 오류를 감소시킬 수 있다.

5 「의료법 시행규칙」 제1조의 4(간호·간병통합서비스의 제공 환자 및 제공 기관)에 따른 간호·간병통합서비스의 제공 기관에 해당하지 않는 것은?

① 병원

② 요양병원

③ 치과병원

④ 한방병원

(해설) 「의료법 시행규칙」 제1조의 4(간호·간병통합서비스의 제공 환자 및 제공 기관)

① 법 제4조의 2 제1항에서 "보건복지부령으로 정하는 입원 환자"란 다음 각 호의 어느 하나에 해당하는 입원 환자를 말한다.
  1. 환자에 대한 진료 성격이나 질병 특성상 보호자 등의 간병을 제한할 필요가 있는 입원 환자
  2. 환자의 생활 여건이나 경제 상황 등에 비추어 보호자 등의 간병이 현저히 곤란하다고 인정되는 입원 환자
  3. 그 밖에 환자에 대한 의료관리상 의사·치과의사 또는 한의사가 간호·간병통합서비스가 필요하다고 인정하는 입원 환자
② 법 제4조의 2 제2항에서 "보건복지부령으로 정하는 병원급 의료기관"이란 병원, 치과병원, 한방병원 및 종합병원을 말한다.
③ 법 제4조의 2 제3항에서 "보건복지부령으로 정하는 인력, 시설, 운영 등의 기준"이란 별표 1의2에 따른 기준을 말한다.
④ 법 제4조의 2 제4항 전단에서 "보건복지부령으로 정하는 병원급 의료기관"이란 병원, 치과병원, 한방병원 및 종합병원을 말한다. 다만, 다음 각 호의 어느 하나에 해당하는 의료기관은 제외한다.
  1. 「군보건의료에 관한 법률」 제2조 제4호에 따른 군보건의료기관
  2. 「치료감호법」 제16조의 2 제1항 제2호에 따라 법무부장관이 지정하는 국립정신의료기관

[본조신설 2016.10.6]

정답 4.④ 5.②

6 우리나라 간호 서비스에 대한 지불제도인 간호수가에 관한 설명으로 가장 옳은 것은?

① 간호관리료는 간호사 확보수준에 따라 입원료를 차등 지급한다.

② 가정간호는 간호서비스 제공시간에 따라 수가가 산정된다.

③ 장기요양시설에 입소하는 환자는 상대가치요소를 고려하여 수가가 산정된다.

④ 간호행위별 수가를 산정하기 위해서는 포괄수가제를 적용한다.

✍️해설) **간호 수가**

1	현재 우리나라의 병원 입원 환자에게 적용되는 '간호관리료'는 간호사 확보수준에 따라 입원료를 차등지급한다.
2	가정 간호 수가는 기본방문료, 교통비, 개별행위료로 구분한다.
3	장기요양시설이나 전문이용시설은 등급에 따라 이용하는 수가가 정액으로 제시되어 있으며 중증도가 높을수록 수가도 높게 책정되어 있음을 알 수 있다.

정답 6. ①

7 직무수행평가는 구성원이 가지고 있는 능력, 근무성적, 자질 및 태도 등을 객관적으로 평가하는 것이다. 직무 수행평가 유형에 대한 설명으로 가장 옳은 것은?

① 도표식 평정척도법(Graphic Rating Scale)은 최고 부터 최저 순위까지 상대서열을 결정하는 방법이다.

② 강제배분법(Forced Distribution Evaluation)은 각 평정 요소마다 강약도의 등급을 나타내는 연속적인 척도를 도식하는 방법이다.

③ 중요사건기록법(Critical Incident Method)은 논술 형태로 조직구성원의 성과에 관해 강점과 약점을 기술하는 방법이다.

④ 행위기준 고과법(Behaviorally Anchored Rating Scale, BARS)은 전통적인 인사고과시스템이 지니고 있는 한계점을 극복·보완하기 위해 개발된 평가기법이다.

해설 직무수행평가

도표식 평정척도	가장 오래되고 널리 사용되는 평가기법의 하나로 피고과자의 능력과 업적 등을 일련의 연속척도에 의해 평가하는 방법이다.
강제배분법	고과자의 관대화 경향이나 중심화 경향을 방지하기 위하여 사전에 평가의 범위와 수를 결정해 놓고 피고과자를 일정한 비율에 맞추어 강제로 할당해서 고과하는 방법이다.
중요사건기록법	중요사건이란 성과에 중요한 매우 효과적이고 비효과적인 행위들을 기술하는 진술문들이다.
행위기준 고과법	전통적인 인사고과시스템이 지니고 있는 한계점을 극복하고 보완하기 위해 개발된 평가기법으로 행동평가 척도법이라고 한다.

8 관리자와 리더의 특성에 대한 설명 중 가장 옳은 것은?

① 관리자는 직위에 따르는 권한과 합법적인 권력을 갖는다.

② 리더는 주로 시간과 비용, 급여, 재고물품에 대한 통제를 강조한다.

③ 관리자는 수평적인 관점을 갖고, 리더는 수직적인 관점을 갖는다.

④ 관리자는 신뢰로 이끌어 가고, 리더는 통제하려고 한다.

정답 7. ④　8. ①

관리자와 리더의 특성 비교

1	관리자는 주로 시간과 비용, 급여, 재고물품에 대한 통제를 강조한다.
2	관리자는 직위에 따르는 권한과 합법적인 권력을 갖는다.
3	관리자는 수직적인 관점을 갖고 리더는 수평적인 관점을 갖는다.

9 **효과적인 통제전략에 대한 설명으로 가장 옳은 것은?**

① 통제는 활동의 특성이나 상황과 무관하게 원칙에 근거하도록 한다.

② 모니터링 체계는 업무수행을 완료한 후 확인되어야 한다.

③ 수행의 표준은 업무수행을 완료한 후 정한다.

④ 통제는 조직문화에 알맞아야 한다.

해설 효과적인 통제전략

1	통제는 활동의 특성이나 상황에 맞게 원칙에 근거하도록 한다.
2	모니터링 체계는 업무수행 완료 전에 확인되어야 한다.
3	수행의 표준은 업무수행 전에 정한다.
4	통제는 조직문화에 알맞아야 한다.

정답 9. ④

10 의료의 질 향상 방법으로 제시되는 FOCUS-PDCA에서 〈보기〉의 단계에 해당하는 것은?

> **보기**
>
> 개선하고, 자료수집 및 분석을 한다.

① 계획(Plan)   ② 시행(Do)

③ 점검(Check)   ④ 실행(Act)

해설 PDCA

Plan	• 과정을 연구하고, 어떤 변화가 질을 향상시킬 수 있을지를 결정하는 단계이다. • 적절한 팀을 조직하고 어떤 자료가 필요한지 결정하며, 변화를 일으키는 것이 필요한지 결정하여야 한다. • 반드시 계획을 세우고 진행하여야 한다.
Do	• 실험을 하거나 변화를 일으키는 단계로서 변화는 소규모로 시작하는 것이 좋다.
Check	• 결과를 관찰한다. • 시간경과에 따라 제시된 해결책이 가져온 효과를 모니터한다.
ACT	• 어떤 교훈을 얻었는지 알아보고, 필요하면 환경을 변화시켜 실험을 반복한다. • 부작용을 관찰하고 실행과 확인단계에서 효과가 입증된 변화를 공식화한다.

11 기획에 대한 설명으로 옳지 않은 것을 〈보기〉에서 모두 고른 것은?

> **보기**
>
> ㄱ. 기획은 활동목표와 방법(how to do)을 의미하는 반면, 계획은 새로운 아이디어를 포함하는 방향성을 지닌 창조행위(what to do)를 의미한다.
> ㄴ. 기획의 원칙에는 목적부합, 간결성, 탄력성, 안정성, 경제성의 원칙 등이 있다.
> ㄷ. 기획의 유형은 전략기획, 전술기획, 운영기획으로 분류할 수 있다.
> ㄹ. 운영기획은 비전 지향적이고 창의적이며, 긍정적 방향으로 변화를 지향하고, 비교적 장기간에 걸쳐 수립하는 전체적인 기획을 의미한다.

① ㄹ   ② ㄱ, ㄹ

③ ㄴ, ㄷ   ④ ㄱ, ㄴ, ㄷ

정답 10. ②   11. ②

해설 기획

1	계획은 활동목표와 방법을 의미하는 반면, 기획은 새로운 아이디어를 포함하는 방향성을 지닌 창조행위를 의미한다.
2	기획의 원칙에는 목적부합, 간결성, 탄력성, 안정성, 경제성 등의 원칙이 있다.
3	기획의 유형은 전략기획, 전술기획, 운영기획으로 분류할 수 있다.
4	전략기획은 비전 지향적이고 창의적이며 긍정적 방향으로 변화를 지향하고 비교적 장기간에 걸쳐 수립하는 전체적인 기획을 의미한다.

12 조직은 다양한 환경으로부터 변화의 압력을 받으며 환경변화에 적절히 대응하기 위해 노력하고 있다. 이러한 조직변화의 유형에 대한 설명으로 가장 옳은 것은?

① 기술관료적 변화는 개인이나 집단이 그가 속한 사회 혹은 집단의 요구에 의해서 일어난다.
② 사회화 변화는 상관과 부하가 함께 목표를 결정하여 일어난다.
③ 상호작용적 변화는 상관과 부하가 동등한 입장에서 목표를 수립하지만, 무의식중에 다른 사람의 의견을 따를 때 일어난다.
④ 주입형 변화는 사고나 재해, 환경적인 요인 등에 의해서 이루어지고 목표 설정없이 일어난다.

해설 베니스가 지적한 변화

기술관료적 변화	상호배분된 권력 아래서 일방이 목표를 설정하고 타방은 그 목표가치에 의문을 제기하지 않고 오직 목표달성을 위해 도와준다.
사회적 변화	권력은 일방적으로 행사되지만 목표설정은 협조적으로 하는 경우이다.
상호작용적 변화	상관과 부하가 동등한 입장에서 목표를 수립하지만, 무의식중에 다른 사람의 의견을 따를 때 일어난다.

정답 12. ③

13 조직 내 의사결정 방법에 대한 설명으로 가장 옳은 것은?

① 구조화된 문제의 경우 비정형적인 의사결정 방법이 유리하다.
② 의사결정의 비용 측면에서는 집단의사결정 방법이 유리하다.
③ 수용성의 측면에서는 개인의사결정 방법이 유리하다.
④ 문제해결 없이 의사결정이 이루어질 수 있다.

✎해설 **조직 내 의사결정 방법**

1	구조화된 문제의 경우 정형적인 의사결정 방법이 유리하다.
2	의사결정의 비용 측면에서는 개인의사결정 방법이 유리하다.
3	수용성의 측면에서는 집단의사결정 방법이 유리하다.
4	문제해결 없이 의사결정이 이루어질 수 있다.

14 보상제도에 대한 설명으로 가장 옳은 것은?

① 성과급은 직무내용, 근무조건 등의 특수성에 따라 지급된다.
② 복리후생은 임금 외 부가적으로 지급되며, 보험·퇴직금 등이 포함된다.
③ 직능급은 직원의 근속 연수, 학력 등을 기준으로 지급된다.
④ 임금은 근로에 대한 대가를 말하며, 기본급 외에 수당과 상여금은 제외된다.

✎해설 **보상제도**

성과급	구성원의 조직에 대한 현실적 공헌도, 즉 달성한 성과의 크기를 기준으로 임금액을 결정하는 임금체계이며 개인의 성과에 따라 임금액이 달라지는 변동급이다.
복리후생	간접적 보상으로서 구성원의 생활안정과 질향상을 위하여 직접적 보상인 임금 외에 부가적으로 지급되며, 현금뿐만 아니라 다양한 방법으로 실시된다.

정답 13. ④ 14. ②

15 A간호사는 간호학과 졸업 후 중소규모의 재활병원에 취업하여 3년째 근무 중으로, 최근에 상급종합병원 경력직 간호사 모집에 지원하여 합격하였다. 그러나 현재 근무하는 재활병원 수간호사와 면담 후, A간호사는 상급종합병원 입사를 포기하고 그대로 재활병원에 남아 있기로 하였다. ERG 이론에 근거하여 볼 때, 이후 A간호사의 욕구변화로 가장 옳은 것은?

① 존재욕구 충족으로 인하여 관계욕구 증대

② 관계욕구 충족으로 인하여 성장욕구 증대

③ 성장욕구 좌절로 인하여 관계욕구 증대

④ 관계욕구 좌절로 인하여 존재욕구 증대

해설 ERG 이론

매슬로우의 이론과 달리 ERG 이론은 어떤 행동을 일으키는 욕구는 단계적으로 나타나는 것이 아니라 두 가지 이상의 욕구가 동시에 작동하여 일어난다고 주장하였다. 욕구가 좌절되었을 때에는 그보다 하위단계에 있는 욕구에 대한 바람이 증대된다는 좌절–퇴행 요소가 추가되어 있다.

16 모든 조직은 자신의 존재 이유인 조직목적을 가장 잘 성취할 수 있는 형태로 조직을 구조화 하는데, 이러한 조직구조의 유형에 대한 설명으로 가장 옳은 것은?

① 매트릭스 조직은 생산과 기능에 모두 중점을 두는 이중적 조직이다.
② 위원회 조직은 부하에 대한 감독이나 통솔력이 증가 한다.
③ 직능 조직은 조직이 작고 단순할 때 운영이 잘 된다.
④ 프로세스 조직은 인적 및 물적 자원을 탄력적으로 운영할 수 있다.

📎**해설** 조직의 유형

매트릭스 조직	• 생산과 기능에 모두 중점을 두는 이중적 구조이다.
위원회 조직	• 원만한 의사결정을 위해 광범위한 경험과 배경이 있는 사람들을 한 곳에 모아 논의하는 것이 바람직할 때 적합하다. • 조직이 작고 단순할 때는 라인 조직만으로도 운영이 잘 된다. • 조직이 점차 복잡해지고 규모가 커짐에 따라 관리자는 모든 일을 다 처리하는 만능인이 되어야 하지만 이는 사실상 불가능하다. • 이 경우 직무를 비슷한 유형별로 통합해 기능적으로 조직을 구조화할 수 있는 것이 직능 조직이다.
프로세스 조직	• 프로세스 조직은 고객 가치를 가장 이상적으로 반영할 수 있도록 직무를 근본적으로 다시 생각하고 리엔지니어링한다. 이를 위해서 조직구조, 직무수행에 요구되는 인적 조건, 담당자의 직무특성, 인적자원의 관리, 개인의 평가 및 보상 시스템, 조직문화 등 조직 시스템 전체에서 기존과는 다른 새로운 형태의 제도와 관리기법, 가치관이 요구된다.

정답 16. ①

17 조직구성원 간의 반복적인 상호작용 패턴으로 의사소통 경로의 구조를 의미하는 의사소통 네트워크(의사소통망)에 대한 설명으로 가장 옳은 것은?

① 사슬형은 집단 내에 특정 리더가 있는 것은 아니지만 집단을 대표할 수 있는 인물이 있는 경우에 나타난다.

② Y형은 특정 리더에 의해 모든 정보가 전달되기 때문에 리더에게 정보가 집중되는 현상을 보인다.

③ 수레바퀴형(윤형)은 공식적인 리더나 팀장은 있지만 지위나 신분의 서열이 뚜렷하지 않고 특정 문제의 해결을 위한 조직에서 나타난다.

④ 원형은 구성원 간의 상호작용이 한곳에 집중되지 않고 널리 분산되어 있어서 수평적 의사소통이 가능 하다.

해설 의사소통 네트워크(의사소통망)

사슬형	• 공식적인 명령계통과 수직적인 경로를 통해서 정보의 전달이 위아래로만 이루어지는 형태이다. • 명령과 권한의 체계가 명확한 공식적인 조직에서 사용되는 의사소통 네트워크로 일원화된 경로를 통해서 최고 관리자의 의사가 말단 직원에게까지 전달되며 그 반대의 경우도 똑같은 명령사슬을 통해 전달된다.
Y형	• 집단 내에 특정 리더가 있는 것은 아니지만 비교적 집단을 대표할 수 있는 인물이 있는 경우에 나타난다. • 라인과 스테프의 혼합집단에서 찾아볼 수 있고, 조정자를 통해야만 전체 의사소통을 하게 된다. • 서로 다른 집단에 속한 사람들이 서로 의사소통을 하는 데 조정자가 필요할 경우 사용할 수 있는 형태이다.
수레바퀴형	• 윤형이며, 집단 내에 특정한 리더가 있을 때 나타난다. • 특정의 리더에 의해 모든 정보를 전달하기 때문에 정보가 특정 리더에게 집중되는 현상을 보인다.
원형	• 위원회나 태스크포스팀과 같이 공식적 리더나 의장이 있지만 권력의 집중이나 지위의 상하 없이 특정 문제 해결을 위해 구성된 조직에서 나타난다.

18 의료시장 개방에 따른 의료시장 내 경쟁심화, 고객의 알 권리 및 소비자 보호의 강화 등으로 간호의 질 관리가 중요한 사안이 되고 있다. 간호의 질 관리와 관련된 용어 정의로 가장 옳은 것은?

① 결과표준은 의사소통, 환자간호계획, 절차편람, 환자 교육실시와 관련된 기준과 표준들이다.

② 구조표준은 수행되는 간호활동과 관련된 기준과 표준들이다.

③ 과정표준은 환경, 기구의 사용, 직원의 자격과 관련된 기준과 표준들이다.

④ 간호표준은 간호의 구조, 과정 및 결과적 측면의 질을 평가 할 수 있는 간호에 대한 기대 수준으로 달성 가능한 질의 정도, 목표를 말한다.

◎해설 간호의 질 관리 용어

구조표준	간호사가 수행하는 환경이나 간호전달체계와 관련된 내용으로 필수조건에 대한 표준을 정하고, 그 기준에 따라 그 정도를 점수화할 수 있도록 표준과 기준을 서면화한다. ⑨ 정책, 절차, 직무기술서, 조직구조 등
과정표준	의료제공자와 환자 간에 이들 내부에서 일어나는 행위에 관한 것을 평가하는 것으로 간호활동을 중심으로 하는 평가이다. ⑨ 간호수행, 의사소통, 숙련성, 간호사의 태도, 간호부서와 타 부서와의 상호작용, 관리와 지도성
결과표준	결과표준은 질적간호, 건강상태, 자가간호수준, 합병증 발생 유무, 사망률, 비용, 환자와 간호사의 만족도이다.
간호표준	간호의 구조, 과정, 결과적 측면의 질을 평가할 수 있는 바람직한 수월성의 수준에 대한 요약적 진술이며, 표준의 달성은 기준의 달성 정도로 평가된다.

19 〈보기〉와 같은 질 향상 활동 방법의 종류는?

┤보기├

• 모든 서비스와 상품의 불량률이나 결함을 줄이고 고객 만족을 높이기 위한 질 향상 활동 방법이다.

• 드매익(DMAIC)이라고 불리는 '정의 – 측정 – 분석개선 – 관리'의 절차로 프로세스의 개선을 수행한다.

정답 18. ④ 19. ③

① PDCA 사이클 ② 린(Lean)

③ 6시그마 ④ 균형성과표(Balanced Score Card, BSC)

해설) 6시그마 수행절차 – DMAIC

1단계	정의(Define)	고객의 핵심 요구사항 정의와 과제 선택
2단계	측정(Measure)	자료수집과 현재 수준 측정
3단계	분석(Analysis)	산포의 원인 규명과 요인 분석
4단계	개선(Improve)	개선안에 대한 구체적인 개선효과 분석
5단계	관리(Control)	프로세스의 모니터링, 문서화

---

20 서비스의 표준화 및 품질통제가 어려워 서비스 표준의 설계 및 수행 그리고 서비스의 맞춤화 시행이 필요한 서비스의 특징은?

① 이질성 ② 무형성

③ 비분리성 ④ 소멸성

해설) 이질성

이질성은 동일한 서비스라 하더라도 그 서비스를 누가, 언제, 어디서, 어떻게 제공하느냐에 따라 제공된 서비스의 질이나 성과가 다르다는 의미이다. 특히, 서비스의 무형성과 서비스 제공자 – 소비자 간의 상호작용에 의해 상이하게 지각되는 성과는 서비스의 이질성에 더욱 큰 차이를 가져옴으로써 서비스 표준화와 품질관리를 어렵게 만든다. 따라서 소비자 만족을 유도하고 일관성있는 서비스를 제공하기 위해서는 서비스 질 관리의 중요성을 강조함과 동시에 소비자의 다양한 요구에 대응할 수 있도록 개별화된 맞춤 서비스를 제공하는 방법 등에 대해 고민해야 한다.

정답 20. ①

1 간호업무의 질을 평가하기 위한 접근방법 중 과정적 측면을 평가하는 항목으로 가장 옳은 것은?

① 간호기록
② 직무기술서
③ 정책과 절차
④ 환자 만족도

🔍 **해설** 과정적 접근

의료제공자와 환자 간에 혹은 이들 내부에서 일어나는 행위에 관한 것을 평가하는 것으로 간호수행, 간호기록, 의사소통, 숙련성, 간호사의 태도, 간호부서와 타부서와의 상호작용, 관리와 지도성 등이다.

2 간호사와 의사 간 업무에 대한 의견 차이로 인해 갈등이 발생했을 때, 대상자의 결과 향상을 위해 할 수 있는 최선의 일이 무엇인지 생각하고, 문제의 근본 원인을 규명하여 통합적 대안을 도출함으로써 갈등을 해결하고자 하는 방법은?

① 회피
② 수용
③ 타협
④ 협력

🔍 **해설** 협력형

양측의 관심사가 너무 중요하며 통합적인 해결안을 도출할 때, 양측의 관여를 확보하고자 할 때 적합하다.

정답 1. ① 2. ④

3 조직화의 원리를 적용한 설명으로 가장 옳은 것은?

① 계층제 원리를 강조한 조직은 명확한 계층을 가지기 때문에 환경변화에 빠르고 신축적으로 대응할 수 있다.

② 부하직원의 능력이 우수할수록, 조직의 정책과 규범 정도의 명확성이 낮을수록 관리자의 통솔범위는 넓어진다.

③ 업무를 세분화하여 한 사람이 맡게 될 업무가 단순화 되면 흥미와 창의력이 높아져 업무의 효율성과 생산성이 향상된다.

④ 구성원이 한 명의 상사로부터 지시와 명령을 받을 때, 구성원의 책임소재가 명확해지고 책임자는 전체적인 조정이 가능하다.

해설 조직화의 원리

1	계층제는 변동하는 외부사정에 즉각적으로 적응하지 못하고, 보수성을 나타내기 쉽다.
2	부하직원의 능력이 우수할수록, 조직의 정책과 규범 정도의 명확성이 높을수록 관리자의 통솔범위가 넓어진다.

4 신입간호사의 새로운 역할 습득과 성공적인 조직사회화를 도와주는 프리셉터(Preceptor)에 대한 설명으로 가장 옳은 것은?

① 신입간호사의 선택에 따라 프리셉터가 결정된다.

② 프리셉터는 신입간호사와 비공식적인 관계를 맺고 보이지 않게 심리적 지원을 한다.

③ 신입간호사의 '현실충격(Reality Shock)'을 인정하고 1 : 1 교육으로 가장 효과적인 학습기회를 제공한다.

④ 신입간호사가 새로운 역할을 습득하여 독립적으로 업무 수행을 할 수 있을 때까지 프리셉터가 지속적으로 교육한다.

정답 3. ④   4. ③

프리셉터란 임상간호 현장에서 숙련된 간호사가 학습자와의 1:1 상호작용을 통하여 간호활동을 지도, 감독, 평가함으로써 간호교육에서 학생이나 신입간호사의 실습교육에 활용되어 일관된 교육, 즉각적 회환, 심리적 안정 등의 효과를 보이게 하는 것이다.

5 관리자가 〈보기〉와 같이 마케팅 STP(Segmentation, Targeting, Positioning) 전략을 수립하던 중 한 가지 요소를 누락하였다. 〈보기〉에서 누락된 전략에 대한 설명으로 가장 옳은 것은?

| 보기 |

소비자의 욕구를 파악하기 위하여 연령, 성별과 같은 인구학적 특성과 지식, 태도, 사용 정도와 같은 행태적 특성을 고려하여 소비자 집단을 3개의 시장으로 구분 하였다. 이 중 고령 여성 노인으로 지식 수준이 높고 사용 정도가 높을 것으로 기대되는 집단을 표적 시장으로 선정하였다.

① 사회계층, 라이프 스타일, 개성과 같은 소비자의 심리 분석적 특성을 조사한다.
② 소비자에게 경쟁사와 차별화되는 이미지를 인식시키기 위한 방안을 수립한다.
③ 개별 고객을 별도의 시장으로 인식하여 표적 시장을 정밀화한다.
④ 전체 시장을 대상으로 소비자의 동질적 선호패턴을 분석한다.

해설 **STP(시장세분화, 표적시장 선정, 포지셔닝)**

포지션이란 어느 한 제품이 주어진 시장에서 차지하는 위치 또는 장소를 의미하는 것으로 특정 제품이 경쟁 제품들과 비교하여 특정 속성에 대하여 소비자들의 마음 속에 차지하고 있는 상대적인 위치를 의미한다. 포지셔닝의 유형에는 여러 가지가 있으며 타 조직의 제품이나 서비스와 비교하여 차별화되는 속성이나 특성을 기준으로 포지셔닝하는 방법이 있다.

정답 5. ②

6 공기 중에 먼지와 함께 떠다니다가 흡입에 의해 감염이 발생하는 질환으로 공기전파 주의 조치를 취해야 하는 홍역, 활동성 결핵의 감염관리 방법으로 가장 옳은 것은?

① 대상자는 음압 격리실에 격리한다.
② 간호수행 시 병실 문은 열어 놓아도 된다.
③ 격리실에 다제내성균 환자와 같이 격리하였다.
④ 간호수행 시 보호장구로 가운과 장갑을 착용한다.

해설 홍역, 활동성 결핵의 감염관리 방법

1	모든 대상자는 격리실을 사용하도록 하며 격리표시를 해야 한다.
2	격리실 내부는 음압을 유지한다.
3	격리실은 최소 1시간 당 6~12회의 공기순환이 되어야 하며 출입문은 반드시 닫아 두어야 한다.
4	의료진을 포함한 모든 사람은 격리실에 출입할 때 항상 특수 마스크(N95)를 착용해야 한다.

7 기획의 원칙 중 〈보기〉에 해당하는 원칙은?

> **보기**
>
> A지역 시립병원은 병원 경쟁력을 높이기 위한 전략으로 간호간병통합서비스 병동을 신설하기로 결정하였다. 병동을 신설하기 전에 관리자는 필요한 모든 요소들을 검토하고 인적, 물적 자원과 설비, 예산 부족 등으로 차질이 생기지 않도록 모든 요소를 고려하여 충분한 사전검사를 하여야 한다.

① 경제성의 원칙　　　　　　② 균형성의 원칙
③ 포괄성의 원칙　　　　　　④ 장래 예측의 원칙

정답 6.① 7.③

(해설) **포괄성의 원칙**

기획에는 필요한 제반요소들이 포함되어야 한다. 계획안을 수행하는 과정에서 인원, 물자, 설비, 예산 부족 등으로 차질이 생기지 않도록 충분한 사전검사를 해야 한다.

8 최고 관리자가 기획을 수립할 때 사용하는 의사결정 유형으로 가장 옳은 것은?

① 정형적 의사결정, 위험상황의 의사결정, 운영적 의사결정
② 비정형적 의사결정, 위험상황의 의사결정, 전술적 의사결정
③ 정형적 의사결정, 불확실한 상황의 의사결정, 전술적 의사결정
④ 비정형적 의사결정, 불확실한 상황의 의사결정, 전략적 의사결정

(해설) **최고 관리자**

최고 관리자는 비정형적, 전략적 및 불확실한 상황의 의사결정을 해야 한다.

9 동기부여 이론을 적용한 관리자의 수행으로 가장 옳은 것은?

① 맥그리거(McGregor)의 XY 이론에 따라 X이론 관점을 가진 관리자가 구성원들에게 성장과 발전의 기회로 자율성을 확대하였다.
② 매슬로우(Maslow)의 욕구단계 이론에 따라 구성원의 '안정과 안전욕구' 충족을 위해 '사회적 욕구'를 먼저 충족시켜 주었다.
③ 허츠버그(Herzberg)의 동기-위생 이론에 따라 구성원의 동기요인을 충족시키기 위해 작업조건을 향상시켜 주었다.
④ 아담스(Adams)의 공정성 이론에 따라 구성원의 조직 몰입을 위해 업무성과에 대한 평가를 객관화하고, 성과와 보상을 합치시키려고 노력하였다.

정답 8. ④ 9. ④

✎해설 **동기부여 이론 적용**

1	맥그리거(McGregor)의 XY 이론에 따라 Y이론 관점을 가진 관리자가 구성원들에게 성장과 발전의 기회로 자율성을 확대하였다.
2	매슬로우(Maslow)의 욕구단계 이론에 따라 구성원의 '사회적 욕구' 충족을 위해 '안정과 욕구'를 먼저 충족시켜 주었다.
3	작업조건은 동기요인에 포함되지 않는다.

---

10 **권력의 유형에 대한 설명으로 가장 옳은 것은?**

① 다른 사람에게 가치가 있다고 인정되는 상을 주거나 보상을 할 수 있는 능력은 보상적 권력이다.

② 지식, 전문성과 경험 등에 의해 얻어지며 특정 전문 분야에 한정되는 권력은 준거적 권력이다.

③ 해고, 징계와 같은 처벌에 대한 두려움에 근거하여 발생되는 권력은 합법적 권력이다.

④ 특별한 자질을 갖고 있거나 다른 사람들이 권력 행사자를 닮고자 할 때 발생하는 권력은 전문가 권력이다.

✎해설 **권력의 유형**

전문적 권력	지식, 전문성과 경험 등에 의해 얻어지며 특정 전문 분야에 한정되는 권력
강압적 권력	보상적 권력과 반대로 해고, 징계와 같은 처벌에 대한 두려움에 근거하여 발생하는 권력
준거적 권력	특별한 자질을 갖고 있거나 다른 사람들이 권력 행사자를 닮고자 할 때 발생하는 권력

정답 ▶ 10. ①

11 파스케일과 아토스(Pascale & Athos) 등은 조직 문화에 영향을 주는 7S 요소를 제시하였다. 이에 대한 설명으로 가장 옳지 않은 것은?

① 구조(Structure)는 조직체를 형성하고 있는 구성단위들과 이들 사이의 관계를 연결시키는 패턴을 말한다.

② 관리시스템(Management System)은 의사결정제도, 경영정보시스템 등 일상적 조직체 운영과 경영과정에 관련된 모든 제도를 말한다.

③ 공유가치(Shared Value)는 조직이 목적을 달성하기 위해 조직의 자원을 장기간에 걸쳐 조직체의 여러 구성요소에 배분하는 계획과 행동 패턴을 말한다.

④ 리더십 스타일(Leadership Style)은 리더와 구성원 간의 상호관계에 있어 기본 성격을 지배하는 요소이다.

해설 공유가치

공유가치는 조직 구성원 모두가 공동으로 소유하고 있는 가치관으로서, 다른 조직문화 구성요소들에 지배적인 영향을 미치는 핵심요소들이며 조직문화 형성에 가장 중요한 역할을 한다. 공유가치에는 이념, 전통가치, 기본 목적 등이 있다.

12 〈보기〉에서 제시된 간호관리자의 리더십 유형은?

| 보기 |

중환자실에 간호관리자가 새로 부임하였다. 이 간호 관리자는 병동회의에서 앞으로 모든 간호사가 병동 운영 시 의사결정에 함께 참여하고 병동이 나아가야 할 목표를 함께 만들어 가야한다고 제시하였다.

① 민주적 리더십　　　　　　　② 전제적 리더십
③ 상황적합적 리더십　　　　　④ 자유방임적 리더십

정답 11. ③　12. ①

✎해설 **리더십 유형**

리더가 의사결정과정에서 구성원을 많이 참여시키고 리더 자신보다 구성원에 대한 배려를 많이 할수록 민주적 리더십 유형이라고 할 수 있다.

---

13 〈보기〉에서 설명하는 의사소통 네트워크 방법에 해당 하는 것은?

┤ 보기 ├

- 권한의 집중도는 낮음
- 의사결정의 수용도가 높음
- 의사소통의 속도가 빠름
- 구성원의 만족도가 높음

① 사슬형   ② Y형
③ 수레바퀴형   ④ 완전연결형

✎해설 **완전연결형**

1	구성원 전체가 서로의 의견이나 정보를 자유의지에 따라 교환하는 형태로 일정한 규칙 없이 자유로운 의견교환을 통해서 창의적이고 참신한 아이디어 산출이 가능하게 한다.
2	권한의 집중도는 낮으나 의사결정의 수용도, 의사소통의 속도, 구성원의 만족도는 높다.

정답 13. ④

14 의료행위는 사전설명과 그 설명에 기초한 동의에 의해서 적법화된다. 대상자에게 설명을 제공할 때 고려할 사항은?

① 의료행위를 하기 직전에 설명을 하고 동의를 받는다.

② 대상자에게 정확한 내용을 전달하기 위하여 전문용어를 사용하여 설명한다.

③ 의료인의 판단에 근거하여 설명의 내용과 범위를 결정한 뒤 대상자에게 설명한다.

④ 대상자가 자기결정권을 행사하는데 필요한 이해력과 판단능력을 갖추고 있는지 확인하여야 한다.

해설 설명방법

설명방법은 기본적으로 상대방이 일반인의 상식수준에서 이해할 수 있는 언어로 의사결정에 대한 시간적 여유가 있는 심리적으로 자유로운 상태에서 이루어져야 한다. 또한 의료인의 판단이 아닌 환자 자신의 선택의 권리를 보장하기 위하여 충분한 설명을 해야 한다.

15 성과 평가 시 측정하는 생산성은 효과성과 효율성을 포함하는 포괄적 개념으로 효과성과 효율성을 모두 고려하여야 한다. 이 중 효율성에 대한 개념으로 가장 옳은 것은?

① 효과성과 상호대체적인 개념이다.

② 목표를 최대한 달성하는 것을 지향한다.

③ 자원의 활용 정도를 평가하는 수단의 의미를 강조한다.

④ 목적의 의미를 강조하는 가치추구의 개념이다.

해설 효율성과 효과성

효율성	• 목적을 달성하기 위해 자원을 생산적으로 잘 사용했는가를 측정한다. • 관리자가 투입(인건비, 물자, 부품 등)을 최소화하거나 또는 제품(결과)에 소요되는 시간을 최소화할 때 효율적이다.
효과성	• 효과성은 목적을 달성하기 위하여 옳은 일을 하는 것이지만 효율성은 자원의 이용을 극대화하기 위하여 일을 옳게 하는 것이다.

정답 14. ④ 15. ③

16 간호부 예산수립과 편성이 간호관리자에게 미치는 영향으로 가장 옳은 것은?

① 간호관리자의 사고를 현재 중심적으로 변화시킨다.

② 통제를 위한 준거 수단으로 활용된다.

③ 사업의 당위성보다 안전성을 우선하여 사업을 계획 하게 한다.

④ 간호관리자들이 병원 및 간호부의 목표달성을 위해 노력할 수 있도록 안내 역할을 하는 지침을 제시해 준다.

해설 예산편성의 이점

1	간호관리자들에게 간호부의 제반활동을 비판적 또는 창조적으로 분석하게 한다.
2	간호관리자의 사고를 현재보다 미래지향적으로 변화시킨다.
3	간호관리자가 문제와 위기를 예측하여 효율적으로 대처할 수 있게 한다.
4	간호관리자들이 간호부와 병원의 목표달성에 노력하도록 동기를 부여한다.
5	통제를 위한 준거 수단으로 활용된다.

정답 16. ②

17 우리 나라의 의료비 지불제도 방식 중 현재 시범사업으로 시행 중인 신포괄수가제 도에 대한 설명으로 가장 옳은 것은?

① 신포괄수가제도의 핵심은 비용절감과 서비스 제공의 최소화이다.

② 기존의 포괄수가제에 행위별수가제적인 성격을 반영한 혼합모형지불제도이다.

③ 4대 중 증질환(암·뇌·심장·희귀난치성질환)을 제외한 559개 질병군 입원환자에게 적 용한다.

④ 의료자원의 효율적 사용을 더욱 증대시키기 위해 완전히 새로운 개념으로 고안된 의료비 지불제도이다.

해설 신포괄수가제

〈신포괄수가제〉

정의	• 신포괄수가제는 기존의 포괄수가제에 행위별 수가제적인 성격을 반영한 혼합모형 지불제도이다. • 입원기간 동안 발생한 입원료, 처치 등 진료에 필요한 기본적인 서비스는 포괄수가로 묶는다. • 의사의 수술, 시술 등은 행위별 수가로 별도 보상하는 제도이다.
장점	• 진료에 필수적인 비보험 검사 등에도 보험이 적용되어 대부분의 환자에게 진료비 부담이 줄어든다.

〈기존의 포괄수가제와 다른 점〉

구분	7개 질병군 포괄수가제	신포괄수가제
대상 기관	• 7개 질병군 진료가 있는 전체 의료기관	• 국민건강보험공단 일산병원 • 국립중앙의료원, 지역거점 공공병원 등 • 총 68개 기관
적용 환자	• 7개 질병군 입원환자 • 백내장 수술, 편도선 수술, 맹장 수술, 항문 수술, 탈장 수술, 제왕절개분만, 자궁수술	• 559개 질병군 입원환자
장점	• 포괄수가(묶음) • 의료자원의 효율적 사용	• 포괄수가(묶음) + 행위별 수가(건당) • 의료자원의 효율적 사용 + 적극적 의료 서비스 제공

정답 17. ②

18 의료 서비스 수준의 평가를 통해 의료 서비스 질 향상을 도모하고자 실시하는 우리 나라의 의료기관인증제의 인증을 받기 위한 필수 기준으로 반드시 충족하여야 하 는 기준이 아닌 것은?

① 환자안전
② 직원안전
③ 진료지침 관리체계
④ 질 향상 운영체계

해설) 의료기관 인증기준

기본가치체계	안전보장활동, 지속적 질 향상
환자진료체계	진료전달체계와 평가, 환자진료, 수술 및 마취진정관리, 의약품 관리, 환자권리존중 및 보호
지원체계	경영 및 조직운영, 인적자원관리, 감염관리, 안전한 시설 및 환경관리, 의료정보·의무기록 관리

19 〈보기〉와 같은 병원의 마케팅 전략은 의료 서비스의 어떤 특성에 따른 문제점을 보 완하기 위한 것인가?

┤ 보기 ├
- 건강보험심사평가원에서 실시한 '급성기 뇌졸중 환자의 입원치료' 평가결과가 1등 급임을 병원 내·외에 고지하였다.
- 갑상선절제술 환자에게 자가관리를 위해 수술 후 목 운동 및 상처 관리에 대한 영 상을 제작하여, 인터넷으로 보급하였다.
- 퇴원환자에게 3일 후 전화를 걸어 건강상태와 추후 관리를 모니터링 하였다.

① 무형성(Intangibility)
② 가변성(Variability)
③ 소멸성(Perishability)
④ 비분리성(Inseparability)

해설) 무형성

무형성은 제품과 서비스를 구분하게 할 수 있는 여타의 특징들을 유발하는 가장 핵심적인 특징으로 서비스는 물 건이 아닌 일종의 수행이기 때문에 그 실체를 만지거나 볼 수 없다. 그러므로 소비자가 서비스를 제공받기 전에

정답 ▶ 18. ③ 19. ①

는 서비스의 실체를 파악하기 힘들고 제공받은 후에도 그 결과를 나름대로 평가할 수 있을 뿐, 평가에 대한 객관적인 증거를 제시하기 어렵다.

20 〈보기〉의 간호부가 사용한 계획적 조직변화 전략으로 가장 옳은 것은?

> **보기**
>
> 간호부에서는 투약과 관련된 안전사고를 감소시키기 위한 방법으로 근접오류(Near Miss)를 보고하고 관리 할 수 있는 간호정보시스템을 개발하고 운영 중이다. 그러나 간호사들이 오류 보고 후 뒤따르는 비난과 질책이 두려워 익명화된 시스템임에도 불구하고 보고 자체를 꺼리고 있다는 문제점을 발견하게 되었다. 이에 간호부 에서는 환자안전 관련 지침과 자료들을 개발·배포하고, 병동별로 변화 촉진자를 선정하여 활성화될 수 있도록 노력하고 있다.

① 동지적 전략
② 규범적 −재교육적 전략
③ 경험적−합리적 전략
④ 권력−강제적 전략

해설 규범적 − 재교육적 전략

이 전략에서는 사람을 사회·문화적 규범에 따라 행동하는 존재로 사람의 합리성과 논리성은 제외되고 오직 태도나 가치관과 같은 요인만을 고려하여 사람은 교육에 의해 이러한 가치관이나 태도를 변화시킬 수 있다고 가정한다. 그러므로 관리자가 이 전략을 선택한다면 구성원에 대한 실무교육을 계획하고 구성원 중 변화 촉진자를 선정하여 그들과 구성원 간의 인간관계를 중요한 수단으로 삼는다.

정답 20. ②

간호직공무원
기출문제

간호관리/지역사회간호

8 9 급

지역사회간호
기출문제

년 6월 지역사회간호 지방직

1 **지역사회의 분류에 대한 설명으로 옳지 않은 것은?**

① 가족, 이웃 등과 같이 친밀성과 공동의식을 소유하고 있는 집단을 '대면공동체'라고 한다.

② 감염병 관리 대상 집단은 '동일한 요구를 지닌 공동체'에 해당한다.

③ 지정학적 경계를 넘어 대기오염, 수질오염, 토양오염 등의 동일한 문제가 있는 지역사회를 '자원공동체'라고 한다.

④ 같은 고향 출신 집단은 '소속공동체'에 해당한다.

해설 자원공동체

자원공동체는 지리적인 경계를 벗어나 어떤 문제를 해결하기 위한 자원의 활용범위 내로 모인 공동체이며 자원은 경제력, 인력, 소비자, 다른 지역사회에 대한 영향력, 물자 등으로 이러한 자원들은 문제해결, 요구충족 등에 제공된다.

2 **지역보건사업에서 2차 예방에 해당하는 것은?**

① 뇌졸중, 두부 손상 관련 재활프로그램 이행

② 상담과 관찰을 통한 가정 폭력 피해자의 조기 발견

③ 적절한 식사, 운동과 같은 건강한 일상생활 교육

④ 인플루엔자 예방접종 실시

해설 예방

①번은 3차 예방, ③번과 ④번은 1차 예방이며, 2차 예방에는 조기발견, 조기치료가 속한다.

3 **우리나라 보건행정체계의 특징으로 옳지 않은 것은?**

① 치료 위주의 의료서비스 제공으로 인하여 포괄적 의료서비스 제공이 부족하다.

② 의료기관의 90%이상은 민간부문이 차지하고 있고, 공공부문의 비중은 매우 취약하다.

③ 의료기관과 의료인력이 농촌에 비해 도시에 집중되어 있다.

④ 보건의료의 관장 부서가 일원화되어 있어 효율적 관리가 가능하다.

✎해설 **공공의료분야의 다원화**

1	보건의료분야의 관장부서가 다원화되어 보건복지부, 교육부, 행정안전부, 국방부, 고용노동부, 경찰청 등의 보건의료 기획과 집행, 책임과 권한이 분산되어 있다.
2	공공 보건의료행정의 주 부서인 보건복지부가 기술지원만을 담당하고, 인사권이나 예산집행권이 없어 공공보건의료사업의 기획과 집행을 실질적으로 추진하는데 장애요소가 많은 편이다. 인사권이나 예산집행권은 행정안전부에 있다.

4 **다음에 해당하는 진료비 지불제도는?**

> • 총 진료비 억제와 과잉 진료에 대한 자율적 억제가 가능하다.
> • 매년 진료비 계약을 둘러싼 교섭의 어려움으로 의료 제공의 혼란을 초래할 우려가 있고 새로운 기술의 도입이 지연될 수 있다.

① 행위별 수가제 ② 포괄수가제
③ 총액계약제 ④ 인두제

✎해설 **총액계약제**

개념	• 지불 측(보험자)과 진료 측(의사단체)이 미리 진료보수 총액을 정해 계약을 체결한다. • 진료측 단체는 그 총액의 범위 내에서 진료를 담당하고 지불자는 진료비에 구애받지 않고 보건의료 서비스를 이용하는 제도이다.
장점	• 총 의료비의 억제가 가능하고 진료 보수의 배분을 진료측에 위임함으로써 개별 의사의 과잉진료에 대해 자체적으로 통제하여 의료비의 절감을 가져올 수 있다는 것이다.
단점	• 매년 진료비 계약을 둘러싼 교섭의 어려움으로 의료공급의 혼란을 초래할 가능성이 있다는 것과 첨단 의료 서비스 도입동기가 상실될 가능성도 있다는 것이다.

정답 3.④ 4.③

5 **다음의 ㉠, ㉡에 공통으로 들어갈 용어는?**

> • 1999년 세계보건기구(WHO) 유럽사무국은 'Health 21'을 발표하였는데, 이 보고서는 (㉠)을(를) 강조하며 유럽 지역 내 국가 간 기대수명의 격차를 최소 30%를 줄이고, 사회경제적 집단 간 기대수명의 격차를 최소 25%를 줄일 것을 권고하였다.
> • 우리나라의 제3차 국민건강증진종합계획에 따르면 건강수명 연장과 (㉡)을(를) 제고하는 것을 목표로 하고 있다.

① 공중보건　　　　　　　② 건강형평성
③ 일차보건의료　　　　　④ 질병예방

해설 **건강형평성**

건강형평성이란 누구나 차별 없이 보건 의료서비스의 혜택을 누리는 것을 말한다. 1999년 세계보건기구(WHO) 유럽사무국은 'Health 21'을 발표하였다. 이 보고서에는 건강형평성을 강조하며 유럽 지역 내 국가 간 기대수명의 격차를 최소 30%를 줄이고, 사회경제적 집단 간 기대수명의 격차를 최소 25%를 줄일 것을 권고하였고 우리나라는 2005년 새국민 건강증진종합계획을 발표하면서 건강형평성 제고를 궁극적인 목표로 제시하였다.

6 팬더(Pender)의 건강증진 모형을 이용하여 건강한 젊은 성인들을 대상으로 제공할 수 있는 운동프로그램 중재로 옳지 않은 것은?

① 대상자의 자기효능감을 증진시킨다.
② 대상자에게 운동의 이점을 설명한다.
③ 건강위협을 통해 대상자를 동기화한다.
④ 대상자 가족들이 대상자를 지지하도록 한다.

📝해설 팬더(Pender)의 건강증진 모형

1	건강증진 모형은 건강증진 행위를 통제하는 데 있어서 인식의 조정과정이 중요함을 강조한 사회학습이론으로부터 유래한 것이다.
2	건강증진 모형은 건강신념 모형과 구조적으로 유사하며, 건강증진 행위의 결정인자를 인지, 지각요인, 조정요인, 건강증진 행위 수행으로 구분한다.
3	인간은 긍정적인 방향으로 성장하는 것을 가치있게 생각하고 개인이 수용할 수 있는 변화와 안정 사이의 균형을 얻고자 노력한다는 개념이 이 모형의 가정이다.

7 다음 설명에 해당하는 것은?

> 지역사회간호사가 복잡한 제반 건강문제를 가진 대상자에게 질병관리 이외에도 필요로 하는 서비스를 받을 수 있도록 포괄적 서비스를 제공하기 위한 방법이다.

① 사례관리   ② 사회마케팅
③ 지역보건사업 기획   ④ 지역사회조직 개발

📝해설 사례관리

사례관리란 복잡한 여러 가지 문제와 장애를 가지고 있는 사례관리 대상자가 적합한 형태로 적절한 시기에 그들이 필요로 하고 있는 서비스를 받을 수 있도록 보장하며 포괄적 서비스를 제공하기 위한 방법으로 정의하고 있다.

정답 6. ③   7. ①

8 「지역보건법령」상 지역보건의료계획에 대한 설명으로 옳지 않은 것은?

① 지역주민, 보건의료관련기관·단체 및 전문가의 의견을 반영하여 수립한다.

② 보건복지부에서 수립된 계획안이 시·도와 시·군·구에 전달된다.

③ 보건의료수요 측정, 보건의료에 관한 장단기 공급대책,인력·조직·재정 등의 사항이 포함된다.

④ 지역보건의료계획은 4년마다 수립하여야 한다.

해설 「지역보건법」 제7조(지역보건의료계획의 수립 등)

> 특별시장·광역시장·도지사(이하 "시·도지사"라 한다) 또는 특별자치시장·특별자치도지사·시장·군수·구청장(구청장은 자치구의 구청장을 말하며, 이하 "시장·군수·구청장"이라 한다)은 지역주민의 건강 증진을 위하여 다음 각 호의 사항이 포함된 지역보건의료계획을 4년마다 수립하여야 한다.
> 1. 보건의료 수요의 측정
> 2. 지역보건의료서비스에 관한 장기·단기 공급대책
> 3. 인력·조직·재정 등 보건의료자원의 조달 및 관리
> 4. 지역보건의료서비스의 제공을 위한 전달체계 구성 방안
> 5. 지역보건의료에 관련된 통계의 수집 및 정리

정답 8. ②

9 우리나라 국민의료비에 대한 설명으로 옳지 않은 것은?

① 국민의료비 중 공공재원의 비율이 OECD의 평균에 못 미치는 수준이다.

② 인구의 고령화와 만성퇴행성 질환의 증가로 국민의료비가 증가하고 있다.

③ 국민의료비 상승 속도는 일반 경제 규모 확대 속도보다 빠르게 증가하고 있다.

④ 건강보험 보장성 확대를 통해 국민의료비 증가를 억제할 수 있다.

해설 국민의료비

건강보험 보장성이 확대되면 국민의료비가 더 증가할 수 있다.

10 가족간호 수행전략에 대한 설명으로 옳은 것은?

① 가족의 강점보다 약점 활용에 초점을 둔다.

② 가족 문제 해결을 위해 간호표준보다 가족의 신념에 따른다.

③ 합리적이고 과학적으로 접근하기 위해 간호계획 수립 시 간호사가 주도적으로 작성한다.

④ 가족이 스스로 현재와 미래의 문제에 대처할 수 있는 능력을 기를 수 있도록 한다.

해설 가족간호 수행전략

1	가구원 보다는 가족전체에 초점을 맞춘다.
2	정상가족이라는 일반적인 고정관념을 버리고 가족의 다양함과 변화성에 대한 인식을 가지고 접근한다.
3	가족이 함께 사정에서부터 전 간호과정에 참여함으로써 함께 간호진단을 내리고 중재방법을 결정하는 데 참여하도록 한다.
4	가족의 문제뿐 아니라 강점도 사정한다.
5	가구원 한 사람에게 의존하지 않고 가구원 전체, 친척, 이웃, 의료기관이나 통장이나 반장 등 지역자원 및 기존 자료 활용 등 다양한 곳에서 자료를 수집한다.

정답 9. ④ 10. ④

6	가족정보 중에는 이중적 의미를 가진 정보가 있을 수 있다. 따라서 한 가지 정보나 단편적인 정보에 의존하기보다는 복합적인 정보를 수집하여 정확히 해석하고 판단을 하는 것이 필요하다.
7	대부분의 가족사정 자료들은 질적으로 높은 자료가 필요하므로 충분한 시간을 할애해야 한다.
8	수집된 자료 중 의미있는 자료를 선택하여 기록한다.
9	사정된 자료 자체는 가족의 문제가 아니며 원인도 아니다. 즉 사정된 자료는 진단이 아니다.
10	가족 문제 해결을 위해 간호표준에 따른다.
11	가족이 스스로 현재와 미래의 문제에 대처할 수 있는 능력을 기를 수 있도록 한다.

11 다음 중 가장 우선적으로 해결해야 할 지역사회 간호문제는?

① 지역사회 주민의 결핵 발생
② 노인의 정서적 지지 부족
③ 성인의 높은 당뇨병 유병률
④ 지역사회 소아 비만율 증가

해설 결핵

결핵은 단기간에 집단감염이 될 수 있는 세균성 감염병으로 가장 우선적으로 해결해야 한다.

12 가족간호사정을 위한 가계도 작성에 대한 설명으로 옳지 않은 것은?

① 일반적으로 3세대 이상이 포함되도록 작성하고 가족의 구조적 특성을 나타낸다.

② 자녀는 수직선으로 나타내고, 오른쪽에서 왼쪽으로 출생 순위를 나타낸다.

③ 부부를 중심으로 자녀를 그리고 난 후에 부부의 양가 부모 및 형제자매를 그린다.

④ 가족 구성원 개인에 대하여 연령, 성별 및 질병상태 등을 기술한다.

해설 가계도 작성 시 유의사항

자녀는 왼쪽에서부터 출생순위가 빠른 아동을 기입한다.

13 다음에 해당하는 보건교육 방법은?

> 보건소에서 지역사회의 A초등학교 전교생 800명을 대상으로 3일간 집중적으로 손 씻기의 중요성을 강조하여 학생들의 인식을 높이려고 한다.

① 역할극

② 캠페인

③ 심포지엄

④ 시범

해설 캠페인

1	캠페인은 건강상식과 기술을 증진시킨다.
2	특별한 건강문제에 대한 태도나 가치판단을 증진시키기 위해 집중적인 반복 과정을 통해 많은 사람들이 교육내용을 알도록 하는데 활용되는 방법으로 하나의 주제나 문제점을 둘러싸고 계획된다.
3	캠페인 기간은 수일에서부터 1개월까지를 보편적으로 활용하고 있으며 보조 자료는 포스터, 팸플릿, 라디오, TV 등을 사용한다.

정답 12. ② 13. ②

14 다음에 해당하는 역학연구 방법은?

> 건강한 지역주민 중 표준체중과 과체중을 가진 사람을 대상으로 일정한 시간이 경과한 후 고혈압 발생과의 관계를 알아보고자 한다.

① 코호트 연구
② 환자 대조군 연구
③ 단면적 연구
④ 기술 역학

해설) 코호트 연구

코호트 연구는 연구하고자 하는 질병에 이환되지 않은 건강군을 대상으로 하여 그 질병발생의 요인에 폭로된 집단과 폭로되지 않은 집단 간의 질병발생률을 비교 분석하는 방법이다.

15 근로자의 건강진단 시 다음에 해당하는 건강관리 구분은?

> 직업성 질병으로 진전될 우려가 있어 추적검사 등 관찰이 필요한 자

① C_1
② C_2
③ D_1
④ D_2

해설) C_1

C_1은 직업성 질환으로 진전될 우려가 있어 추적조사 등 관찰이 필요한자(요관찰자)를 말한다.

16 학교에서 수두 환자가 발생하였을 경우 학교장이 취해야 할 조치로 적절하지 않은 것은?

① 감독청에 즉시 보고한다.

② 관할 보건소에 즉시 신고한다.

③ 환자에게 등교 중지를 명한다.

④ 감염 여부를 확인하기 위해 가검물을 채취하고, 유행규모를 파악한다.

〽해설 **보건소의 업무**

감염 여부를 확인하기 위해 가검물을 채취하고, 유행규모를 파악하는 것은 보건소의 업무이다.

17 건강 지표에 대한 설명으로 옳은 것은?

① 한 명의 가임기 여성이 일생 동안 모두 몇 명의 아이를 낳는가를 나타내는 지수를 일반 출산율이라고 한다.

② 지역사회의 건강수준을 평가할 수 있는 지표로는 영아사망률, 질병 이환율, 기대위험도 가 있다.

③ 비례사망지수가 높다는 것은 건강수준이 낮음을 말한다.

④ 선진국의 경우 영아사망의 2/3 정도가 신생아기에 발생하며, 개발도상국에서는 신생아 기 이후에 더 발생한다.

〽해설 **건강지표**

1	합계출산율 – 한명의 가임기 여성이 일생동안 모두 몇 명의 아이를 낳는가를 나타내는 지수
2	국가 또는 지역사회의 건강수준을 평가할 수 있는 지표로는 영아사망률, 비례사망지수, 평균 수명이 있다.
3	비례사망지수가 높다는 것은 건강수준이 높음을 의미한다.

18 노인인구에 대한 설명으로 옳지 않은 것은?

① 노년부양비는 15~64세의 인구에 대한 65세 이상 인구의 비를 의미한다.

② 우리나라의 노년부양비, 노령화지수는 계속 증가하고 있다.

③ 현재 우리나라는 노인인구의 지속적인 증가로 고령사회에 속한다.

④ 노령화지수는 0~14세 인구에 대한 65세 이상 인구의 비를 의미한다.

해설) 고령화 사회

현재 우리나라는 전체인구 중 65세 이상 인구가 차지하는 비율이 10%를 넘어 고령화 사회이며 14%가 넘으면 고령사회에 진입하게 된다.

19 다음의 세균성 식중독 중 감염형 식중독이 아닌 것은?

① 살모넬라 식중독

② 황색포도상구균 식중독

③ 장염비브리오 식중독

④ 병원성대장균 식중독

해설) 감염형 식중독

감염형에는 살모넬라, 장염비브리오(호염균), 병원성 대장균 등이 있으며 독소형에는 포도상구균, 보툴리누스, 웰치균 등이 있다.

정답 18. ③ 19. ②

20 자궁경부암 조기검진을 위한 자궁경부세포진검사(Pap Smear Test) 결과에서 특이도[%]는?

자궁경부세포진검사 (PAP Smear Test)	생검(Biopsy)에 의한 확진		계
	자궁경부암 환자	건강한 사람	
양성	188	72	260
음성	12	488	500
계	200	560	760
좋음	낮음	약함	관계지향적 리더십

① $\dfrac{188}{200} \times 100$ ② $\dfrac{188}{260} \times 100$

③ $\dfrac{488}{560} \times 100$ ④ $\dfrac{488}{500} \times 100$

◎해설 특이도

1	특이도는 정확도의 또 다른 측면으로 질병이 없는 사람이 검사결과가 음성으로 나타나는 경우를 말한다. 즉 질병이 없는 사람 중 검사결과가 음성으로 나타날 확률이다.
2	특이도 $= \dfrac{\text{검사 음성수}}{\text{총비환자수}} = \dfrac{488}{72+488} \times 100$

1   지역사회 간호사 오렘 이론을 적용하여 간호목표를 설정하였다. 옳은 것은?

① 가출 청소년이 가족과의 원활한 의사소통과 상호작용을 유지한다.

② 당뇨질환을 가진 노인이 합병증 예방을 위해 자가 간호를 수행한다.

③ 치매 노인을 둔 가족이 환경 변화 속에서 역동적인 평형상태를 유지한다.

④ 재혼 가족이 새로운 구성원과 변화된 가족환경에 적응반응을 나타낸다.

해설

①번은 체계 이론 ②은 오렘의 자가 이론 ③은 뉴만의 건강관리 체계 이론 ④은 로이의 적응 이론이다.

2   보건소와 학교가 협력하여 학생 500명을 대상으로 하여 비만사업을 수행한 결과 총비용이 200만원 소요되었고 비만율이 10% 감소되었다. 비용효과비는?

① 400   ② 500

③ 4,000   ④ 5,000

해설   비용효과비

1	동일한 산출효과 비교
2	총비용/효과단위
3	화폐단위
4	자연단위(연장 수명, 혈압변화, 예방접종 완료 이동 수)

3 **지역사회 간호활동단계에서 지역주민 참여의 의미를 설명한 것으로 옳지 않은 것은?**

① 정부정책이나 관련부서의 사업내용을 직접 전달할 수 있으므로 사업진행의 이해도를 높일 수 있다.

② 지역사회의 공동 운명체를 강화시켜 다른 개발활동에 참여 의욕을 높일 수 있다.

③ 보건사업과정 중 예기치 못한 변화가 생길 때 주민의 이해를 얻을 수 있다.

④ 보건사업에 대한 지역주민의 전문성을 향상시켜 공공보건 의료의 부담을 경감시킬 수 있다.

───────────

📝해설 **지역주민 참여**

보건사업에 대한 지역주민의 전문성을 향상시키는 것과 지역주민 참여는 관련성이 낮다.

_____
_____
_____
_____

4 **지역사회 간호과정을 적용하여 대학생을 대상으로 금연 프로그램을 실시하고자 한다. 다음 중 사정단계에서 이루어진 내용으로 옳은 것은?**

① 금연전문강사가 대학을 방문하여 개별금연교육을 실시하였다.

② 이 지역에 있는 2개 대학의 흡연율을 타 지역과 비교하였다.

③ 흡연대학생의 30%가 금연에 성공한다로 목표를 설정하였다.

④ 금연성공률은 6주, 12주, 6개월 후에 평가하기로 하였다.

───────────

📝해설 **사정단계**

사정단계에서는 자료수집과 이에 따른 분석이 중요하다.

_____
_____
_____
_____

정답 ▶ 3. ④ 4. ②

5 보건소에 근무하는 K공무원은 「지역보건법」에 의거하여 보건의료계획서를 수립하려고 한다. K가 고려해야 할 사항으로 옳은 것은?

① 시장·군수·구청장은 당해 시·군·구의 지역보건의료계획 또는 그 연차별 시행계획의 시행결과를 매 시행연도 다음해 2월말까지 보건복지부장관에게 제출하여야 한다.

② 시·도지사 또는 시장·군수·구청장은 지역보건의료계획을 수립하는 경우에 그 주요 내용을 1주 이상 공고한 후 공청회를 실시하여 지역주민의 의견을 수렴하여야 한다.

③ 시·도지사 또는 시장·군수·구청장은 지역보건의료계획을 매 5년마다 수립하여야 한다.

④ 지역보건의료계획 및 그 연차별 시행계획의 제출시기는 시장·군수·구청장의 경우에는 계획시행 전년도 6월말까지 하여야한다.

해설 보건의료계획서 수립

1	시장·군수·구청장은 법 제7조 제3항에 따라 지역보건의료계획(연차별 시행계획을 포함한다. 계획 시행연도 1월 31일까지 시·도지사에게 제출하여야 한다.
2	시·도지사 또는 시장·군수·구청장은 지역보건의료계획을 수립하는 경우에 그 주요 내용을 시·도 또는 시·군·구의 홈페이지 등에 2주 이상 공고하여 지역주민의 의견을 수렴하여야 한다.
3	특별시장·광역시장·도지사(이하 "시·도지사"라 한다) 또는 특별자치시장·특별자치도지사·시장·군수·구청장(구청장은 자치구의 구청장을 말하며, 이하 "시장·군수·구청장"이라 한다)은 지역주민의 건강 증진을 위하여 다음 각 호의 사항이 포함된 지역보건의료계획을 4년마다 제3항 및 제4항에 따라 수립하여야 한다.
4	지역보건의료계획 및 그 연차별 시행계획의 제출시기는 시장·군수·구청장의 경우에는 계획시행 전년도 6월말까지 하여야 한다.

정답 5.④

6 **우리나라 보건소에 대한 설명으로 옳은 것은?**

① 보건소 설치의 목적은 국민에게 건강에 대한 가치와 책임 의식을 함양하도록 건강에 관한 바른 지식을 보급하고 스스로 건강생활을 실천할 수 있는 여건을 조성함으로써 국민의 건강을 증진함을 목적으로 하고 있다.

② 우리나라 최초의 보건소는 경성보건소로 1925년 설치되었으나, 일본의 형식적인 공공보건정책으로 유명무실하게 운영되었다.

③ 보건소법은 1956년 처음으로 제정되었으며, 이후 인구구조 및 질병구조의 변화, 국민소득 수준의 향상 등으로 기능을 강화해야 할 필요성이 커지면서 1991년 지역보건법으로 전면 개편되었다.

④ 1977년 의료보호제도가 실시되면서 보건소는 일차보건 의료기관으로 지정되어 의료보호(현 의료급여) 대상자들에게 의료사업을 제공하기 시작하였다.

📎 **해설**) 보건소

1	보건소의 설치 목적은 지역주민의 건강을 증진하고 질병을 예방·관리하기 위하여 시·군·구에 대통령령으로 정하는 기준에 따라 해당 지방자치단체의 조례로 보건소(보건의료원을 포함한다. 이하 같다)를 설치하는 것이다.
2	우리나라 최초의 보건소는 서울 및 각도의 대도시에 모범 보건소가 설립되면서 시작되었다.
3	「보건소법」은 1956년 처음으로 제정되었으며, 이후 인구구조 및 질병구조의 변화, 국민소득 수준의 향상 등으로 기능을 강화해야 할 필요성이 커지면서 1995년 「지역보건법」으로 전면 개편되었다.
4	1977년 의료보호제도가 실시되면서 보건소는 일차보건 의료기관으로 지정되어 의료보호(현 의료급여) 대상자들에게 의료사업을 제공하기 시작하였다.

정답 ▶ 6. ④

7 보건복지부는 2015년 국민의 건강한 삶을 보장하기 위한 의료비 부담경감 방안으로 4대 중증질환 환자부담 감소를 위한 급여항목을 추가하였다. 해당 질환이 아닌 것은?

① 암
② 치매
③ 심장질환
④ 뇌혈관질환

🖎해설 **4대 중증질환**

4대 중증질환은 암, 심장질환, 뇌혈관질환, 희귀난치성질환이다.

---

8 2013년부터 전국 지자체에서 시행되고 있는 지역사회 통합 건강증진사업의 기본 방향 중 옳지 않은 것은?

① 분절적인 단위사업 중심에서 대상자 중심의 통합서비스제공(효율성)
② 정해진 지침에 따른 운영에서 지역 여건에 맞추어 탄력적인 운영(자율성)
③ 생애주기별, 공통적 건강문제를 갖는 인구 집단별 모든 주민의 건강관리사업(형평성)
④ 정해진 사업의 물량 관리위주의 평가에서 사업 목적·목표 달성 여부의 책임 평가(책임성)

🖎해설 **통합보건사업**

통합보건사업은 보건간호사가 지역담당제로 포괄적이고 지속적인 의료 서비스를 제공하는 것으로 가족을 하나의 단위로 보고 방문간호나 보건교육을 통해 지역주민의 건강유지 및 증진시키는 것이다.

정답 7. ② 8. ③

9 보건소 방문간호요원이 가정방문을 하려고 한다. 이때 적용할 가족사정도구 중 사회지지도(Sociosupportgram)에 관한 설명으로 옳은 것은?

① 가족 내 가장 취약한 가구원을 중심으로 가족 내부뿐만 아니라 외부와의 상호작용을 보여준다.

② 가족구성원들이 상호작용하는 외부환경들을 명료하게 해주며, 가족에게 유용한 자원과 스트레스가 되는 자원, 부족한 자원과 보충해야 할 자원 등에 관한 정보를 제공해준다.

③ 가족구성원 중 향후 질병을 앓을 가능성과 지역사회 및 임상에서 복합적인 스트레스를 경험하는 개인을 미리 파악하는 데 유용하다.

④ 현재 동거하고 있는 가족구성원들 간의 밀착 관계와 상호 관계를 파악하는 데 도움이 된다.

해설 사회지지도

가족 내 가장 취약한 가구원을 중심으로 가족 내부뿐만 아니라 외부와의 상호작용을 확인할 수 있는 도구이다. 특히 가족구성원 중 향후 질병을 앓을 가능성과 지역사회 및 임상에서 복합적인 스트레스를 경험하는 개인을 미리 파악하는 데 유용하다.

10 캐나다의 보건성 장관이었던 Lalonde의 보고서(1974)에서는 건강에 결정을 미치는 주요 요인을 제시하였다. 건강결정요인으로 가장 옳지 않은 것은?

① 생물학적 요인　　　　② 생활습관
③ 교육정도　　　　　　④ 보건의료조직

해설 건강결정요인

건강에는 환경요인, 생활양식, 생물학적 요인, 보건의료조직 등이 영향을 미친다.

정답 9. ①　10. ③

11 **다음은 보건교육방법에 대한 설명이다. 옳은 것을 모두 고르면?**

> ⊙ 강의 – 많은 대상자에게 짧은 시간 동안 많은 지식과 정보를 제공한다.
> ⓒ 그룹토의 – 일방식 교육방법으로 참가자가 자유로운 입장에서 상호의견을 교환하고 결론을 내린다.
> ⓒ 분단토의 – 각 견해를 대표하는 토론자 4∼5명을 선정하고 사회자의 진행하에 토론한다.
> ⓔ 역할극 – 학습자가 실제 상황 속 인물로 등장하여 그 상황을 분석하고 해결방안을 모색한다.

① ⊙, ⓔ   ② ⓒ, ⓔ

③ ⊙, ⓒ, ⓒ   ④ ⊙, ⓒ, ⓒ, ⓔ

✎해설 **그룹토의 및 분단토의**

그룹토의	집단 내의 참가자들이 둘러앉아 어떤 특정한 주제에 대한 의문점, 개념 혹은 문제점에 대해 목표를 설정하고 자유로운 입장에서 상호 의견을 교환하고 결론을 내리는 회화식 방법이다.
분단토의	내용이 흥미가 있고 참가자가 많을 경우 전체를 여러 개의 분단으로 나누어 토의시키고 다시 전체 회의에서 종합하는 방법으로 각 분단은 6∼8명이 가장 적합하다.

12 지역사회간호사가 Green의 PRECEDE–PROCEED 모형을 이용하여 보건교육을 기획하는 과정에서 다음과 같은 진단을 내렸다면 이는 어느 단계에 해당하는가?

> 지역사회주민의 고혈압 식이조절에 대한 지식과 신념이 부족하며 의료시설 이용이 부적절하다.

① 교육 및 생태학적 진단단계　　　　　② 사회적 진단단계
③ 역학 및 행위와 환경 진단단계　　　　④ 행정 및 정책적 진단단계

✎ 해설 교육 및 생태학적 진단단계

이 단계는 건강상 문제를 일으키는 개인 또는 조직 행동의 행동적 결정요소는 무엇인가에 대한 해답을 얻으려는 단계이다.

13 역학연구 방법에 관한 설명으로 옳은 것은?

① 기술역학은 질병과 특정 노출요인에 대한 정보를 특정한 시점 또는 짧은 기간 내에 얻는 방법이다.
② 단면조사 연구의 주요 변수는 인구학적 특성, 지역적 특성, 시간적 특성이다.
③ 후향적 코호트 연구는 연구시작 시점 훨씬 이전으로 거슬러 올라가 요인 노출과 질병 발생 간의 관련성을 추적하는 방법이다.
④ 이중맹검법(Double Blind Method)은 환자–대조군 연구에서 정보편견을 최소화하는 방법이다.

✎ 해설 역학방법

1	기술역학은 사람, 시간, 장소를 통해 질병 분포에 차이를 유발하는 인자가 인적 특성 차이 때문인지, 시간적 변화 또는 지역적 특성의 차이 때문인지를 관찰하여 질병 빈도 차이를 일으키는 요인이 무엇인지에 대한 가설을 제기한다.
2	인구학적 특성, 지역적 특성, 시간적 특성은 기술역학의 주요 변수이다.

정답 12. ① 　13. ③

3	후향적 코호트 연구는 연구시작 시점 훨씬 이전으로 거슬러 올라가 요인 노출과 질병 발생 간의 관련성을 추적하는 방법이다.
4	이중맹검법(Double Blind Method)은 실험연구에서 실험군과 대조군을 무작위로 선정하여 연구 대상자와 실험자 모두 실험 내용을 모르게 하는 방법이다.

14 「감염병의 예방 및 관리에 관한 법률」 상 보건복지부장관, 시·도지사 또는 시장·군수·구청장이 강제처분권을 가지고 감염병이 의심되는 주거시설, 선박, 항공기, 열차 등의 운송 수단 또는 그밖의 장소에 들어가 필요한 조사나 진찰을 하게 할 수 있는 감염병에 포함되지 않는 것은?

① 제1급감염병
② 제2급감염병 중 결핵, 홍역, 콜레라
③ 제3급감염병 중 쯔쯔가무시증, 렙토스파증 및 신증후군성 출혈열
④ 세계보건기구감시대상감염병

해설) 감염병에 관한 강제처분

> 보건복지부장관, 시·도지사 또는 시장·군수·구청장은 해당 공무원으로 하여금 다음 각 호의 어느 하나에 해당하는 감염병환자등이 있다고 인정되는 주거시설, 선박·항공기·열차 등 운송수단 또는 그 밖의 장소에 들어가 필요한 조사나 진찰을 하게 할 수 있으며, 그 진찰 결과 감염병환자등으로 인정될 때에는 동행하여 치료받게 하거나 입원시킬 수 있다. 〈개정 2010. 1. 18., 2018. 3. 27.〉
> 1. 제1급감염병
> 2. 제2급감염병 중 결핵, 홍역, 콜레라, 장티푸스, 파라티푸스, 세균성이질, 장출혈성대장균감염증, A형간염, 수막구균 감염증, 폴리오, 성홍열 또는 보건복지부장관이 정하는 감염병
> 3. 삭제 〈2018. 3. 27.〉
> 4. 제3급감염병 중 보건복지부장관이 정하는 감염병
> 5. 세계보건기구 감시대상 감염병
> 6. 삭제 〈2018. 3. 27.〉

정답 14. ③

15 지역사회간호사가 지역주민 600명을 대상으로 유방암 검진을 실시한 결과 다음과 같은 결과를 얻었다면 민감도와 특이도는?

		유방암 있음	유방암 없음	계
유방암 검진	양성	96	2	98
	음성	5	497	502
계		101	499	600

① 민감도 $= \dfrac{96}{98}$, 특이도 $= \dfrac{497}{502}$ ② 민감도 $= \dfrac{96}{101}$, 특이도 $= \dfrac{497}{499}$

③ 민감도 $= \dfrac{2}{98}$, 특이도 $= \dfrac{5}{502}$ ④ 민감도 $= \dfrac{5}{101}$, 특이도 $= \dfrac{2}{499}$

해설) 민감도와 특이도

민감도	$\dfrac{검사\ 양성\ 수}{총환자\ 수} = \dfrac{96}{101}$
특이도	$\dfrac{검사\ 음성수}{총비환자\ 수} = \dfrac{497}{499}$

16 소음이 심한 산업장에서 일하는 근로자가 건강진단 결과 질병유소견자로 발견되어 업무수행 적합여부를 평가한 결과 '다'로 판정받았다. 보건관리자가 이 근로자에게 교육한 내용으로 옳은 것은?

① 현재의 조건 하에서 작업이 가능하며 지속적인 청력검사가 필요함
② 귀마개와 귀덮개를 모두 착용한 상태에서 현재의 작업이 가능함
③ 근로시간을 50% 단축한 상태에서 현재의 작업이 가능함
④ 청력장해가 우려되어 한시적으로 현재의 작업을 할 수 없음

해설) 보건관리자 교육 내용

소음이 심한 산업장에서 일하는 근로자가 건강진단 결과 질병유소견자로 발견되어 업무수행 적합여부를 평가한 결과 '다'로 판정받았다면 청력장해가 우려되므로 한시적으로 현재의 작업을 할 수 없다는 교육을 해야 한다.

정답) 15. ② 16. ④

17 **산업장 유해물질 허용기준에 관한 설명으로 옳은 것은?**

① 우리나라 유해물질의 허용기준은 모두 세계표준기준을 채택하고 있다.

② 시간가중 평균 노출기준(Time Weighted Average, TWA)은 하루 24시간 중에 실제 수행된 노동시간 중의 평균농도로 나타낸다.

③ 단시간 노출기준(Short Term Exposure Limit, STEL)은 근로자가 1회에 60분간 유해요인에 노출되는 경우를 기준으로 나타낸다.

④ 유해물질을 혼재해서 사용하는 경우 단독 유해물질의 노출기준을 그대로 적용해서는 안된다.

해설) 산업장 유해물질 허용기준

1	우리나라 유해물질의 허용기준은 미국산업위생사협회에서 제정한 단일 유해물질의 허용기준 등을 사용하고 있다.
2	시간가중 평균 노출기준(Time Weighted Average, TWA)은 1일 8시간, 1주 40시간의 정상 노동시간 중의 평균 농도로 나타낸다.
3	근로자가 이러한 조건에서 반복하여 노출되더라도 건강상의 장애를 일으키지 않는 농도이다.
4	단시간 노출기준(Short Term Exposure Limit, STEL)은 근로자가 1회에 15분간 유해 요인에 노출되는 경우를 기준으로 한다.
5	기준 이하에서는 1회 노출 간격이 1시간 이상인 경우 1일 작업 시간 동안 4회까지 노출이 허용될 수 있는 기준을 의미한다.
6	유해물질을 혼재해서 사용하는 경우 단독 유해물질의 노출기준을 그대로 적용해서는 안 된다.

정답 17. ④

18 아래와 같은 인구구조를 가진 지역사회가 있다. 이 지역사회의 노령화 지수는?
(단, 단위는 명)

• 0-14세 : 200	• 15-44세 : 700	• 45-64세 : 500
• 65-80세 : 200	• 81세 이상 : 100	

① 1.5   ② 15

③ 150   ④ 700

해설) 노령화지수

$$\text{노령화지수} = \frac{\text{65세 이상 인구}}{\text{0~14세의 인구}} \times 100 = \left(\frac{300}{200}\right) \times 100 = 150$$

19 실험기구를 생산하는 공장지대 근처에 살고 있는 김씨는 주변 지하수를 식수로 사용하고 있다. 얼마 전부터 김씨는 입안에 출혈이 있고 손 떨림이 심해져 병원을 방문하게 되었다. 김씨에게 의심되는 중독으로 가장 옳은 것은?

① 납중독   ② 수은중독

③ 크롬중독   ④ 카드뮴중독

해설) 수은중독
수은중독의 특징적인 증상은 구내염, 근육진전, 정신증상의 변화이다.

20 **2015년 6월 현재 우리나라의 중앙재난안전대책 본부장은 누구인가?**

① 대통령

② 국민안전처차관

③ 국민안전처장관

④ 발생지역의 지자체장

✎해설 **중앙재난안전대책 본부장**

2015년 6월 우리나라의 중앙재난안전 대책본부장은 국민안전처장관이었으나, 2017년 7월 정부조직개편으로 행정안전부에 흡수·통합되어 폐지되었다.

1 환자 – 대조군 연구에 대한 설명으로 옳은 것은?

① 희귀한 질병을 연구하는 데 적합하다.

② 질병의 자연사나 규모를 모를 때 시행하는 첫 번째 연구로서 유용하다.

③ 질병과 발생 요인간의 시간적 선후관계를 명확하게 조사할 수 있다.

④ 질병 발생률과 비교 위험도를 산출하는 데 적합하다.

解설 환자 대조군 연구

1	대상자의 규모가 적고 이미 질병이 발생한 환자와 그 대조군을 비교하는 연구이므로 비용과 시간적 측면에서 효율성을 가지고 있다.
2	이미 발생된 환자를 대상으로 하기 때문에 윤리적인 문제도 적다.
3	한 질환에 대해 여러 가지 위험요인을 밝힐 수 있고 과거의 정보가 잘 보관된 경우에는 후향적인 자료를 모아 연구에 이용할 수 있어 간편하다.
4	연구의 특성상 희귀질환에 적합하며 긴 잠복기를 가진 질병에도 적합하다.

2 다음 설명에 해당하는 질병 발생 모형은?

> 질병 발생을 인간과 환경과의 상호작용의 결과로 설명하며, 질병에 대한 원인 요소들의 기여 정도에 따라 면적 크기를 다르게 표현함으로써 역학적으로 분석한다.

① 역학적 삼각형 모형　　　　② 거미줄 모형

③ 수레바퀴 모형　　　　　　④ 원인 모형

정답 1. ①　2. ③

해설) 수레바퀴 모형

인간이 속한 생태계를 하나의 큰 동심원으로 표시한다. 병인은 환경의 일부로 간주되므로 크게 숙주와 환경 사이의 관계를 설명하는 모형이다. 즉, 질병 발생을 인간과 환경과의 상호작용의 결과로 설명하며, 질병에 대한 원인 요소들의 기여 정도에 따라 면적 크기를 다르게 표현함으로써 역학적으로 분석한다. 수레바퀴의 중심에는 유전적 소인을 가진 숙주가 있고 그 숙주를 둘러싸고 환경은 생물학적, 물리적, 화학적, 사회적 환경으로 구분된다.

3 A보건소에서 대학생을 대상으로 절주 프로그램을 시행하였다. 이 프로그램을 구조 – 과정 – 결과로 평가한다면, 과정평가에 해당하는 것은?

① 절주 프로그램 참여율 파악

② 고위험 음주율 변화 비교

③ 음주와 건강에 대한 지식의 변화 비교

④ 절주 프로그램의 비용 효과성 분석

해설) **과정평가**

과정평가는 프로그램이 실행되는 중간에 실시하는 평가로 사업에 투입된 인적, 물적 자원이 계획대로 실행되고 있는지, 일정대로 진행되고 있는지를 파악하는 것이며 사업이 목표를 향해가고 있는지를 기술하고, 목표달성에 장애가 되는 비효율적인 요소를 제거할 수 있는 개선방안을 마련하기 위해 필요하다.

정답 3. ①

4 산업장에서 근무 중인 A씨가 아래와 같은 증상을 호소하였다면 의심되는 중독은?

> • 수면장애와 피로감
> • 손 처짐(Wrist Drop)을 동반한 팔과 손의 마비
> • 근육통과 식욕부진
> • 빈혈

① 납중독
② 크롬중독
③ 수은중독
④ 카드뮴중독

✎ **해설** 납중독 증상

1	환각작용, 신장장애, 조혈기능장애
2	빈혈, 근육통과 소화기 장애
3	손 처짐(Wrist Drop)을 동반한 팔과 손의 마비 등의 신경계 증상, 수면장애, 피로감

5 호흡기 계통으로 병원체가 침입하여 발병되는 감염성 질환은?

① 콜레라
② B형 간염
③ 장티푸스
④ 신증후군출혈열

정답 4. ① 5. ④

해설 신증후군출혈열

신증후군출혈열은 들쥐의 72~90%를 차지하는 등줄쥐의 배설물이 건조되면서 호흡기를 통해 전파된다.

---

6 로이(Roy)는 적응 이론에서 환경에 대처하기 위한 개인의 능력에 영향을 주는 자극을 3가지로 분류했다. 다음 중 A씨의 상황에서 잔여자극(Residual Stimuli)에 해당하는 것은?

① A씨는 당뇨병을 진단받았다.
② A씨는 당뇨식이의 유익성에 대한 신념이 부족하다.
③ A씨는 혈당 측정에 대한 근심으로 불면증을 호소한다.
④ A씨는 장기간의 투병으로 재정적 어려움이 크다고 호소한다.

해설 잔여자극

잔여자극은 인간행동에 간접적으로 영향을 줄 수 있는 요인으로 현 상태와 관련되어 있지만 대부분 측정되기 어려운 신념, 태도, 성격 등 파악하기 어려운 개개인의 특성이다.

정답 6. ②

7] SWOT 분석의 전략 수립에 대한 설명으로 옳지 않은 것은?

① SO 전략은 사업 구조, 영역, 시장을 확대하는 방향으로 수립한다.

② ST 전략은 신기술 개발, 새로운 대상자를 개발하는 방향으로 수립한다.

③ WO 전략은 기존 사업의 철수, 신사업의 개발 및 확산 방향으로 수립한다.

④ WT 전략은 사업 축소 또는 폐지하는 방향으로 수립한다.

✎해설) WO전략

W
(Weakness, 약점)
	• 조직 내의 업무를 제한하거나 방해하는 요소 및 활동이다.
	• 직원들의 고령화, 직원들의 업무에 대한 의욕저하, 지역사회보건사업의 비전
	  문성과 낙후성, 인적 및 물적 자원의 부족, 승진기회의 부족, 부서 간의 조정
	  기능 약화 등이 약점으로 고려될 수 있다.
	• 조직 내부의 취약점에 초점을 둔다.
	• 조직의 모든 단점을 정리한다.

O
(Opportunity, 기회)
	• 외부와의 환경적 요인이 잘 규합되면 조직의 목적 달성에 상당한 혜택을 줄
	  수 있는 요소 및 활동이다.
	• 지역사회에서의 인지도, 입지적 조건, 자원봉사자 확보, 프로그램의 성공을 통
	  한 홍보 등이 기회로 고려될 수 있다.
	• 조직의 목적 달성과 운영에 도움이 되는 요인이다.
	• 조직의 발전에 기여할 수 있는 긍정적인 외적 요인이다.

8] 초등학교 보건교사가 인지주의 학습이론을 적용하여 비만 아동에게 체중 감량을 위한 식이교육을 실시하고자 할 때 가장 적절한 방법은?

① 음식일기를 기록한 날에는 일기장에 예쁜 스티커를 붙여 주었다.

② 익숙한 동요의 가사를 음식 칼로리에 대한 내용으로 바꾸어 반복해서 부르게 하였다.

③ 아동이 자율성을 가지고 다이어트 식단을 스스로 작성하도록 독려하였다.

④ 고칼로리 음식 섭취를 자제하면서 조금씩 체중을 감량하고 있는 아동에게는 칭찬 점수를 주고 모으도록 하였다.

정답 〕 7. ③   8. ②

해설 인지주의 학습

1	인지주의 학습은 자극으로부터 기계적인 반응인 행동변화가 아니라 지각하고 해석하고 판단하는 내적 사고과정에서의 인지구조의 변화이다.
2	학습에 관한 인지적 접근으로 기억, 언어, 추리, 지식, 개념형성, 문제해결력, 인간의 내재적 심리과정 등을 주로 다룬다.
3	비만아동에게 익숙한 동요의 가사를 음식 칼로리에 대한 내용으로 바꾸어 반복해서 부르게 한 것은 지각하고 해석하고 판단하는 내적 사고과정에서의 인지구조를 변화시키기 위함이다.

9 프라이(Fry)의 국가보건 의료체계 유형 중 자유방임형에 대한 설명으로 옳은 것은?

① 의료자원의 효율적 활용으로 지역 간에 균형적 의료 발전이 가능하다.

② 정부 주도로 운영되므로 예방 중심의 질병 관리가 가능하다.

③ 정부의 통제와 간섭으로 의료서비스의 질이 대체적으로 낮은 편이다.

④ 의료기관의 선택이 자유롭고 의료인의 재량권이 부여되어 있다.

해설 자유방임형의 특징

자유방임형의 특징은 의료기관의 선택이 자유롭고 의료인의 재량권이 부여되어 있으나 국민의 의료비 상승의 주요 원인 중의 하나이다.

정답 9. ④

10 오마하 문제분류체계(Omaha Problem Classification Scheme)에 대한 설명으로 옳은 것은?

① 7개의 서로 다른 축으로 구성되어 있고 이 축의 조합으로 간호진단 및 간호결과, 간호중재 진술문을 만들어낸다.

② 첫째 수준은 5개의 영역으로 환경, 사회심리, 안전, 질병, 건강 행위 영역으로 구분되어 있다.

③ 20개의 간호 요소와 145개의 가정간호진단으로 구성되어 있다.

④ 셋째 수준은 문제별 2가지의 수정 인자인 문제의 심각성 정도와 대상으로 구성되어 있다.

✍️해설 **오마하 문제분류체계**

1975년부터 1993년까지 오마하 방문간호사협회와 미국 보건성 공중보건국 간호과와의 4회에 걸친 연구 계약 기간 동안 지역사회 간호사들에 의해 개발된 분류체계로서, 지역사회 보건간호실무 영역에서의 간호과정에 기초를 둔 대상자 중심의 틀이다.

첫째 수준	• 4개의 영역으로 구성되어 있으며 실무자의 우선순위 영역과 대상자의 건강관련 문제들을 나타내는 것으로 환경적, 심리 사회적, 생리적, 건강 관련 행위 영역으로 구분된다.
둘째 수준	• 영역별 문제로 42개 용어들이 대상자의 문제, 간호요구와 강점들을 나타낸다.
셋째 수준	• 문제별 2개의 수정인자로 구성되어 있는데, 수정인자의 하나는 문제의 심각성 정도로서 건강증진, 잠재적 결핍 또는 장애, 실제적 결핍 또는 장애로 구분된다. • 다른 하나는 대상을 규명하는 것으로 개인, 가족, 지역사회를 포함한다. • 하나의 문제에 관하여 위의 두 가지 수정인자를 사용하는 경우에는 질병-건강 연속선을 넘나드는 적용이 가능하며, 구체성과 정확성에 대한 중요한 정도를 더해 준다. • 개인과 가족의 수정인자를 집단과 지역사회에 적용할 수 있다.
넷째 수준	• 각각의 문제별로 378개의 독특한 증상과 징후군을 말한다. 증상과 징후가 확인된다면 실제로 간호대상자에게 문제가 있음을 암시한다.

11 우리나라 보건행정 조직에 대한 설명으로 옳은 것은?

① 「지역보건법 시행령」상 보건지소는 읍·면(보건소가 설치된 읍·면은 제외한다)마다 1개씩 설치할 수 있다. 다만, 지역주민의 보건의료를 위하여 특별히 필요하다고 인정되는 경우에는 필요한 지역에 보건지소를 설치·운영하거나 여러 개의 보건지소를 통합하여 설치·운영할 수 있다.

② 보건복지부는 국민의 보건 향상과 사회복지 증진을 위한 중앙행정조직으로 보건소에 대한 인사권과 예산권을 가지고 있다.

③ 지역보건법 상 지역주민의 건강을 증진하고 질병을 예방·관리하기 위하여 시·군·구에 보건복지부령으로 정하는 기준에 따라 해당 지방자치단체의 조례로 보건소(보건의료원을 포함한다)를 설치한다.

④ 「농어촌 등 보건의료를 위한 특별조치법」상 보건진료 전담공무원의 자격은 의사 면허를 가진 사람이어야 한다.

✎해설 **우리나라 보건행정 조직**

1	「지역보건법 시행령」상 보건지소는 읍·면(보건소가 설치된 읍·면은 제외한다)마다 1개씩 설치할 수 있다. 다만, 지역주민의 보건의료를 위하여 특별히 필요하다고 인정되는 경우에는 필요한 지역에 보건지소를 설치·운영하거나 여러 개의 보건지소를 통합하여 설치·운영할 수 있다.
2	보건소에 대한 인사권과 예산권을 가지고 있는 곳은 행정자치부로 우리나라 보건행정조직은 이원화되어 있다.
3	지역주민의 건강을 증진하고 질병을 예방·관리하기 위하여 시·군·구에 대통령령으로 정하는 기준에 따라 해당 지방자치단체의 조례로 보건소(보건의료원을 포함한다. 이하 같다)를 설치한다.
4	보건진료 전담공무원은 간호사, 조산사 기타 대통령령이 정하는 자격을 가진 자로서 보건복지부 장관이 실시하는 24주 이상의 직무 교육을 받은 자이다.

정답 11. ①

12 지역사회 간호사가 지역의 환경이나 생활상을 신속하게 파악하기 위해 걷거나 자동차를 이용하여 관찰하는 자료 수집 방법은?

① 참여 관찰 ② 차창 밖 조사
③ 정보원 면담 ④ 설문지 조사

(해설) **차창 밖 조사**

1	차창 밖 조사는 지역사회를 두루 다니며 신속하게 관찰하는 방법이다.
2	자동차 창문 밖으로 관찰하거나 걸어다니며 관찰할 수 있다.
3	관찰내용으로는 지역의 주거상태나 형태, 공사 진행 여부와 안전 위협요소, 소음, 악취, 오염원 등의 환경, 교통수단 및 도로상태 등의 이동수단, 주민들이 이용하는 쇼핑·공공장소, 거리에 있는 일반적 특성, 주로 만날 수 있는 인종, 식당, 언어 등의 문화, 이용 가능한 안전시설의 위치, 주민들이 이용하는 건강서비스 수준, 방송국 등의 의사소통 매체, 공공·사립 시설의 교육시설 등이 있다.

13 듀발(Duvall)의 가족발달단계에서 자녀의 사회화 교육이 주요발달 과업이 되는 단계는?

① 신혼기 ② 학령전기
③ 진수기 ④ 노년기

(해설) **학령전기**

1	첫 자녀 30개월에서 6세까지
2	자녀들의 사회화 교육 및 영양관리
3	안정된 결혼관계의 유지
4	자녀들의 경쟁 및 불균형한 자녀와의 관계 대처

정답 12. ② 13. ②

14 「교육환경 보호에 관한 법」에 근거한 교육환경보호구역의 설정 시 옳지 않은 것은?

① 교육감은 학교경계 또는 학교설립예정지 경계로부터 직선거리 200미터의 범위 안의 지역을 교육환경보호구역을 설정·고시한다.

② 절대보호구역은 직선거리로 50미터까지인 지역을 말한다.

③ 상대보호구역은 학교경계등으로부터 직선거리로 200미터까지인 지역 중 절대보호구역을 제외한 지역을 말한다.

④ 교육감은 학교설립예정지가 통보된 날부터 60일 이내에 교육환경보호구역을 설정·고시하여야 한다.

해설 교육환경보호구역의 설정 등

1	교육감은 학교경계 또는 학교설립예정지 경계(이하 "학교경계등"이라 한다)로부터 직선거리 200미터의 범위 안의 지역을 다음 각 호의 구분에 따라 교육환경보호구역으로 설정·고시하여야 한다.	
	절대보호구역	학교출입문으로부터 직선거리로 50미터까지인 지역(학교설립예정지의 경우 학교경계로부터 직선거리 50미터까지인 지역)
	상대보호구역	학교경계등으로부터 직선거리로 200미터까지인 지역 중 절대보호구역을 제외한 지역
2	학교설립예정지를 결정·고시한 자나 학교설립을 인가한 자는 학교설립예정지가 확정되면 지체 없이 관할 교육감에게 그 사실을 통보하여야 한다.	
3	교육감은 제2항에 따라 학교설립예정지가 통보된 날부터 30일 이내에 제1항에 따른 교육환경보호구역을 설정·고시하여야 한다.	

정답 14. ④

15 PRECEDE-PROCEED 모형의 교육 및 생태학적 진단단계에서 제시한 건강행위 결정에 영향을 주는 요인과 항목이 바르게 짝지어진 것은?

① 조정 요인(Modifying Factor) – 사회적 지지
② 가능 요인(Enabling Factor) – 친구 또는 동료의 영향
③ 강화 요인(Reinforcing Factor) – 보건 의료 및 지역사회 자원의 이용 가능성
④ 성향 요인(Predisposing Factor) – 건강에 대한 신념과 자기 효능

해설 교육 및 생태학적 진단단계에서 제시한 건강행위 결정에 영향을 주는 요인

소인성(성향) 요인	대상자의 지식, 태도, 신념, 가치관, 인식, 신념과 자기 효능
강화성 요인	대상자의 행동과 환경변화에 영향을 미칠 수 있는 다른 관련 변수들, 부모, 고용주, 보건요원, 동료 등의 태도 및 행동
가용성(가능) 요인	사회적 역량이나 체계에 의하여 대상자의 행동이나 환경변화에 장애를 일으킬 수 있는 것들로 자원의 이용성, 자원에 대한 접근성, 서비스의 이용 및 제공에 관한 규칙들, 개인들의 기술

16 모자보건사업의 지표에 대한 설명으로 옳은 것은?

① α-index는 해당 연도의 영아 사망수와 모성 사망수의 비를 나타낸 값이다.
② 영아사망률은 해당 연도의 출생아 수 1,000명에 대하여 동일 기간에 발생한 1세 미만의 사망아 수를 나타낸 값이다.
③ 주산기사망률은 해당 연도의 총 출생아 수에 대하여 동일기간의 임신 12주 이후의 태아 사망수와 생후 28일 미만의 신생아 사망수를 나타낸 값이다.
④ 모성사망률은 해당 연도의 출생아 수에 대하여 동일 연도 임신기간 동안 사망한 여성 전체수를 나타낸 값이다.

정답 15. ④ 16. ②

해설 모자보건사업의 지표

1	a-index는 특정 연도의 영아 사망수와 신생아 사망수의 비를 나타낸 값이다.
2	영아사망률은 해당 연도의 출생아 수 1,000명에 대하여 동일 기간에 발생한 1세 미만의 사망아 수를 나타낸 값이다.
3	주산기사망률은 해당 연도의 총 출산 수에 대하여 동일기간의 임신 28주 이후의 태아 사망수와 생후 1주일 이내의 신생아 사망수를 나타낸 값이다.
4	모성사망률은 15~49세 가임기 여성 수에 대한 모성 사망수로 표시한다.

17 중학생 K군이 폐결핵 진단을 받았다고 학부모가 전화를 한 상황에서 학교가 취한 조치로 옳은 것은?

① 보건교사는 해당 학생의 투베르쿨린 검사(Tuberculin Test) 결과를 가지고 감염력 소실을 판단한 후 등교중지 해지를 결정하였다.

② 감염병의 예방 및 관리에 관한 법률에 의거하여 학교의 장은 결핵 발병 상황을 지체 없이 질병관리본부에 신고하였다.

③ 감염 확산을 막기 위하여 학생의 이름과 상태를 전교생에게 공지한 후 최근 접촉자들에 대해서는 병원 진료를 받도록 조치하였다.

④ 학생과 학부모에게 등교중지 기간은 출석으로 인정된다는 사실을 알려주었다.

해설 결핵

결핵은 치료를 받는 2주까지 격리해야 하므로 등교중지를 시키고 이 기간은 출석으로 인정된다.

정답 17. ④

18 다음과 같이 가족을 설명하는 이론적 관점은?

> • 가족구성원 간의 다양한 내적인 관계뿐만 아니라 가족과 사회와의 관계를 강조한다.
> • 가족 – 사회의 연계 및 가족 강화를 통한 사회 체계 안정에 주안점을 두고 있다.
> • 거시적 관점으로 가족이 사회 통합에 어떻게 기여하는가에 초점을 둔다.

① 일반체계론적 관점　　　　　　　　② 가족발달이론적 관점
③ 구조기능이론적 관점　　　　　　　④ 상징적 상호작용론적 관점

해설 구조기능이론적 관점

1	가족이 사회구조의 하나로서 사회전체의 요구에 가족의 기능이 어느 정도 맞는지에 중점을 두고 있다.
2	상호작용 과정보다 구조 자체와 상호작용의 결과에 중점을 둔다.
3	가족 구성원 간의 다양한 내적인 관계뿐 아니라 가족과 더 큰 사회의 관계를 강조한다.
4	거시적 차원에서는 가족이 사회통합에 어떻게 기여하는가에 초점을 맞춘다.
5	가족 – 사회의 연계 및 가족 강화를 통한 사회 체계 안정에 주안점을 두고 있다.

19 우리나라 노인장기요양보험제도에 대한 설명으로 옳은 것은?

① 대상자의 경제적 수준에 따라 서비스 수혜의 우선 순위가 결정된다.
② 장기요양급여는 가족의 부담을 고려하여 시설급여를 우선적으로 제공하여야 한다.
③ 관리운영기관은 국민건강보험공단이지만 통합 징수한 장기요양보험료와 건강보험료는 각각의 독립회계로 관리한다.
④ 장기요양 인정의 유효기간은 최소 6개월로, 의사 소견을 받아 유효기간을 자동 갱신할 수 있다.

해설 노인장기요양보험제도

1	대상자의 경제적 수준과 서비스 수혜의 우선순위는 관련성이 없다.
2	장기요양급여는 가족의 부담을 고려하여 재가급여를 우선적으로 제공한다.
3	관리운영기관은 국민건강보험공단이지만 통합 징수한 장기요양보험료와 건강보험료는 각각의 독립회계로 관리한다.

정답 18. ③　19. ③

| 4 | 장기요양인정의 유효기간은 최소 1년 이상으로서 대통령령으로 정한다. |

20 세계보건기구가 제시하는 건강도시의 특징으로 옳은 것만을 모두 고른 것은?

> ㄱ. 깨끗하고 안전한 물리적 환경
> ㄴ. 모든 시민의 기본 욕구 충족 노력
> ㄷ. 건강과 복지에 대한 시민 참여
> ㄹ. 모든 시민에 대한 적절한 공중보건 및 치료서비스의 보장

① ㄱ, ㄴ   ② ㄷ, ㄹ
③ ㄱ, ㄴ, ㄷ   ④ ㄱ, ㄴ, ㄷ, ㄹ

해설 건강도시의 특징

1	깨끗하고 안전하며, 질 높은 물리적 환경(주거의 질 포함)
2	현재 안정되고 장기적으로 지속가능한 생태체계
3	상호 협력이 잘 이루어지며, 비착취적인 지역사회
4	건강, 복지에 영향을 미치는 결정에 대한 시민의 참여와 통제
5	모든 시민을 위한 음식, 물, 주거, 안전 등 기본적인 욕구충족
6	광범위하고 다양한 만남, 상호교류와 의사소통의 기회가 있는 폭넓은 경험과 자원으로의 접근
7	다양하고 활기 넘치며 혁신적인 경제
8	역사, 문화적, 생물학적 유산 그리고 타 집단과 개인 간의 연계 조장
9	이상의 특성들과 양립하고 그것을 증진시키는 도시 형태
10	모든 시민에 대한 적절한 공중보건 및 치료서비스의 보장
11	높은 수준의 건강

정답 20. ④

1 다음 중 우리나라 지역사회 간호의 역사적 사건으로 옳은 것은?

① 1990년 「보건소법」이 「지역보건법」으로 개정되면서 지역보건의료계획이 수립되어 포괄적인 보건의료사업이 수행되었다.

② 부분적이고 지역적인 수준에서 시행되던 보건간호사업이 1960년 보건소법이 제정되면서 보건소를 중심으로 전국적인 차원에서 이루어지게 되었다.

③ 국민의 의료에 대한 욕구가 증가하여 1989년 우리나라 최초로 의료보험이 시행되었다.

④ 1985년 정부는 군단위 보건소를 대상으로 보건간호인력 한 명이 세분화된 보건사업을 통합하여 제공하는 통합보건사업을 시도하였다.

📝해설 우리나라 지역사회 간호의 역사적 사건

1	1995년에 「보건소법」이 「지역보건법」으로 전면 개정되어 보건소 중심의 지역사회간호사업이 더욱 확대되는 계기가 되었다.
2	1956년 「보건소법」이 제정되어 부분적이고 지역적인 수준에서 이루어지던 보건간호사업은 1962년 「보건소법」이 전면 개정됨에 따라 보건소를 중심으로 전국적인 차원에서 이루어졌다.
3	우리나라 최초의 의료보험은 1963년 12월 「의료보험법」 제정으로 시작되었으며 1977년 500인 이상 사업장 근로자 의료보험, 1979년 공무원 및 사립학교 교직원 의료보험, 1989년 전국민 의료보험으로 확대 실시되었다.

2 향우회와 같은 집단은 어떤 지역사회 유형에 해당되는가?

① 기능적 지역사회

② 경제적 지역사회

③ 구조적 지역사회

④ 감정적 지역사회

정답 　1. ④ 　2. ④

감정적 지역사회는 향우회, 장루술 지지집단, 낚시 동호회 등반 클럽 등 지역사회에 대한 감각이나 감성이 중심이 되어 모인 공동체이다.

3 세계보건기구(WHO)는 일차보건의료의 접근에 대하여 4개의 필수요소를 제시하였다. 다음 중 이에 해당되지 않은 것은?

① 접근성(Accessible)

② 달성가능성(Achievable)

③ 주민의 참여(Available)

④ 지불부담 능력(Affordable)

해설 일차보건의료 개념

일차보건의료의 개념에는 접근성, 수용가능성, 주민의 참여, 지불부담 능력 등이 있다.

정답 3. ②

4 우리나라에서 일차보건의료사업에 대한 법적근거를 마련하고 보건진료전담공무원을 양성하는 계기가 된 것은?

① 라론드 보고서
② 오타와 선언
③ 알마아타 선언
④ 몬트리올 의정서

(✍해설) **알마아타 회의**

세계보건기구는 1977년 'Health For All By The Year 2000' 이라는 인류건강 실현목표를 설정하고, 1978년 구소련의 알마아타 회의에서 그 목표를 실현하는 접근방법으로 일차보건의료를 제시하였다. 이 회의에서는 국가 간 또는 국가 내에서의 보건의료불균형 상태에 우려를 표명하고 건강은 인간의 기본권으로서 건강의 향상은 오늘날 전 세계가 당면한 사회개발 목표임을 재확인하였다. 또한 우리나라에서 일차보건의료사업에 대한 법적근거를 마련하고 보건진료전담공무원을 양성하는 계기가 되었다.

5 다음에 해당하는 SWOT 전략은?

> 공격적 전략을 의미 : 사업구조, 영역 및 시장의 확대

① SO 전략(Strength-Opportunity Strategy)
② ST 전략(Strength-Threat Strategy)
③ WO 전략(Weakness-Opportunity Strategy)
④ WT 전략(Weakness-Threat Strategy)

(✍해설) **SO 전략(Strength-Opportunity Strategy)**

〈S-Strength, 강점〉

개념	• 조직 내부에 초점을 맞추며 조직의 장점이 되는 요소 및 활동이다. • 조직의 역사 및 체계, 직원 간의 응집력, 직원들의 업무에 대한 열의, 인적 및 물적 자원의 확보, 사업구조, 영역 및 시장의 확대, 서비스 전달능력 등이 강점으로 고려될 수 있다.
특징	• 조직 내부의 강점 분석에 초점을 둔다. • 조직의 목적을 효과적으로 달성시키는데 도움을 줄 수 있는 요인이다. • 조직의 모든 강점을 정리한다.

정답 4. ③ 5. ①

〈O-Opportunity, 기회〉

개념	• 외부와의 환경적 요인이 잘 규합되면 조직의 목적 달성에 상당한 혜택을 줄 수 있는 요소 및 활동이다. • 지역사회에서의 인지도, 입지적 조건, 자원봉사자 확보, 프로그램의 성공을 통한 홍보 등이 기회로 고려될 수 있다.
특징	• 조직의 목적 달성과 운영에 도움이 되는 요인이다. • 조직의 발전에 기여할 수 있는 긍정적인 외적 요인이다.

6 2015년 5월 18일 개정된 「지역보건법」 상 보건소의 기능 및 업무 중 주민의 건강 증진 및 질병예방과 관리를 위한 지역보건 의료서비스에 해당하는 것은?

① 급성질환의 질병관리에 관한 사항
② 생활습관 개선 및 건강생활 실천에 관한 사항
③ 보건에 관한 실험 또는 검사에 관한 사항
④ 정신건강증진 및 생명존중에 관한 사항

해설 지역보건 의료서비스

지역주민의 건강증진 및 질병예방·관리를 위한 다음 각 목의 지역보건의료서비스를 제공한다.

1	국민건강증진·구강건강·영양관리사업 및 보건교육
2	감염병의 예방 및 관리
3	모성과 영유아의 건강유지·증진
4	여성·노인·장애인 등 보건의료 취약계층의 건강유지·증진
5	정신건강증진 및 생명존중에 관한 사항
6	지역주민에 대한 진료, 건강검진 및 만성질환 등의 질병관리에 관한 사항
7	가정 및 사회복지시설 등을 방문하여 행하는 보건의료사업

정답 6. ④

7 아래의 인구통계 자료로 알 수 있는 지역 A의 특성은?

> **지역 A의 인구통계 자료**
> - α-index : 1.03
> - 노령화지수 : 376.1
> - 유소년 부양비 : 18.9
> - 경제활동연령인구비율 : 52.7

① 노인 부양에 대한 사회적 대책과 전략이 요구된다.
② 지역사회의 영아사망 및 모성사망 감소에 대한 요구가 높다.
③ 고출생 저사망으로 인한 인구억제 및 가족계획 정책이 요구된다.
④ 근대화 과정의 초기로서 사망률 저하를 위한 환경개선사업이 요구된다.

✍️해설) **노령화지수**

노령화지수는 유년인구에 대한 노년인구의 비율로 위 지역은 노인 부양에 대한 사회적 대책과 전략이 요구된다.

8 본인이 결핵에 걸릴 가능성을 실제보다 과소평가하는 대상자에게 높은 결핵 발생률에 대한 정보를 제공하여 결핵검진 및 예방행동을 증진하는 데 활용할 수 있는 이론 또는 모형으로 가장 적합한 것은?

① 건강신념 모형
② 합리적행동 이론
③ 임파워먼트 이론
④ 건강증진 모형

✍️해설) **건강신념 모형**

1	건강신념 모형은 인지가 의사결정에 가장 중요한 역할을 하는 것으로 본다.
2	실제 사실보다는 어떤 행동을 일으키는 특정한 신념에 대한 예측이 더 중요하다는 것이다. 즉, 신념은 어떤 행동의 결과에 대한 기대를 불러일으키게 된다.

정답) 7. ① 8. ①

| 3 | 어떤 사람들은 건강행위를 잘 하는데 왜 어떤 사람은 좋은 것을 알면서도 건강행위에 참여하지 못하는지 그 이유를 설명하는데 사용되는 모형이다. |
| 4 | 이 모델은 질병과 관련된 행위를 설명하는데 적합하게 사용되기 때문에 질병 예방이나 질병 조기 발견을 위한 행위들을 설명하는데 적합하다. |

9 사업장의 보건관리자는 근로자를 대상으로 변화단계이론(Stage Of Change Theory)에 따라 금연프로그램을 실시하고 있다. 금연을 지속적으로 실천한 지 4개월 된 근로자가 금연상담을 위해 보건실에 방문하였다. 이 근로자에게 적합하게 적용할 수 있는 단계는?

① 인식단계(Contemplation Stage)
② 준비단계(Preparation Stage)
③ 행동단계(Action Stage)
④ 유지단계(Maintenance Stage)

해설 **행동단계**

행동단계는 건강한 생활습관을 갖기 위하여 노력하는 단계로 개인적인 시간과 노력을 상당히 투자하여야 하는 기간이다. 이 단계는 사람에 따라 1일~6개월 정도 지속되며 이 기간 중에는 건강행동이 일정하게 지속되지는 않는다. 이 시기의 활동은 행동변화가 완성된 상태와 동등하게 보이는 경우가 종종 있지만, 변화단계 이론에서는 행동변화가 완성되기 위한 하나의 과정에 불과하다.

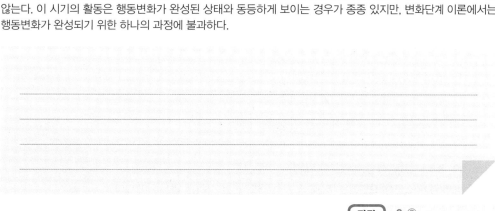

정답 9. ③

10 다음 중 대사증후군 진단 시 사용하는 요소 및 기준으로 옳지 않은 것은?

① 혈압 130/85mmHg 이상
② 중성지방 150mg/dL 이상
③ 공복 시 혈당 100mg/dL 이상
④ 체질량 지수 25kg/m² 이상

✎해설) 대사증후군 진단 기준

복부비만	허리둘레 ≥ 90cm(남), ≥85cm(여)
고중성지방혈증	중성지방 ≥ 150mg/dL 혹은 치료제 복용
낮은 HDL 콜레스테롤혈증	〈40mg/dL(남), 〈 50mg/dL(여) 혹은 치료제 복용
혈압	≥180/85mmHg 혹은 고혈압 치료제 복용
혈당장애	공복혈당 ≥ 100mg/dL 혹은 제2형 당뇨병

11 PRECEDE–PROCEED 모형의 교육적 진단단계에서 수집해야 할 성향요인은?

① 건강행위에 대한 피드백
② 건강행위 관련 지식 및 인식
③ 행위를 촉진하는 학습자의 기술
④ 건강행위 변화를 방해하는 환경적 자원

✎해설) 성향(경향, 소인성) 요인

성향(경향, 소인성) 요인에는 대상자의 지식, 태도, 신념, 가치관, 인식 등이 있다.

정답) 10.④ 11.②

12 Bloom이 제시한 인지적 영역 학습목표의 수준이 올바르게 나열된 것은?

    ← 낮은 수준   높은 수준 →

① 지식 → 적용 → 이해 → 종합 → 분석 → 평가

② 지식 → 이해 → 적용 → 종합 → 분석 → 평가

③ 지식 → 이해 → 적용 → 분석 → 종합 → 평가

④ 지식 → 적용 → 이해 → 분석 → 종합 → 평가

해설 인지적 영역 학습목표의 수준

Bloom이 제시한 인지적 영역 학습목표의 수준은 지식 → 이해 → 적용 → 분석 → 종합 → 평가의 순서로 진행된다.

정답 12. ③

13 보건소의 방문간호사가 동 주민센터에 근무하는 사회복지사로부터 방문간호 대상자를 의뢰받았다. 방문간호사는 다음날 의뢰받은 대상자의 가정을 방문하여 가족 중 가장 취약한 가족원을 확인하고 그를 중심으로 가족 내, 친척, 친구, 이웃, 직장 동료, 그 외 지역사회기관과의 지지와 상호작용을 조사하였다. 방문간호사가 사용한 가족 사정도구는 무엇인가?

① 외부체계도
② 사회지지도
③ 가계도
④ 가족밀착도

✎**해설** 사회지지도

사회지지도는 가족 내 가장 취약한 가구원을 중심으로 가족 내부 뿐 아니라 외부와의 상호작용을 확인할 수 있는 도구이다. 즉, 가족지지체계의 양상을 전반적으로 이해할 수 있도록 도와줄 뿐 아니라 가족의 문제를 해결할 때 누구를 중심으로 시작할 것인지, 또 어떻게 지지체계를 활용할 수 있을 것인지를 알려준다.

14 다음 중 「노인복지법」에 규정된 노인의료 복지시설로만 묶인 것은?

① 노인공동생활가정, 단기요양시설
② 방문요양시설, 노인요양시설
③ 노인요양시설, 노인요양공동생활가정
④ 노인요양시설, 단기요양시설

정답 13. ② 14. ③

노인의료복지시설

노인요양시설	치매·중풍 등 노인성질환 등으로 심신에 상당한 장애가 발생하여 도움을 필요로 하는 노인을 입소시켜 급식·요양과 그 밖에 일상생활에 필요한 편의를 제공함을 목적으로 하는 시설
노인요양공동 생활가정	치매·중풍 등 노인성질환 등으로 심신에 상당한 장애가 발생하여 도움을 필요로 하는 노인에게 가정과 같은 주거여건과 급식·요양, 그 밖에 일상생활에 필요한 편의를 제공함을 목적으로 하는 시설

15 A근로자는 건강진단 결과, D_1로 판정 받았다. A근로자에게 적합한 건강관리 내용으로 옳은 것은?

① 건강관리상 사후관리가 필요 없다.
② 직업성 질병의 소견을 보여 사후관리가 필요하다.
③ 직업성 질병으로 진전될 우려가 있어 추적검사 등 관찰이 필요하다.
④ 일반건강진단에서 질환이 의심되어 2차 건강진단이 필요하다.

해설 D_1

D_1은 직업성 질환의 소견을 보여 사후관리가 필요한 자(직업병 유소견자)로 직업성 질병으로 진전될 우려가 있어 추적검사 등 관찰이 필요하다.

정답 15. ②

16 다음 중 산업재해를 파악하는 지표에 대한 설명으로 옳지 않은 것은?

① 천인율은 근로자 1,000명당 재해로 인한 사망자 수의 비율을 의미한다.

② 도수율은 1,000,000 근로시간당 재해발생 건수를 의미한다.

③ 사망만인율은 근로자 10,000명당 재해로 인한 사망자 수의 비율을 의미한다.

④ 강도율은 1,000 근로시간당 재해로 인한 근로 손실일수를 의미한다.

해설 **천인율(재해율)**

천인율(재해율)은 근로자 100명 혹은 1000명당 발생하는 재해자수의 비율을 의미한다.

17 운동 부족과 심혈관질환 발생과의 관계를 알아보기 위해 환자-대조군 연구를 실시하였다. 아래 표와 같은 결과가 나왔을 때 운동 부족과 심혈관질환 발생 간의 교차비는 얼마인가?

	심혈관질환 발생 (환자군)	심혈관질환 비발생 (대조군)
운동 부족	120	880
운동 실시	48	952

① $\left(\dfrac{880}{952}\right)/\left(\dfrac{120}{48}\right)$

② $\left(\dfrac{120}{48}\right)/\left(\dfrac{880}{952}\right)$

③ $\left(\dfrac{120}{168}\right)/\left(\dfrac{880}{1,832}\right)$

④ $\left(\dfrac{48}{1,000}\right)/\left(\dfrac{120}{1,000}\right)$

해설 **교차비**

교차비는 $\left(\dfrac{A}{C}\right)/\left(\dfrac{B}{D}\right)$이므로 $\left(\dfrac{120}{48}\right)/\left(\dfrac{880}{952}\right)$이다.

정답 16. ① 17. ②

18 **검사방법의 타당도에 대한 설명으로 가장 옳은 것은?**

① 특이도가 낮으면 양성예측도가 감소한다.
② 민감도가 증가하면 특이도가 함께 증가한다.
③ 진단 기준의 경계값을 올리면 민감도가 증가한다.
④ 유병률이 높은 질환은 특이도가 높은 검사방법을 이용한다.

해설 **타당도**

1	특이도가 낮으면 양성예측도가 감소한다.
2	민감도가 증가하면 특이도는 낮아진다.
3	진단 기준의 경계값을 올리면 민감도가 감소한다.
4	유병률이 높은 질환은 민감도가 높은 검사방법을 이용한다.

정답 18. ①

19 다음 설명에 해당하는 역학연구 방법으로 옳은 것은?

> 대상 질병에 걸리지 않은 표본 집단을 선정하여 질병발생의 원인으로 가정한 요인의 노출 여부 자료를 수집한 후, 일정 기간 계속 관찰하여 질병 발생 여부 자료를 수집함

① 실험연구
② 전향적 코호트 연구
③ 환자-대조군 연구
④ 후향적 코호트 연구

해설 전향적 코호트 연구

1	현 시점을 기준으로 앞으로의 결과를 검토하는 것이다.
2	대상 질병에 걸리지 않은 표본 집단을 선정하여 질병발생의 원인으로 가정한 요인의 노출 여부 자료를 수집한 후, 일정 기간 계속 관찰하여 질병 발생 여부 자료를 수집한다.

20 재난이 발생했을 때 중증도 분류체계에 따라 환자를 4개의 중증도로 분류하고 있으며, 이를 색깔로 나타내고 있다. 부상이 크지 않아 치료를 기다릴 수 있는 환자로서 대부분 보행이 가능하며 이송이 필요 없고 현장에서 처치 후 귀가할 수 있는 상태를 나타내는 색깔은?

① 빨강(적색)
② 노랑(황색)
③ 초록(녹색)
④ 검정(흑색)

해설 재난 시 중증도 분류체계

1순위 (긴급환자, 빨강, 적색)	• 치명적이거나 사지절단의 위험이 있는 손상, ABC의 지속적인 손상이 있는 상태이다. • 부상이 심각하지만 최소한의 시간이나 자원으로 치료될 수 있으며 치료 후 생존할 것으로 예상되는 환자들이다.
2순위 (응급환자, 노랑, 황색)	• 최종적인 치료가 필요하지만 초기 처치가 지연되어도 악화되지 않는 상태이다. • 부상이 심하지만 발병할 위험성 없이 치료가 지연되어도 괜찮은 환자들이다.
3순위 (경증환자, 초록, 녹색)	• 이송이 필요 없고 현장에서 처치 후 귀가 할 수 있는 상태 • 부상이 크지 않아 치료를 기다릴 수 있는 환자들로 대부분 보행이 가능한 환자들이다. 이 환자들은 부상이 더 심각한 환자의 부상을 치료한 후 치료해도 된다.
4순위 (지연환자, 검정, 흑색)	• 생존의 가능성이 희박한 중증 손상상태이다. • 부상이 너무 심각하여 많은 양의 자원을 사용할 경우에도 생존할 가능성이 희박하거나 없는 환자를 말한다. • 사망 : 사체

정답 20. ③

1 **지역사회 사정 시 자료 수집에 대한 설명으로 옳지 않은 것은?**

① 참여관찰법은 주민들의 자발적 참여 정도를 파악할 수 있다.

② 공공기관의 연보 및 보고서 등 이차 자료를 활용할 수 있다.

③ 간접법은 자료 수집 기간이 길고 비용이 많이 든다.

④ 기존 자료의 타당성이 문제될 때 직접법을 활용한다.

(해설) **직접법**

직접법은 자료수집 기간이 길고 비용이 많이 든다.

2 **보건교육 방법 중 집단토의(Group Discussion)에 대한 설명으로 옳지 않은 것은?**

① 모든 학습자가 토의의 목적을 이해해야 효과적이다.

② 교육자는 적극적으로 토의에 개입한다.

③ 타인의 의견을 존중하고 양보함으로써 사회성을 높인다.

④ 학습자는 능동적으로 학습에 참여할 수 있다.

(해설) **집단토론, 집단토의**

1	모든 학습자가 토의의 목적을 이해해야 효과적이다.
2	토론에서 참가자들이 의문을 제기하고 서로 생각을 분명히 나누기 때문에 교육자는 적극적으로 토의에 개입할 수 없다.
3	다른 사람들의 의견을 존중하고 반성적 사고능력이 생긴다.
4	학습자들이 학습목표 도달 정도에 능동적으로 참여할 수 있는 기회를 경험할 수 있다.

정답 1. ③ 2. ②

3 전파가능성을 고려하여 발생 또는 유행 시 24시간 이내에 신고하여야 하고, 격리가 필요한 감염병은?

ㄱ. 백일해	ㄴ. 풍진
ㄷ. 한센병	ㄹ. E형 간염

① ㄱ, ㄴ   ② ㄱ, ㄴ, ㄷ

③ ㄴ, ㄷ, ㄹ   ④ ㄱ, ㄴ, ㄷ, ㄹ

📎 **해설**

"제2급감염병"이란 전파가능성을 고려하여 발생 또는 유행 시 24시간 이내에 신고하여야 하고, 격리가 필요한 다음 각 목의 감염병을 말한다. 다만, 갑작스러운 국내 유입 또는 유행이 예견되어 긴급한 예방 · 관리가 필요하여 보건복지부장관이 지정하는 감염병을 포함한다.

가. 결핵(結核)	나. 수두(水痘)	다. 홍역(紅疫)
라. 콜레라마. 장티푸스	바. 파라티푸스	사. 세균성이질
아. 장출혈성대장균감염증	자. A형간염	차. 백일해(百日咳)
카. 유행성이하선염(流行性耳下腺炎)	타. 풍진(風疹)	파. 폴리오
하. 수막구균 감염증	거. b형헤모필루스인플루엔자	너. 폐렴구균 감염증
더. 한센병	러. 성홍열	
머. 반코마이신내성황색포도알균(VRSA) 감염증		
버. 카바페넴내성장내세균속균종(CRE) 감염증		
서. E형간염		

4 다음 표에 제시된 대장암 선별 검사의 민감도[%]는?

구분		대장암		합계
		유	무	
대장암 선별 검사	양성	80	30	110
	음성	20	870	890
합계		100	900	1,000

① $\dfrac{80}{100} \times 100$

② $\dfrac{870}{900} \times 100$

③ $\dfrac{80}{110} \times 100$

④ $\dfrac{870}{890} \times 100$

✎해설) 민감도

민감도 = $\dfrac{\text{검사 양성 수}}{\text{총환자 수}} \times 100$이므로 답은 ①번이다.

5 보건소에 대한 설명으로 옳은 것은?

① 「보건의료기본법」에 따라 시·군·구별로 1개씩 설치한다.

② 보건복지부로부터 인력과 예산을 지원받는다.

③ 매 5년마다 지역보건의료계획을 수립한다.

④ 관할 구역 내 보건의료기관을 지도 및 관리한다.

✎해설) 보건소

1	「지역보건법」에 따라 시·군·구별로 1개씩 설치한다.

정답 4. ① 5. ④

2	행정안전부로부터 인력과 예산을 지원받는다.
3	매 4년마다 지역보건의료계획을 수립한다.
4	관할 구역 내 보건의료기관을 지도 및 관리한다.

6 「감염병의 예방 및 관리에 관한 법률」 제2조 제8호에 따른 세계보건기구 감시 대상 감염병만을 모두 고른 것은?

ㄱ. 두창	ㄴ. 폴리오
ㄷ. 중증급성호흡기증후군(SARS)	ㄹ. 신종인플루엔자

① ㄱ, ㄷ
② ㄱ, ㄴ, ㄹ
③ ㄴ, ㄷ, ㄹ
④ ㄱ, ㄴ, ㄷ, ㄹ

(해설) **세계보건기구 감시대상 감염병**

"세계보건기구 감시대상 감염병"이란 세계보건기구가 국제공중보건의 비상사태에 대비하기 위하여 감시대상으로 정한 질환으로서 보건복지부장관이 고시하는 감염병을 말하며, 두창, 폴리오, 신종인플루엔자, 중증급성호흡기증후군(SARS), 콜레라, 폐렴형 페스트, 황열, 바이러스성 출혈열, 웨스트나일열 등이 있다.

정답 6. ④

7 **지역사회간호사업 기획에 대한 설명으로 옳지 않은 것은?**

① 우선순위를 고려하여 자원을 배분한다.

② 기획 과정에 이해관계자의 참여를 배제한다.

③ 미래를 예측하여 필요한 활동을 결정한다.

④ 환경요건의 변화에 따라 계획된 활동을 변경한다.

해설 **기획 과정**

기획 과정에서 이해관계자의 참여를 포함시켜야 한다.

8 **「의료급여법」상 수급권자에 해당하지 않는 사람은?**

① 「재해구호법」에 따른 이재민으로서 보건복지부장관이 의료급여가 필요하다고 인정한 사람

② 「의사상자 등 예우 및 지원에 관한 법률」에 따라 의료급여를 받는 사람

③ 「입양특례법」에 따라 국내에 입양된 20세 미만의 아동

④ 「국민기초생활 보장법」에 따른 의료급여 수급자

해설 **「의료급여법」의 수급권자**

1	「국민기초생활 보장법」에 따른 의료급여 수급자
2	「재해구호법」에 따른 이재민으로서 보건복지부장관이 의료급여가 필요하다고 인정한 사람
3	「의사상자 등 예우 및 지원에 관한 법률」에 따라 의료급여를 받는 사람
4	「입양특례법」에 따라 국내에 입양된 18세 미만의 아동
5	「독립유공자예우에 관한 법률」, 「국가유공자 등 예우 및 지원에 관한 법률」 및 「보훈보상대상자 지원에 관한 법률」의 적용을 받고 있는 사람과 그 가족으로서 국가보훈처장이 의료급여가 필요하다고 추천한 사람 중에서 보건복지부장관이 의료급여가 필요하다고 인정한 사람
6	「무형문화재 보전 및 진흥에 관한 법률」에 따라 지정된 국가무형문화재의 보유자(명예보유자를 포함한다)와 그 가족으로서 문화재청장이 의료급여가 필요하다고 추천한 사람 중에서 보건복지부장관이 의료급여가 필요하다고 인정한 사람

정답 7. ② 8. ③

7	「북한이탈주민의 보호 및 정착지원에 관한 법률」의 적용을 받고 있는 사람과 그 가족으로서 보건복지부장관이 의료급여가 필요하다고 인정한 사람
8	「5·18민주화운동 관련자 보상 등에 관한 법률」 제8조에 따라 보상금 등을 받은 사람과 그 가족으로서 보건복지부장관이 의료급여가 필요하다고 인정한 사람
9	「노숙인 등의 복지 및 자립지원에 관한 법률」에 따른 노숙인 등으로서 보건복지부장관이 의료급여가 필요하다고 인정한 사람
10	그 밖에 생활유지 능력이 없거나 생활이 어려운 사람으로서 대통령령으로 정하는 사람

9 사회생태학적 모형을 적용한 건강증진사업에서 건강 영향 요인별 전략의 예로 옳지 않은 것은?

① 개인적 요인 – 개인의 지식·태도·기술을 변화시키기 위한 교육
② 개인 간 요인 – 친구, 이웃 등 사회적 네트워크의 활용
③ 조직 요인 – 음주를 감소시키기 위한 직장 회식문화 개선
④ 정책 요인 – 지역사회 내 이벤트, 홍보, 사회 마케팅 활동

해설) 정책요인

정책 요인에는 인력, 물자, 시설, 예산 등에서 개선할 수 있는 방안이 있다.

10 제1차 국제건강증진회의(캐나다 오타와)에서 건강증진 5대 활동전략이 발표되었다. 다음 글에 해당하는 전략은?

> • 보건의료 부문의 역할은 치료와 임상서비스에 대한 책임을 넘어서 건강증진 방향으로 전환해야 한다.
> • 건강증진의 책임은 개인, 지역사회, 보건전문인, 보건 의료기관, 정부 등이 공동으로 분담한다.

① 보건의료서비스의 방향 재설정   ② 건강 지향적 공공정책의 수립
③ 지지적 환경 조성   ④ 지역사회활동의 강화

✎해설) 캐나다 오타와 대회의 보건의료제도의 방향 재설정

보건의료 부문의 역할은 치료와 임상 서비스에 대한 책임을 넘어서 건강증진 방향으로 전환해야 하며, 건강증진의 책임은 개인, 지역사회, 보건전문인, 보건 의료기관, 정부 등이 공동으로 분담해야 한다.

11 보건사업의 우선순위를 결정하기 위해 사용되는 BPRS(Basic Priority Rating System)에 대한 설명으로 옳은 것은?

① 사용자의 주관적 판단을 배제하는 것이 가능하다.
② 문제의 크기는 건강 문제로 인한 경제적 손실에 따라 결정된다.
③ 문제의 심각성은 건강문제를 가진 인구 비율에 따라 결정된다.
④ 사업의 추정 효과가 우선순위 결정에 영향을 미친다.

✎해설) BPRS

1	사용자의 주관적 판단을 배제할 수 없다.
2	문제의 크기는 건강문제를 지닌 인구비율을 반영하여 점수를 부여하는 방식으로 유병률 및 발생률의 크기를 점수화하는 방법이다.

정답) 10. ①   11. ④

3	문제의 심각성은 건강문제의 심각한 정도를 반영하여 긴급성, 경중도, 경제적 손실, 타인에의 영향 변수 항목을 이용한다.
4	사업의 추정효과는 사업의 최대효과와 최소효과를 추정하여 점수화하는 방법으로 우선순위 결정에 영향을 미친다.

---

12 「산업안전보건법」 시행규칙 상 근로자 일반건강진단의 실시 횟수가 옳게 짝지어진 것은?

> 사무직 종사 근로자   그 밖의 근로자

① 1년에 1회 이상   1년에 1회 이상
② 1년에 1회 이상   1년에 2회 이상
③ 2년에 1회 이상   1년에 1회 이상
④ 2년에 1회 이상   1년에 2회 이상

📝해설 「산업안전보건법」 시행규칙 상 건강진단의 실시 시기

사업주는 상시 사용하는 근로자 중 사무직에 종사하는 근로자(공장 또는 공사현장과 같은 구역에 있지 아니한 사무실에서 서무·인사·경리·판매·설계 등의 사무업무에 종사하는 근로자를 말하며, 판매업무 등에 직접 종사하는 근로자는 제외한다)에 대해서는 2년에 1회 이상, 그 밖의 근로자에 대해서는 1년에 1회 이상 일반건강진단을 실시하여야 한다.

12. ③

13 다음 글에서 설명하는 작업환경관리의 기본 원리는?

> 유해 화학 물질을 다루기 위해 원격조정용 장치를 설치하였다.

① 격리
② 대치
③ 환기
④ 개인보호구

✎해설) **격리**

격리란 작업장과 유해인자 사이를 물체, 거리, 시간 등으로 차단하는 방법으로 최근 자동화 및 원격조정 기술 등의 발달로 유용한 원칙으로 대두되고 있다.

14 우리나라 가족 기능의 변화 양상에 대한 설명으로 옳지 않은 것은?

① 산업화로 인하여 소비단위로서의 기능이 증가하였다.
② 학교 등 전문 교육기관의 발달로 교육 기능이 축소되고 있다.
③ 사회보장제도의 축소로 인하여 가족구성원 간의 간병 기능이 확대되고 있다.
④ 건강한 사회 유지를 위한 애정적 기능은 여전히 중요하다.

✎해설) **사회보장제도**

사회보장제도가 대폭 완화되고 특히 가족 구성원 간의 간병 기능은 이제 개인의 책임이 아닌 사회적 책임으로 확대되고 있다.

정답 ▸ 13. ① 14. ③

15 다음 A지역의 성비유형 및 성비는?

> 2016년 A지역에 남아 90명과 여아 100명이 출생하였다.

① 1차 성비, $\dfrac{90}{100} \times 100$

② 1차 성비, $\dfrac{100}{90} \times 100$

③ 2차 성비, $\dfrac{90}{100} \times 100$

④ 2차 성비, $\dfrac{100}{90} \times 100$

해설 성비

출생 시의 성비는 2차 성비로 여자 100명에 대한 남자의 수로 표시되며 성비 = $\dfrac{\text{남자 수}}{\text{여자 수}} \times 100$이다.

16 가족 사정 방법에 대한 설명으로 옳은 것은?

① 가족 참여를 배제하여 객관성을 유지한다.
② 취약한 가구원은 사회지지도의 가장 바깥 원에 표시한다.
③ 가구원의 개인별 문제에 초점을 맞춘다.
④ 가족의 다양성과 변화성에 대한 인식을 가지고 접근한다.

해설 가족 사정 방법

1	가족이 함께 사정에서부터 전 과정에 참여하게 한다.
2	취약한 가구원은 사회지지도의 가장 안쪽 원에 표시한다.
3	가구원보다는 가족 전체에 초점을 맞춘다.
4	정상가족이라는 일반적인 고정관념을 버리고 가족의 다양함과 변화성에 대한 인식을 가지고 접근한다.

17 다음 표에 제시된 전향성 코호트 연구 결과에서 위험요인의 질병발생에 대한 기여위험도(Attributable Risk)는?

구분		질병		합계
		유	무	
위험 요인	유	a	b	a + b
	무	c	d	c + d
합계		a + c	b + d	a + b + c + d

① $\dfrac{a}{a+b} - \dfrac{c}{c+d}$

② $\dfrac{b}{a+b} - \dfrac{d}{c+d}$

③ $\dfrac{a}{a+c} - \dfrac{b}{b+d}$

④ $\dfrac{c}{a+c} - \dfrac{d}{b+d}$

🖎해설 기여위험도

기여위험도는 질병 발생 간의 차이를 산출하여 질병 발생에서 특정요인 노출이 기여하는 정도가 얼마인가를 알 수 있는 데 사용되며 기여위험도 = 노출군의 발생률 − 비노출군의 발생률이다.

18 「의료법」상 의료기관에 대한 설명으로 옳지 않은 것은?

① 의료기관은 의원급 의료기관, 조산원, 병원급 의료기관으로 구분한다.
② 전문병원 지정은 병원급 의료기관을 대상으로 한다.
③ 상급종합병원은 20개 이상의 진료과목을 갖추어야 한다.
④ 종합병원은 300개 이상의 병상을 갖추어야 한다.

🖎해설 종합병원

종합병원은 100개 이상의 병상을 갖추어야 한다.

정답 17. ① 18. ④

19 제4차 국민건강증진종합계획(HP2020)의 정책 효과를 측정하기 위해 설정한 대표 지표가 아닌 것은?

① 모성사망비　　　　　　　　　　② 영아사망률
③ 건강식생활 실천율　　　　　　　④ 노인 삶의 질

───────────────────────────

해설) 노인건강 대표지표

노인건강의 대표지표에는 노인활동 제한율 – 일상생활수행능력, 장애율 등이 포함되어 있다.

20 블룸(Bloom)의 심리운동 영역에 해당하는 학습목표는?

① 대상자는 운동의 장점을 열거할 수 있다.
② 대상자는 지도자의 지시에 따라 맨손체조를 실시할 수 있다.
③ 대상자는 만성질환 관리와 운동 효과를 연관시킬 수 있다.
④ 대상자는 운동이 자신에게 매우 이롭다고 표현한다.

───────────────────────────

해설) 블룸(Bloom)

블룸의 심리운동 영역은 신체적 행위를 통한 신체적 능력과 기능을 발달시키는 것과 연관된 영역으로 답은 ②번이 적절하다.

정답 19. ④　20. ②

1 **(가), (나)에 해당하는 지역사회간호사의 역할은?**

> (가) 간호직 공무원 A씨는 지체장애인 B씨의 대사증후군관리 방안을 수립하기 위해 영양사, 운동치료사와 팀회의를 실시하였다. 회의 결과, B씨는 복부비만, 고혈압, 당뇨가 심각한 수준이지만 장애로 인해 보건소 방문이 어려우므로 가정방문을 실시하기로 하였다.
>
> (나) 가정방문을 실시한 A씨는 B씨에게 식이조절을 포함한 대사증후군 관리 방법을 설명하였다.

	(가)	(나)		(가)	(나)
①	협력자	교육자	②	협력자	의뢰자
③	연구자	의뢰자	④	연구자	교육자

해설) 지역사회간호사의 역할

협력자	다른 건강요원들과의 의사소통, 공통의사결정에 참여, 대상자의 문제해결을 위한 공동활동에 참여한다.
교육자	대상자가 건강문제와 관련된 결정에 필요한 지식을 제공하고 질병에 대한 인식을 돕는 것, 건강에 관련된 습관, 건강증진 행위 등에 필요한 사항을 교육하는 역할(대상자의 교육 요구를 사정하여 보건교육을 실시)을 한다.

2 **치매예방사업의 구조·과정·결과 평가를 실시하고자 할 때 구조평가를 위해 요구되는 자료는?**

① 치매 조기검진 이수율   ② 치매예방교육 참여율
③ 치매예방사업 담당자 수   ④ 치매예방 캠페인 만족도

정답 ▶ 1. ①   2. ③

간호가 제공된 환경에 초점을 두고 양질의 간호가 제공되기에 좋은 환경이었는지 평가하는 것으로 인력(인력확보율, 면허자격증 소지율 등), 예산, 물품 및 장비, 가족간호사업조직체계가 있다.

3 가족간호 사정도구에 대한 설명으로 옳은 것은?

① 외부체계도 – 가족 내부 구성원의 상호관계와 밀착관계만을 알 수 있다.

② 가족밀착도 – 가족구성원의 결혼, 이혼, 사망, 질병력과 같은 중요한 사건을 점선으로 도식화한다.

③ 가족생활사건 – 가족의 역사 중에서 중요하다고 생각되는 사건들을 시간 순으로 열거한 것이다.

④ 사회지지도 – 가장 취약한 가족구성원을 중심으로 부모·형제, 친구와 직장동료, 기관 등 외부와의 상호작용을 그린 것이다.

해설) 가족간호 사정도구

외부체계도	• 가족관계와 외부체계와의 관계를 그림으로 나타내는 도구를 말한다. • 가족 생활과 다양한 외부체계와의 상호작용의 특성과 가족과 외부환경 사이의 중요한 지지적인 관계, 스트레스를 유발하는 관계, 자원과 자원의 부족을 표현한다.
가족밀착도	• 현재 동거하고 있는 가족 구성원 간의 애정적 결속력, 밀착관계, 애착 정도, 갈등 정도를 알 수 있다. • 가족 구성원 간의 밀착관계와 상호관계를 그림으로 도식화, 가족의 구조뿐만 아니라 구조를 구성하고 있는 관계의 본질을 파악한다.
가족생활사건 도구	• 가족이 경험하는 일상사건의 수를 표준화한 도구를 말한다.
사회지지도	• 가족 내 가장 취약한 가구원을 중심으로 가족관계를 나타내고, 자원활용과 개발할 수 있는 것을 확인하여 가족 내·외의 상호작용을 확인할 수 있는 가족사정도구이다.

정답 3.④

4 **가족간호과정에 대한 설명으로 옳지 않은 것은?**

① 문제가 있는 가구원만을 대상으로 사정한다.

② 가족의 문제점뿐만 아니라 강점도 함께 사정한다.

③ 간호사가 전화면담을 통해 가족으로부터 직접 얻은 자료는 일차자료이다.

④ 정상가족이라는 고정관념을 버리고 가족의 다양성과 변화성에 대한 인식을 가진다.

📝**해설** **가족간호과정**

문제가 있는 가구원만을 대상으로 하지 않고 가족 전체의 취약점에 초점을 맞춘다.

5 **보건의료체계의 특성 중 괄호 안에 들어갈 내용으로 옳은 것은?**

> 자유방임형과 사회주의형 보건의료체계를 비교하였을 때, (   )은(는) 사회주의형보다 자유방임형 보건의료체계에서 일반적으로 높다.

① 의료서비스 수혜의 형평성

② 의료서비스의 균등 분포

③ 의료서비스의 포괄성

④ 의료서비스 선택의 자유

📝**해설** **자유방임형(자유기업형)**

1	의료 서비스의 제공이나 이용에 정부의 통제나 간섭을 최소화하면서, 민간주도로 이루어진다.
2	자유경쟁을 통해 서비스의 질적 보장이 이루어지고 선택의 자유가 있지만, 비용이 많이 들고 형평성을 보장할 수 없다.

정답 4. ① 5. ④

3	국민이 의료인이나 의료기관을 선택할 자유를 최대한 부여받고, 의료의 책임도 개개인이 진다.
4	의료인 또한 의료의 내용이나 수준 결정에 재량권이 부여되고 있다.
5	미국을 중심으로 독일, 프랑스, 일본, 한국 등이 자유방임형에 속한다.

6 베티 뉴만(Bety Neuman)의 건강관리체계이론에서 일차예방에 해당하는 것은?

① 저항선을 강화함으로써 기본구조를 보호하는 활동
② 기본구조가 파괴되었을 때 발생 가능한 문제를 예방하기 위한 재교육
③ 스트레스원을 제거하거나 유연방어선을 강화하기 위한 보건 교육
④ 스트레스원이 정상방어선을 침입하여 증상이 나타났을 때 문제의 조기발견

해설 건강관리체계이론에서 일차예방

스트레스원을 중재하여 없애거나 약화시키는 활동을 한다. 개인이 직면한 스트레스원 자체를 약화시키거나 중재할 수 없는 종류일 경우에는 유연방어선을 강화함으로써 스트레스원이 정상방어선을 침범하지 못하게 보호한다.

정답 6. ③

7 「지역보건법」 상 보건소의 기능 및 업무 중 '지역주민의 건강증진 및 질병예방·관리를 위한 지역보건의료서비스 제공'에 포함되지 않는 것은?

① 감염병의 예방 및 관리
② 모성과 영유아의 건강유지·증진
③ 건강 친화적인 지역사회 여건 조성
④ 가정 및 사회복지시설 등을 방문하여 행하는 보건의료사업

📎해설 「지역보건법」 제11조

지역주민의 건강증진 및 질병예방·관리를 위한 지역보건의료서비스 제공은 다음과 같다.

1	국민건강증진, 구강건강, 영양관리사업 및 보건교육
2	감염병의 예방 및 관리
3	모성과 영유아의 건강유지·증진
4	여성, 노인, 장애인 등 보건의료 취약계층의 건강유지·증진
5	정신건강증진 및 생명존중에 관한 사항
6	지역주민에 대한 진료, 건강검진 및 만성질환 등의 질병관리에 관한 사항
7	가정 및 사회복지시설 등을 방문하여 행하는 보건의료사업

---

8 브라이언트(Bryant)의 보건사업 우선순위 결정기준 사용 시 고려해야 할 내용만을 모두 고른 것은?

> ㄱ. 만성질환 유병률   ㄴ. 지역주민의 높은 관심
> ㄷ. 만성질환으로 인한 사망률   ㄹ. 보건사업의 기술적 해결가능성

① ㄱ, ㄴ
② ㄷ, ㄹ
③ ㄱ, ㄴ, ㄷ
④ ㄱ, ㄴ, ㄷ, ㄹ

정답 7.③ 8.④

해설 브라이언트(Bryant)의 보건사업 우선순위 결정기준

1	보건문제의 크기(유병률)
2	보건문제의 심각도
3	보건문제의 관리가능성(기술적 해결가능성: 문제의 난이도)
4	지역사회의 관심도(주민의 관심도)

9 「학교보건법령」상 학교 환경위생 기준을 충족하지 못한 것은?

① 소음 : 40dB(교사 내)
② 인공조명 : 150lux(교실 책상면 기준)
③ 비교습도 : 50%
④ 이산화탄소 : 50pm(교실)

해설 학교 환경위생 기준

1	교사 내의 소음 – 55dB 이하로 할 것
2	인공조명 – 교실의 조명도는 책상면을 기준으로 300lux 이상이 되도록 할 것
3	비교습도 – 30% 이상 80% 이하로 할 것
4	이산화탄소 – 1000ppm 이하

정답 9. ②

10 **2016년도 신생아 및 영아 사망 수를 나타낸 표에서 알파인덱스(α-index)를 비교할 때, 건강수준이 가장 높은 경우는?**

사망 수(명) \ 구분	A	B	C	D
신생아 사망 수	5	5	10	10
영아 사망 수	10	6	15	11

① A ② B
③ C ④ D

🖊해설 알파인덱스(α-index)

1	지역사회의 건강수준을 나타내는 대표적인 지표로서 영아사망률이 있으나 더욱 세밀한 평가를 위하여 알파인덱스(영아사망률 ÷ 신생아사망률)를 계산하여 그 값이 1에 가까울 때 보건수준이 가장 높고, 선진국일수록 그 값이 1에 가깝다.
2	알파인덱스의 값이 1이라면 영아사망의 전부가 신생아 사망이라는 것이다. 이는 영아기간 중의 사망이 신생아 고유질환에 의한 사망뿐이라는 뜻으로 해석한다.
3	영아사망이 주로 신생아사망으로 이루어지고 있음을 뜻하며, 예방 가능한 신생아 후기 사망이 거의 없으므로 모자보건 수준이 높음을 의미한다.

---

11 **지역사회간호사의 방문활동 원리에 대한 설명으로 옳은 것은?**

① 하루에 여러 곳을 방문하는 경우 면역력이 높은 대상자부터 방문한다.
② 방문횟수는 인력, 시간, 예산, 자원, 대상자의 건강상태 등을 고려하여 결정한다.
③ 개인정보보호를 위해 방문간호사의 신분을 대상자에게 밝히지 않는다.
④ 지역사회 자원 연계는 방문간호사 활동 영역이 아니므로 수행하지 않는다.

🖊해설 지역사회간호사의 방문활동 원리

1	하루에 여러 곳을 방문하는 경우 비감염성 질환, 면역력이 낮은 집단 대상자부터 방문한다.
2	방문횟수는 인력, 시간, 예산, 자원, 대상자의 건강상태 등을 고려하여 결정한다.

정답 10. ④ 11. ②

3	방문간호사는 자신의 이름과 소속을 밝힌다.
4	다른 요원이나 상급자에게 가정방문 결과를 구두 또는 서명으로 보고하거나 토의할 수 있다. 또한 전문가나 전문기관에 의뢰할 수 있다.

12 세계보건기구(WHO)에서 제시한 일차보건의료 접근법에 대한 설명으로 옳지 않은 것은?

① 지역사회의 능동적, 적극적 참여가 이루어지도록 한다.
② 지역사회가 쉽게 받아들일 수 있는 방법으로 사업이 제공되어야 한다.
③ 지역적, 지리적, 경제적, 사회적 요인으로 인하여 이용에 차별이 있어서는 안 된다.
④ 국가에서 제공하는 보건 의료서비스이므로 무상으로 제공하는 것을 원칙으로 한다.

해설 일차보건의료의 성공적 접근법

1	질병예방에 중점을 두어야 한다.
2	적절한 기술과 인력을 사용해야 한다.
3	쉽게 이용가능해야 한다.
4	지역사회가 쉽게 받아들일 수 있는 방법으로 사업이 제공되어야 한다.
5	지역사회의 적극적인 참여가 이루어져야 한다.
6	건강을 위해 관련분야의 상호협력이 이루어져야 한다.
7	지역사회 지불능력에 맞는 보건의료 수가로 사업이 제공되어야 한다.
8	자조, 자립정신을 바탕으로 해야 한다.
9	지역사회 특성에 맞는 보건사업을 추진하고 지역사회 개발에도 역점을 두어야 한다.

정답 12.④

13 **지역사회 간호사업 평가절차 중 가장 먼저 해야 할 것은?**

① 평가자료 수집
② 평가기준 설정
③ 설정된 목표와 현재 상태 비교
④ 목표 도달 정도의 판단과 분석

🖎해설) **평가절차**

1	평가대상 및 기준 결정
2	평가자료 수집
3	설정된 목표와 현재 상태의 비교
4	목표 달성 정도의 가치판단
5	재계획 수립

14 **다음 글에서 설명하는 지표는?**

- 한 여성이 현재의 출산력이 계속된다는 가정 하에서 가임 기간 동안 몇 명의 여자 아이를 출산하는가를 나타낸 값이다.
- 단, 태어난 여자 아이가 가임 연령에 도달할 때까지의 생존율은 고려하지 않는다.

① 합계출산율   ② 총재생산율
③ 순재생산율   ④ 유배우출산율

🖎해설) **총재생산율**

한 여자가 다음 세대에 평균적으로 남겨줄 수 있는 여자 아이의 수를 말하며 한 명의 여자가 현재의 출산력이 계속된다는 가정 하에 가임기간(15~49세)에 몇 명의 여자아이를 낳는가를 나타내는 지수로, 여성인구의 여아출생률이라고 한다.

정답 13. ② 14. ②

15 **「노인장기요양보험법령」상 장기요양보험제도에 대한 설명으로 옳은 것은?**

① 등급 판정기준은 장기요양 1등급(최중증)에서 장기요양 3등급(경증)까지이다.
② 단기보호, 신체활동 지원 용구 제공, 방문간호, 주·야간 보호는 재가급여에 해당된다.
③ 치매를 진단받은 45세의 장기요양보험가입자는 장기요양 인정을 위한 신청 자격이 없다.
④ 재원은 요양서비스 이용자의 본인 부담금만으로 충당되므로 자유기업형 방식이다.

해설 장기요양보험제도

1	등급판정기준은 1등급부터 5등급까지이다.
2	재가급여에는 방문요양, 방문목욕, 방문간호, 주·야간 보호, 단기보호, 기타 재가급여 등이 있다.
3	장기요양 대상자에는 65세 이상의 노인 또는 65세 미만의 치매·뇌혈관성 질환 등 대통령령으로 정하는 노인성 질병을 가진자
4	재원조달은 장기요양보험료(60~65%), 국가지원(20%), 본인일부부담금(15~20%)으로 구성된다.

정답 15. ②

16 병원체의 감염력과 병원력에 대한 산출식으로 옳은 것은?

총감수성자(N = 1,000)				(단위 : 명)
감염자(n = 250)				
무증상 감염자 (n = 150)	현성 감염자(n = 100)			
	경미한 증상자 (n = 70)	중증도 증상자 (n = 20)	심각한 증상자 (n = 6)	사망자 (n = 4)

① 감염력 $= \dfrac{10}{250} \times 10$

② 감염력 $= \dfrac{10}{100} \times 10$

③ 병원력 $= \dfrac{10}{250} \times 10$

④ 병원력 $= \dfrac{10}{100} \times 10$

🖎 **해설** 감염력과 병원력

감염력	병원체가 숙주 내에 침입 증식하여 숙주에 면역반응을 일으키게 하는 능력
병원력	병원체가 질병을 일으키는 능력

17 「산업안전보건법 시행규칙」상 다음에서 설명하는 것은?

> 특수건강진단대상업무로 인하여 해당 유해인자에 의한 직업성 천식, 직업성 피부염, 그 밖에 건강장해를 의심하게 하는 증상을 보이거나 의학적 소견이 있는 근로자에 대하여 사업주가 실시하는 건강진단

① 임시건강진단
② 수시건강진단
③ 특수건강진단
④ 배치전건강진단

✎ 해설 수시건강진단

특수건강진단 대상업무로 인하여 해당 유해인자에 의한 직업성 천식, 직업성 피부염, 그 밖에 건강장해를 의심하게 하는 증상을 보이거나 의학적 소견이 있는 근로자에 대하여 사업주의 비용부담으로, 특수건강진단의 실시 여부와 관계없이 필요할 때마다 실시하는 건강진단이다.

정답 17. ②

18 **오존(O₃)에 대한 설명으로 옳지 않은 것은?**

① 무색의 기체로 식물에 나쁜 영향을 미친다.

② 바람이 적고 태양광선이 강할 때 농도가 높아진다.

③ 자동차 배기가스에 함유된 질소산화물이 원인물질 중 하나이다.

④ 「대기환경보전법령」상 '오존 주의보'의 발령기준은 오존농도가 0.5pm 이상일 때이다.

해설 오존경보 단계별 조치사항(「대기환경보전법 시행규칙」 별표 7)

대기오염경보 단계별 대기오염물질의 농도기준(제14조 관련)

대상 물질	경보 단계	발령기준	해제기준
미세먼지 (PM-10)	주의보	기상조건 등을 고려하여 해당지역의 대기자동측정소 PM-10시간당 평균농도가 150μg/m³ 이상 2시간 이상 지속인 때	주의보가 발령된 지역의 기상조건 등을 검토하여 대기자동측정소의 PM-10시간당 평균농도가 100μg/m³미만인 때
	경보	기상조건 등을 고려하여 해당지역의 대기자동측정소 PM-10시간당 평균농도가 300μg/m³ 이상 2시간 이상 지속인 때	경보가 발령된 지역의 기상조건 등을 검토하여 대기자동측정소의 PM-10 시간당 평균농도가 150μg/m³ 미만인 때는 주의보로 전환
초미세먼지 (PM-2.5)	주의보	기상조건 등을 고려하여 해당지역의 대기자동측정소 PM-2.5시간당 평균농도가 75μg/m³ 이상 2시간 이상 지속인 때	주의보가 발령된 지역의 기상조건 등을 검토하여 대기자동측정소의 PM-2.5시간당 평균농도가 35μg/m³ 미만인 때
	경보	기상조건 등을 고려하여 해당지역의 대기자동측정소 PM-2.5시간당 평균농도가 150μg/m³ 이상 2시간 이상 지속인 때	경보가 발령된 지역의 기상조건 등을 검토하여 대기자동측정소의 PM-2.5시간당 평균농도가 75μg/m³ 미만인 때는 주의보로 전환
오존	주의보	기상조건 등을 고려하여 해당지역의 대기자동측정소 오존농도가 0.12ppm 이상인 때	주의보가 발령된 지역의 기상조건 등을 검토하여 대기자동측정소의 오존농도가 0.12ppm 미만인 때
	경보	기상조건 등을 고려하여 해당지역의 대기자동측정소 오존농도가 0.3ppm 이상인 때	경보가 발령된 지역의 기상조건 등을 고려하여 대기자동측정소의 오존농도가 0.12ppm 이상 0.3ppm 미만인 때는 주의보로 전환
	중대 경보	기상조건 등을 고려하여 해당지역의 대기자동측정소 오존농도가 0.5ppm 이상인 때	중대경보가 발령된 지역의 기상조건 등을 고려하여 대기자동측정소의 오존농도가 0.3ppm 이상 0.5ppm 미만인 때는 경보로 전환

※ 비고
- 해당 지역의 대기자동측정소 PM-10 또는 PM-2.5의 권역별 평균 농도가 경보 단계별 발령기준을 초과하면 해당 경보를 발령할 수 있다.
- 오존농도는 1시간당 평균농도를 기준으로 하며, 해당 지역의 대기자동측정소 오존 농도가 1개소라도 경보단계별 발령기준을 초과하면 해당 경보를 발령할 수 있다.

정답 18. ④

19 **가족 관련 이론에 대한 설명으로 옳은 것은?**

① 가족체계이론 – 가족은 구성원 개개인들의 특성을 합한 것 이상의 실체를 지닌 집합체이다.
② 상징적 상호작용이론 – 생애주기별 발달과업을 어느 정도 성취했는가를 중심으로 가족 건강을 평가한다.
③ 구조·기능주의이론 – 가족 내 개인의 역할과 역할기대에 따른 상호작용을 중시하는 미시적 접근법을 사용한다.
④ 가족발달이론 – 사회 전체의 요구에 가족의 사회화 기능이 어느 정도 부합되는지 거시적 관점에서 접근한다.

해설 가족 관련 이론

가족체계이론	• 가족은 각 부분의 특성을 합친 것 이상의 특징을 가진 체계이다. • 가족 구성원 간의 상호작용은 가족 구성원의 특성을 합친 것 이상의 실체를 만들어낸다. 따라서 가족 구성원 개인의 성격, 가치관, 목표, 배경 등의 특성을 아무리 많이 안다고 해도 그들 간의 상호작용을 파악하지 않으면 이는 가족체계를 제대로 파악하지 못하는 것이다. • 가족 일원의 문제는 가족 전체에 영향을 주며 가족의 행동은 가족이라는 상황 하에서 잘 이해된다.
상징적 상호작용이론	• 가족 구성원들 간의 상호작용에 대한 중요성을 강조하고, 가족의 역할, 갈등, 위치, 의사소통, 의사결정, 사회화 등의 가족 내의 내적 과정(내적 역동)에 초점을 둔다.
구조·기능주의 이론	• 가족을 사회체계의 단위로서 지위–역할 복합체로 보는 가족이론이다. • 가족은 사회체계에서 부여되는 지위에 따른 역할을 수행하며 부부, 부자, 형제 등의 하부구조에 관심을 갖는다.
가족발달이론	• 가족생활주기의 단계별로 가족의 다양한 역할과 발달과업을 가족구성원이 어떻게 실행하는지, 즉 시간에 따른 변화의 과정에 초점을 맞추며, 가족이 각 발달단계에서의 발달과업을 효과적으로 달성하는지를 중심으로 가족문제를 파악하는 이론을 말한다.

정답 19. ①

20 범이론 모형(Transtheoretical Model)에 대한 설명으로 옳은 것은?

① 관심단계(Contemplation Stage) - 1개월 이내에 건강행위를 변화시키기 위한 계획을 세우는 단계이다.

② 준비단계(Preparation Stage) - 건강행위 변화에 대한 장점과 단점을 파악하고 행위변화를 망설이는 단계이다.

③ 자아해방(Self-Liberation) - 자신의 건강행위를 변화시킬 수 있다고 결심하고 주변 사람에게 결심을 말하는 것이다.

④ 환경재평가(Environmental Revaluation) - 건강행위 변화를 촉진하기 위해 다른 사람과 자조모임을 형성하는 것이다.

✎해설 범이론 모형(Transtheoretical Model)

〈단계〉

계획단계 (관심 단계, 인식 단계, 고려 단계)	• 문제를 인식하고 6개월 이내에 문제의 장·단점과 해결책의 장·단점을 고려하여 변화하고자 하는 의도를 갖고 있다. • 계획단계에 있는 사람은 행동변화로 인한 유익한 점과 장애요인을 모두 잘 파악하고 있어 상당히 오랫동안 행동변화를 망설이는 단계에 해당한다.
준비단계	• 행위변화 의도와 행동을 결합시킨 단계로, 구체적인 실행계획이 잡혀져 있는 단계이다. 1개월 이내에 건강행동을 하려는 의도를 갖는다.

〈변화과정 10가지〉

인지적 변화과정	• 인식제고, 극적전환, 환경재평가, 사회적 해방, 자아재평가 등이 있다.
환경재평가	• 개인의 건강습관 존재 유무가 어떻게 사회적 환경에 영향을 미치는지를 정서적, 인지적으로 사정하고 고려하는 과정이다. • 불건강행위의 사회적 영향 인식, 감정 이입훈련, 글쓰기 등이 있다.

〈행위적 변화과정〉

종류	• 자극통제, 조력관계, 역조건 형성, 강화관리, 자기해방 등이 있다.
자기해방(자아해방)	• 변화하겠다고 결심하고 그 결심을 공개함으로써 의지를 더욱 강화시키고 확실한 책임을 갖도록 한다. • 의사결정치료, 의미치료, 결심 알리기, 금연 선언하기 등이 있다.

1   **질병군별 포괄수가제에 대한 설명으로 옳지 않은 것은?**

① 진료의 표준화를 유도할 수 있다.

② 과잉진료 및 진료비 억제의 효과가 있다.

③ 진료비 청구를 위한 행정 사무가 간편하다.

④ 의료인의 자율성을 보장하여 양질의 서비스 제공이 가능하다.

🖉해설) **질병군별 포괄수가제**

질병군별 포괄수가제는 의료인의 자율성을 제한하여 의료의 질이 하락할 수 있는 단점이 있다. 또한 의료인은 보상이 정해져 있는 상황에서 비용을 적게 하려고 환자를 기피하는 경우도 생기게 된다. 즉, 많은 의료 서비스를 요구하는 환자를 기피하는 현상이 나타날 수 있고, 분류정보조작을 통한 부당청구가 성행할 가능성이 있다.

2   **취약가족 간호대상자 중 가족 구조의 변화로 발생한 것이 아닌 것은?**

① 만성질환자 가족   ② 한부모 가족

③ 별거 가족   ④ 이혼 가족

🖉해설) **간호대상자**

가족 구조의 변화로 발생한 간호대상자는 한부모 가족, 별거 가족, 이혼 가족, 새싹 가족 등이 있으며 만성 및 말기질환자 가족은 기능적으로 취약한 가족이다.

정답) 1. ④   2. ①

3 다음 ⊙에 해당하는 지역사회 유형은?

> 「지역보건법」 시행령 제8조(보건소의 설치)
> ① 법 제10조에 따른 보건소는 (⊙) 별로 1개씩 설치한다. 다만, 지역주민의 보건의료를 위하여 특별히 필요하다고 인정되는 경우에는 필요한 지역에 보건소를 추가로 설치·운영할 수 있다.

① 생태학적 문제의 공동체
② 특수흥미 공동체
③ 지정학적 공동체
④ 자원 공동체

📝**해설** **지정학적 공동체**

지정학적 공동체는 우리에게 가장 친숙한 지역사회로서 정치적 관할 구역단위이며 시, 군, 읍, 면, 리 등 합법적인 지리적 경계에 의해서 구분되는 집단이며 보건소는 지정학적 공동체에 속한다.

4 보건교육방법의 토의 유형 중 심포지엄(Symposium)에 대한 설명으로 옳은 것은?

① 일명 '팝콘회의'라고 하며, 기발한 아이디어를 자유롭게 제시하도록 하는 방법이다.
② 참가자 전원이 상호 대등한 관계 속에서 정해진 주제에 대해 자유롭게 의견을 교환하는 방법이다.
③ 전체를 여러 개의 분단으로 나누어 토의시키고 다시 전체 회의에서 종합하는 방법이다.
④ 동일한 주제에 대해 전문가들이 다양한 의견을 발표한 후 사회자가 청중을 공개토론 형식으로 참여시키는 방법이다.

정답 3. ③   4. ④

해설 **심포지엄(Symposium)**

1	정해진 문제의 여러 면을 하나하나 다루기 위해 2~5명의 전문가가 각자의 의견을 1인 10~15분 정도 발표하고 사회자가 청중을 공개토론의 형식으로 참여시키는 교육방법이다.
2	향연이라는 뜻으로 함께 술을 마시면서 학문이나 예술을 논하는 교양인의 모임에서 유래되었다.
3	심포지엄의 핵심어는 '전문성' 이다.
4	사회자는 이 분야의 최고 전문가이어야 하고, 사회자는 연사 전원의 강연이 끝나면 내용을 짧게 요약해서 질문, 답변 또는 토론이 적당히 진행되도록 해야 한다.

---

5 건강행위에 영향을 미치는 요인을 개인의 특성과 경험, 행위와 관련된 인지와 감정으로 설명하였으며, 사회인지이론과 건강신념모델에 기초하여 개발된 이론은?

① 계획된 행위 이론
② 건강증진 모형
③ 범이론 모형
④ PRECEDE-PROCEED 모형

해설 **건강증진 모형**

건강증진 모형은 건강증진행위를 통제하는 데 있어서 인식의 조정과정이 중요함을 강조한 사회학습 이론으로부터 유래한 것이다. 또한 건강행위에 영향을 미치는 요인을 개인의 특성과 경험, 행위와 관련된 인지와 감정으로 설명하였다.

정답 5. ②

6 여름휴가차 바닷가에 온 40대 여성이 오징어와 조개류 등을 생식하고 다음 날 복통, 설사와 미열을 호소하며 병원을 방문하여 진료를 받았다. 이 경우 의심되는 식중독의 특징은?

① 7~8월에 주로 발생하며, 원인균은 포도상구균이다.

② 화농성질환을 가진 조리사의 식품 조리과정에서 발생한다.

③ 감염형 식중독으로 가열해서 먹을 경우 예방이 가능하다.

④ 독소형 식중독으로 신경마비성 증상이 나타나 치명률이 높다.

🖊️**해설** 장염 비브리오

조리가 덜 된 수산물인 어패류, 굴, 오징어 등을 섭취한 뒤 복통와 설사와 미열을 호소하였다면 세균성 식중독 중에서도 감염형 식중독인 장염 비브리오를 의심할 수 있다. 장염 비브리오균은 겨울철에는 해수 바닥에 있다가 여름이 되면 해수 위로 떠올라서 어패류를 오염시키기 때문에 특히 여름철에는 어패류의 생식을 피하는 것이 가장 좋은 예방법이다.

7 리벨과 클라크(Leavell & Clark)는 질병의 자연사에 따른 예방적 수준을 제시하였다. 질병의 자연사 중 초기병변단계(불현성감염기)에 해당하는 예방적 조치는?

① 보건교육　　　　　　　　　② 조기진단

③ 예방접종　　　　　　　　　④ 재활훈련

🖊️**해설** 자연사 중 초기 병변단계

질병의 자연사 중 초기 병변단계에 해당하는 예방적 조치는 조기진단과 조기치료이다.

8 대량 환자가 발생한 재난현장에서 중증도 분류표(Triage Tag)의 4가지 색상에 대한 분류로 옳은 것은?

① 황색 – 경추를 제외한 척추 손상
② 녹색 – 대량 출혈로 매우 낮은 혈압
③ 적색 – 30분 이상 심장과 호흡의 정지
④ 흑색 – 경증 열상 혹은 타박상

해설 재난현장 중증도 분류표

긴급환자(적색)	• 치명적이거나 사지 절단의 위험이 있는 손상, ABC의 지속적인 이상이 있는 상태 • 부상이 심각하지만 최소한의 시간이나 자원으로 치료될 수 있으며 치료 후 생존할 것으로 예상되는 환자들
응급환자(황색)	• 최종적인 치료가 필요하지만 초기 처치가 지연되어도 악화되지 않는 상태 • 부상이 심하지만 발병할 위험성 없이 치료가 지연되어도 괜찮은 환자들
경증환자(녹색)	• 이송이 필요없고 현장에서 처치 후 귀가할 수 있는 상태 • 부상이 크지 않아 치료를 기다릴 수 있는 환자들
지연환자(흑색)	• 생존의 가능성이 희박한 중증 손상상태 • 부상이 너무 심각하여 많은 양의 자원을 사용할 경우에도 생존할 가능성이 희박하거나 없는 환자 혹은 사망 상태

정답 8. ①

9 다음 그림은 A초등학교 100명의 학생 중 B형 간염 항원 양성자 15명의 발생분포이다. 4월의 B형 간염 발생률(%)은? (단, 소수점 둘째 자리에서 반올림 함)

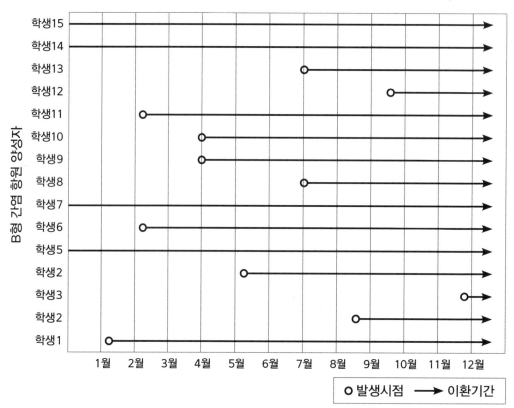

① 2.0

② 9.0

③ 2.2

④ 9.7

─────────────────────────────

📝 **해설** 발생률

$$발생률 = \frac{특정\ 기간\ 동안\ 새로\ 발생한\ 환자\ 수}{특정\ 기간\ 동안\ 위험에\ 노출된\ 인구\ 수} \times 1000$$

정답 ▶ 9. ③

10 보건사업의 우선순위 결정기준 중 BPRS 계산 후 사업의 실현가능성 여부를 판단하는 기준으로 사용되는 것은?

① Bryant　　　　　　　　　　② Patch

③ Mapp　　　　　　　　　　　④ Pearl

✎해설 **Pearl**

Pearl은 BPRS의 계산 후 프로그램의 수행 가능성 여부를 판단하는 기준으로 사용되며 Pearl의 기준 척도는 적절성, 경제성, 수용성, 자원이용 가능성, 적법성 5가지이다.

11 지역주민의 건강증진을 위하여 '지역보건의료계획'을 수립하고 시행하도록 한 근거가 되는 법은?

①「보건소법」　　　　　　　　②「지역보건법」

③「국민건강보험법」　　　　　④「국민건강증진법」

✎해설 「**지역보건법**」

「지역보건법」은 지역주민의 건강증진을 위해 지역보건의료계획을 수립하고 시행하도록 한 근거가 되는 법이다.

정답 10. ④　11. ②

12 지역주민의 건강문제를 파악하기 위한 2차 자료 수집 방법은?

① 독거노인을 대상으로 실시한 면담
② 지역주민의 보건사업 요구도 조사
③ 지역주민의 행사에 참여하여 관찰
④ 통계청에서 제공한 생정통계 활용

📝해설) **2차 자료 수집 방법**

2차 자료 수집 방법에는 공공기관의 인구조사 자료 및 생정통계 자료, 공식적으로 보고된 통계자료 및 의료기관의 건강기록 자료, 연구논문 자료 등이 있다.

---

13 72세 할머니가 치매를 진단받은 남편의 간호요령에 대해 알고 싶다고 말하였다. 이에 해당하는 브래드쇼(Bradshaw)의 교육 요구는?

① 규범적 요구
② 내면적 요구
③ 외향적 요구
④ 상대적 요구

📝해설) **보건교육 요구 유형(브래드쇼, 1972)**

규범적 요구	보건의료전문가가 파악한 요구
내면적 요구	학습자가 원하는 교육요구이며 행동화 이전의 요구
외향적 요구	학습자의 말이나 행동에 나타난 교육요구
상대적 요구	다른 대상자와 비교하여 나타난 교육요구

14 「지역보건법」 상 보건소의 기능 및 업무에 해당하지 않는 것은?

① 보건의료 관련기관·단체, 학교, 직장 등과의 협력체계 구축

② 국민건강증진, 구강건강, 영양관리사업 및 보건교육

③ 정신건강증진 및 생명존중에 관한 사항

④ 기후변화에 따른 국민건강영향평가

✎해설 **보건소의 기능 및 업무**

제11조(보건소의 기능 및 업무) ① 보건소는 해당 지방자치단체의 관할 구역에서 다음 각 호의 기능 및 업무를 수행한다.
1. 건강 친화적인 지역사회 여건의 조성
2. 지역보건의료정책의 기획, 조사·연구 및 평가
3. 보건의료인 및 「보건의료기본법」 제3조 제4호에 따른 보건의료기관 등에 대한 지도·관리·육성과 국민보건 향상을 위한 지도·관리
4. 보건의료 관련기관·단체, 학교, 직장 등과의 협력체계 구축
5. 지역주민의 건강증진 및 질병예방·관리를 위한 다음 각 목의 지역보건의료서비스의 제공
    가. 국민건강증진·구강건강·영양관리사업 및 보건교육
    나. 감염병의 예방 및 관리
    다. 모성과 영유아의 건강유지·증진
    라. 여성·노인·장애인 등 보건의료 취약계층의 건강유지·증진
    마. 정신건강증진 및 생명존중에 관한 사항
    바. 지역주민에 대한 진료, 건강검진 및 만성질환 등의 질병관리에 관한 사항
    사. 가정 및 사회복지시설 등을 방문하여 행하는 보건의료 및 건강관리사업
② 제1항에 따른 보건소 기능 및 업무 등에 관하여 필요한 세부 사항은 대통령령으로 정한다.

15 다음과 같은 지역사회간호의 시대적 흐름과 관련한 설명으로 옳은 것은?

> (가) 1900년 이전 : 방문간호시대
> (나) 1900년 ~ 1960년 : 보건간호시대
> (다) 1960년 이후 : 지역사회간호시대

① (가) – 한국에서 로선복(Rosenberger)이 태화여자관에 보건사업부를 설치하여 모자보건사업을 실시하였다.
② (나) – 라론드(Lalonde) 보고서의 영향을 받아 건강생활실천을 유도하는 건강증진사업이 활성화되었다.
③ (나) – 릴리안 왈드(Lillian Wald)가 가난하고 병든 사람들을 간호하기 위하여 뉴욕 헨리 가에 구제사업소를 설립하였다.
④ (다) – 미국에서 메디케어(Medicare)와 메디케이드(Medicaid)의 도입 이후 가정간호가 활성화되었다.

해설 지역사회간호의 시대적 흐름

1893년	릴리안 왈드는 뉴욕의 가난한 사람들을 위해 방문간호사업을 시작하였다.
1924년	로선복은 우리나라 사람들의 비위생적인 생활양식을 보고 조선인 간호사 한신광과 함께 태화여자관에 보건사업부를 설치하였고 모자보건사업을 중심으로 보건간호사업을 이끌어갔다.
1960년	미국에서 메디케어와 메디케이드가 도입되었다.
1970년	라론드 보고서의 영향을 받아 건강생활실천을 유도하는 건강증진사업이 활성화되었다.

16 지역사회 간호과정을 적용하여 비만여성 운동프로그램을 실시한 경우, 계획단계에서 이루어진 내용으로 옳은 것은?

① 비만여성 운동프로그램 참여율에 대한 목표를 설정하였다.
② 여성의 운동부족과 비만문제를 최우선 순위로 설정하였다.
③ 여성의 비만이 건강에 미치는 영향을 조사하였다.
④ 여성의 비만 유병률을 다른 지역과 비교하였다.

📝**해설** 계획단계

계획단계에서는 목표를 설정하고 수행 및 평가계획을 수립해야 한다.

17 다음에 해당하는 지역사회 간호사정의 자료분석 단계는?

> • 부족하거나 더 필요한 자료가 없는지 파악한다.
> • 다른 지역의 자료나 과거의 통계자료 등을 비교한다.

① 분류
② 요약
③ 확인
④ 결론

📝**해설** 자료분석

자료분석은 수집된 자료의 분류와 요약, 확인 및 결론의 4단계로 나뉜다. 확인단계에서는 지역사회의 전반적인 건강문제를 파악하기 위해 과거나 다른 지역의 상황과 비교하여 부족한 자료를 확인한다. 이때 지리정보시스템을 활용할 수 있다.

18 우리나라 의료보장제도에 대한 설명으로 옳은 것은?

① 1977년 전국민 의료보험이 실시되었다.

② 국민건강보험 가입은 국민의 자발적 의사에 따라 선택한다.

③ 사회보험 방식의 국민건강보험과 공공부조 방식의 의료급여제도를 운영하고 있다.

④ 국민건강보험 적용대상자는 직장가입자, 지역가입자와 피부양자, 의료급여 수급권자이다.

해설 우리나라 의료보장제도

1	1989년 전국민 의료보험이 실시되었다.
2	국민건강보험 가입은 강제적으로 가입이 된다.
3	사회보험방식의 국민건강보험과 공공부조 방식의 의료급여제도가 있다.
4	국민건강보험 적용 대상자는 직장가입자, 지역가입자와 피부양자 등이다.

19 방문간호사가 K씨 가족을 방문하여 가족간호사정을 실시하였다. 다음의 사정도구에 대한 설명으로 옳은 것은?

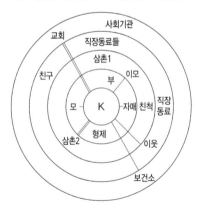

① K씨와 가족 내·외부 간의 지지 정도를 확인할 수 있다.

② K씨의 가족과 외부체계 간의 자원 흐름을 파악할 수 있다.

③ K씨의 가족구성원 간의 상호관계와 친밀도를 도식화한 것이다.

④ K씨의 가족구성원의 구조를 한눈에 볼 수 있도록 도식화한 것이다.

해설 사회지지도

사회지지도는 가족 내 가장 취약한 가구원을 중심으로 가족 내부뿐만 아니라 외부와의 상호작용을 확인할 수 있는 도구이다. 즉 가족지지체계의 양상을 전반적으로 이해할 수 있도록 도와줄 뿐 아니라 가족의 문제를 해결할 때 누구를 중심으로 시작할 것인지, 또 어떻게 지지체계를 활용할 것인지를 알려준다.

정답 18. ③   19. ①

20 다음의 인구현황표에 따라 산출한 지표에 대한 설명으로 옳은 것은?

구분 (세)	인구 수 (명)
0 ~ 14	200
15 ~ 49	300
50 ~ 64	200
65 ~ 74	200
75 이상	100
계	1,000

① 노령화지수는 30으로 유년인구 100명에 대해 노년인구가 30명임을 뜻한다.

② 노인인구 구성 비율은 20%로 총인구 100명에 대해 노인인구가 20명임을 뜻한다.

③ 노년부양비는 60으로 생산 가능인구 100명이 노년인구 60명을 부양한다는 뜻이다.

④ 유년부양비는 20으로 생산 가능인구 100명이 유년인구 20명을 부양한다는 뜻이다.

✎해설) 노년부양비

1	노년부양비= $\dfrac{65세 이상 인구}{15～64세 인구} \times 100$
2	노령화지수= $\dfrac{65세 이상 인구}{0～14세 인구} \times 100$
3	유년부양비= $\dfrac{0～14세 인구}{15～64세 인구} \times 100$

1 우리나라 제4차 국민건강증진 종합계획(Health Plan 2020)의 총괄목표는?

① 안전한 보건환경과 건강생활 실천

② 건강수명 연장과 건강형평성 제고

③ 예방중심 상병관리와 만성퇴행성질환 감소

④ 생애주기별 건강관리와 의료보장성 강화

📝해설 국민건강증진 종합계획

비전	온 국민이 함께 만들고 누리는 건강한 세상	
목표	건강수명 연장, 건강형평성 제고	
사업분야	건강생활실천 확산	금연, 절주, 신체활동, 영양
	만성퇴행성질환과 발병위험요인관리	암, 건강검진, 관절염, 심뇌혈관질환, 비만, 정신보건, 구강보건
	감염질환관리	예방접종, 비상방역체계, 의료관련감염, 결핵, 에이즈
	인구집단건강관리	모성건강, 영유아건강, 노인건강, 근로자건강증진, 군인건강증진, 학교보건, 취약가정건강, 장애인건강

2 「농어촌 등 보건의료를 위한 특별조치법 시행령」 상 보건진료전담공무원 의료행위의 범위는?

① 급성질환자의 요양지도 및 관리

② 고위험 고령 임산부의 제왕절개

③ 상병상태를 판별하기 위한 진찰·검사

④ 거동이 불편한 지역주민에 대한 응급수술

정답 1. ② 　2. ③

✎해설) 보건진료전담공무원 의료행위

제14조(보건진료 전담공무원의 업무) ① 법 제19조에 따른 보건진료 전담공무원의 의료행위의 범위는 다음 각 호와 같다. 〈개정 2019. 7. 2.〉
  1. 질병·부상상태를 판별하기 위한 진찰·검사
  2. 환자의 이송
  3. 외상 등 흔히 볼 수 있는 환자의 치료 및 응급 조치가 필요한 환자에 대한 응급처치
  4. 질병·부상의 악화 방지를 위한 처치
  5. 만성병 환자의 요양지도 및 관리
  6. 정상분만 시의 분만 도움
  7. 예방접종
  8. 제1호부터 제7호까지의 의료행위에 따르는 의약품의 투여
② 보건진료 전담공무원은 제1항 각 호의 의료행위 외에 다음 각 호의 업무를 수행한다.
  1. 환경위생 및 영양개선에 관한 업무
  2. 질병예방에 관한 업무
  3. 모자보건에 관한 업무
  4. 주민의 건강에 관한 업무를 담당하는 사람에 대한 교육 및 지도에 관한 업무
  5. 그 밖에 주민의 건강증진에 관한 업무
③ 보건진료 전담공무원은 제1항에 따른 의료행위를 할 때에는 보건복지부장관이 정하는 환자 진료지침에 따라야 한다.

3 PRECEDE-PROCED 모형에서 강화요인(Reinforcing Factors)은?

① 개인의 기술 및 자원
② 대상자의 지식, 태도, 신념
③ 보건의료 및 지역사회 자원의 이용 가능성
④ 보건의료 제공자의 반응이나 사회적 지지

✎해설) 강화요인(Reinforcing Factors)

1	행위가 일어난 뒤 받게 되는 긍정적인 보상 또는 부정적인 피드백에 따라 행위를 지속할 것인지 또는 소멸할 것인지를 결정하는 데 영향을 미친다.
2	가장 큰 영향을 미치는 강화요인으로는 가족, 동료나 친구, 학교교사, 보건의료전문인, 직장상사 또는 지역사회 리더 등이 포함된다.

정답 3. ④

| 3 | 보상, 칭찬, 처벌 등과 같이 행위가 지속되거나 없어지게 하는 요인으로 사회적 유익성, 신체적 유익성, 대리보상, 사회적지지, 친한 친구의 영향, 충고, 보건의료제공자에 의한 긍정적·부정적 반응 등이며, 또 행위를 함으로써 신체적으로 얻은 결과를 포함한다. |

---

4 뢰머(Roemer)의 Matrix형 분류에서 다음 글이 설명하는 보건의료체계는?

> 민간의료 시장이 매우 강력하고 크며 정부 개입은 미미하다. 보건의료비 지출의 절반 이상을 환자 본인이 부담하며, 보건의료는 개인의 책임이 된다.

① 복지지향형 보건의료체계
② 포괄적보장형 보건의료체계
③ 자유기업형 보건의료체계
④ 사회주의계획형 보건의료체계

해설 **자유기업형**

1	해당국가는 미국, 필리핀, 타이 등이다.
2	보건의료의 수요와 공급, 가격 결정을 자유시장에 맡김으로써 정부 개입이 최소화되고 의료 서비스의 배분이 다른 상품들과 마찬가지로 개인의 구매력에 좌우된다.
3	민간의료 시장이 매우 강력하고 크며 정부 개입은 미미하다.
4	보건의료비 지출의 절반 이상을 환자 본인이 부담하며, 보건의료는 개인의 책임이 된다.

5 다음 글에서 업무수행 적합 여부 판정구분에 해당하는 것은?

> 분진이 심한 사업장에서 근무 중인 근로자가 건강진단결과 폐질환 유소견자로 발견
> 되어 업무수행 적합여부를 평가한 결과 '다'로 판정되었다.

① 건강관리 상 현재의 조건 하에서 작업이 가능한 경우
② 일정한 조건(환경개선, 보호구 착용, 건강진단주기의 단축 등) 하에서 현재의 작업이 가능한 경우
③ 건강장해의 악화 또는 영구적인 장해의 발생이 우려되어 현재의 작업을 해서는 안 되는 경우
④ 건강장해가 우려되어 한시적으로 현재의 작업을 할 수 없는 경우(건강상 또는 근로조건 상의 문제가 해결된 후 작업복귀 가능)

🖎 **해설** 건강진단 결과에 따른 업무수행 적합 여부 평가기준

구분	업무수행 적합 여부 평가기준
가	건강관리 상 현재의 조건 하에서 작업이 가능한 경우
나	일정한 조건(환경개선, 보호구 착용, 건강진단주기의 단축 등) 하에서 현재의 작업이 가능한 경우
다	건강장해가 우려되어 한시적으로 현재의 작업을 할 수 없는 경우(건강상 또는 근로조건 상의 문제가 해결된 후 작업복귀 가능)
라	건강장해의 악화 또는 영구적인 장해의 발생이 우려되어 현재의 작업을 해서는 안 되는 경우

정답 5. ④

다음 글에 해당하는 타당성은?

> • 보건소 건강증진업무 담당자는 관내 흡연청소년을 대상으로 금연프로그램을 기획하고, 목표달성을 위한 각종 방법을 찾아낸 후에 사업의 실현성을 위하여 다음의 타당성을 고려하기로 하였다.
> • 대상 청소년들이 보건소가 기획한 금연프로그램에 거부감 없이 참여하고, 금연전략을 긍정적으로 수용할 것인지를 확인하였다.

① 법률적 타당성
② 기술적 타당성
③ 사회적 타당성
④ 경제적 타당성

📝**해설** **사회적 타당성**

보건소 건강증진업무 담당자는 관내 흡연청소년을 대상으로 금연프로그램을 기획하고, 목표달성을 위한 각종 방법을 찾아낸 후에 사업의 실현성을 위하는 것이다.

7 **다음 글에 해당하는 오렘(Orem)의 간호체계는?**

> • 가정전문간호사는 오렘(Orem)의 이론을 적용하여 수술 후 조기 퇴원한 노인 대상자에게 간호를 제공하려고 한다.
> • 노인 대상자는 일반적인 자가간호요구는 충족할 수 있으나 건강이탈 시의 자가간호요구를 충족하기 위한 도움이 필요한 상태이다.

① 전체적 보상체계
② 부분적 보상체계
③ 교육적 체계
④ 지지적 체계

정답 6. ③ 7. ②

개인이 일반적인 자가간호요구는 충족시킬 수 있지만, 건강이탈요구를 충족시키려면 도움이 필요한 경우로, 수술 받고 얼마 되지 않은 환자가 이에 해당된다.

8 **사망 관련 통계지표에 대한 설명으로 옳은 것은?**

① 비례사망지수는 특정 연도 전체 사망자 중 특정 원인으로 인한 사망자 비율을 산출하는 지표이다.

② α-index는 특정 연도의 신생아 사망수를 영아 사망수로 나눈 값으로 신생아 건강관리 사업의 기초자료로 유용하다.

③ 치명률은 어떤 질병이 생명에 영향을 주는 위험도를 보여주는 지표로 일정 기간 동안 특정 질병에 이환된 자 중 그 질병에 의해 사망한 자를 비율로 나타낸 것이다.

④ 모성사망비는 해당 연도에 사망한 총 여성 수 중 같은 해 임신·분만·산욕 합병증으로 사망한 모성수 비율을 산출하는 지표이다.

해설 **사망 관련 통계지표**

비례사망지수	총 사망수에 대한 50세 이상의 사망수를 백분율로 표시한 지수이다.
알파인덱스 (α-index)	영아사망률을 신생아사망률로 나눈 값으로 그 값이 1에 가장 가까울 때 보건수준이 가장 높다는 것을 뜻한다.
치명률	어떤 질병이 생명에 영향을 주는 위험도를 보여주는 지표로 일정 기간 동안 특정 질병에 이환된 자 중 그 질병에 의해 사망한 자를 비율로 나타낸 것이다.
모성사망비	연간 출생아수에 대한 연간 모성사망수이다.

정답 8. ③

9 PATCH(Planed Aproach To Community Health) 모형에서 우선순위를 설정하는 평가 기준은?

① 경제성, 자원 이용 가능성
② 건강문제의 중요성, 변화 가능성
③ 문제해결 가능성, 주민의 관심도
④ 건강문제의 심각도, 사업의 추정효과

(해설) PATCH

1	미국 지역사회에서 건강증진 및 질병예방 사업을 기획, 수행, 평가하는 하나의 과정을 지칭하는 지역사회 보건 기획모형이다.
2	1983년에 미국 질병예방통제센터인 CDC가 지방정부의 보건부 및 지역사회단체들과 함께 개발한 기획모형이다.
3	건강문제의 중요성과 변화가능성을 기준으로 우선순위를 결정하고 대상자를 선정한다.

10 우리나라의 일차보건의료에 대한 설명으로 옳지 않은 것은?

① 「지역보건법」 제정으로 일차보건의료 시행에 대한 제도적 근거를 마련하였다.
② 보건복지부장관이 실시하는 24주 이상의 직무교육을 받은 간호사는 보건진료 전담공무원직을 수행할 수 있다.
③ 읍·면 지역 보건지소에 배치된 공중보건의사는 보건의료 취약지역에서 일차보건의료 사업을 제공하였다.
④ 정부는 한국보건개발연구원을 설립하여 일차보건의료 시범 사업을 실시한 후 사업의 정착을 위한 방안들을 정책화하였다.

(해설) 일차보건의료

우리나라의 일차보건의료는 1980년 12월 31일 「농어촌 등 보건의료를 위한 특별조치법」을 공포하고 이 법률에 의해 일차보건의료체계가 확립되었다.

정답 9. ② 10. ①

11 **다음 글에서 청소년의 약물남용 예방교육에 적용된 보건교육 방법은?**

> 청소년들이 실제 상황 속의 약물남용자를 직접 연기함으로써 약물남용 상황을 분석하여 해결방안을 모색하고, 교육자는 청소년의 가치관이나 태도변화가 일어날 수 있도록 하였다.

① 시범
② 역할극
③ 심포지엄
④ 브레인스토밍

해설) 역할극

1	학습자들이 직접 실제 상황 중의 한 인물로 등장하여 연극을 하면서 건강문제나 어떤 상황을 분석하고 해결방안을 모색하면서 학습목표에 도달하는 방법이다.
2	사전에 치밀한 계획이나 연습을 하지 않고 참여자들 중 몇몇이 선정되어 구체적인 상황을 실제로 연기해 봄으로써 경험해 볼 수 있는 기회를 제공할 수 있으며, 그들 스스로 주어진 상황과 관련된 가치나 의사를 결정할 수 있다.
3	다른 사람의 입장이나 상황을 실감나게 이해하고 실제적인 상황판단을 통해 문제해결방안을 모색할 수 있다.

정답 11. ②

12 다음 글에서 설명하는 SWOT 분석의 요소는?

> 보건소에서 SWOT 분석을 실시한 결과 해외여행 증가로 인한 신종감염병 유입과 기후 온난화에 따른 건강문제 증가가 도출되었다.

① S(Strength)
② W(Weaknes)
③ O(Oportunity)
④ T(Threat)

해설) T(Threat) – 위협

1	관내 만성질환 유병률은 높고 관리율은 낮다.
2	노인인구와 부양비의 상승률이 높다.
3	보건소 정보화와 의료인 부족현상을 해결할 수 있는 원격진료 등의 서비스 활용 필요하다.
4	보건사업의 패러다임의 변화가 일어난다.

13 다음 글에서 설명하는 평가 유형은?

> 사업의 단위 목표량 결과에 대해서 사업을 수행하는 데 투입된 인적 자원, 물적 자원 등 투입된 비용이 어느 정도인가를 산출하는 것이다.

① 투입된 노력에 대한 평가
② 목표달성 정도에 대한 평가
③ 사업의 적합성 평가
④ 사업의 효율성 평가

해설) **사업의 효율성 평가**

사업의 효율성 평가란 비용효과적인 방법이 있었는가, 혹은 비용편익이 높은 방법이 있는가를 알아보는 것으로 사업의 단위 목표량 결과에 대해서 사업을 수행하는 데 투입된 인적 자원, 물적 자원 등 투입된 비용이 어느 정도인가를 산출하는 것이다.

정답 12. ④   13. ④

14 다음 사례에 적용한 간호진단 분류체계는?

> • 임신 36주된 미혼모 K씨(29세)는 첫 번째 임신 때 임신성 당뇨가 있어 분만이 어려
> 웠던 경험이 있었다. 현재 두 번째 임신으로 병원에 다니고 싶으나 경제적인 여건
> 이 좋지 않아 산전 관리를 받은 적이 없다.
> • 분류체계
>   – 영역 : 생리적 영역
>   – 문제 : 임신
>   – 수정인자 : 개인의 실제적 문제 (산전관리 없음, 임신성당뇨의 경험 있음)
>   – 증상/징후 : 임신 합병증에 대한 두려움, 산전 운동/식이의 어려움

① 오마하(OMAHA) 분류체계
② 가정간호(HHCCS) 분류체계
③ 국제간호실무(ICNP) 분류체계
④ 북미간호진단협회(NANDA) 간호진단 분류체계

해설 간호진단 분류체계(오마하 분류체계)

영역	환경적, 생리적, 심리사회적, 건강관련 행위
문제	영역별 42개 문제, 간호요구나 강점
수정인자	심각성, 대상
징후 및 증상	378개 증상과 징후군

정답 14. ①

15 다음은 1년간의 K사업장 현황이다. 강도율(Severity Rate)은?

> - 근로자수 : 100명
> - 재해자수 : 20명
> - 손실작업일수 : 100일
>
> - 재해건수 : 20건
> - 근로시간수 : 20,000시간

① 0.5
② 1
③ 10
④ 20

✒️해설 **강도율**

강도율이란 1,000시간을 단위 시간으로 연 근로시간 당 작업손실일수로서 재해에 의한 손상의 정도를 나타내는 것이다.

$$강도율 = \frac{작업손실일수}{연근로시간수} \times 1000$$

16 다음 사례에서 설명하는 고온장해와 보건관리자의 처치를 옳게 짝지은 것은?

> 40세의 건설업 근로자 A씨는 38˚C의 덥고 습한 환경에서 장시간 일하던 중 심한 어지러움증을 호소하면서 쓰러졌다. 발한은 거의 없고 피부가 건조하였으며 심부체온은 41.5˚C였다.

① 열경련 – 말초혈관의 혈액 저류가 원인이므로 염분이 없는 수분을 충분하게 공급한다.
② 열피로 – 고온에 의한 만성 체력소모가 원인이므로 따뜻한 커피를 마시지 않도록 한다.
③ 열쇠약 – 지나친 발한에 의한 염분소실이 원인이므로 시원한 곳에 눕히고 충분한 수분을 공급한다.
④ 열사병 – 체온조절중추의 장애가 원인이므로 체온을 낮추기 위해 옷을 벗기고 찬물로 몸을 닦는다.

정답 15. ① 16. ④

해설 **열사병**

원인	체온조절
주증상	혼수, 기능부전
응급처치	얼음물에 담가서 체온을 39도 이하로 내리고 사지를 마찰해주며 호흡곤란 시에는 산소를 공급한다.

17 「노인장기요양보험법령」상 다음 사례에 적용할 수 있는 설명으로 옳은 것은?

> 파킨슨병을 진단받고 1년 이상 혼자서 일상생활을 수행할 수 없는 60세의 의료급여 수급권자인 어머니를 가정에서 부양하는 가족이 있다.

① 어머니는 65세가 되지 않았기 때문에 노인 장기요양 인정 신청을 할 수 없다.

② 의사의 소견서가 있다면 등급판정 절차 없이도 장기요양서비스를 받을 수 있다.

③ 의료급여수급권자의 재가급여에 대한 본인일부부담금은 장기요양급여비용의 10분의 20이다.

④ 장기요양보험가입자의 자격관리와 노인성질병예방사업에 관한 업무는 국민건강보험공단에서 관장한다.

해설 「노인장기요양법」

대상자	65세 이상의 노인 또는 65세 미만의 자로서 치매·뇌혈관성 질환 등 대통령령으로 정하는 노인성 질병을 가진 자
이용절차	본인, 가족이나 친족, 사회복지전담공무원(본인이나 가족 등의 필요), 시장·군수·구청장이 지정하는 자가 신청한 뒤 국민건강보험공단 소속 직원(사회복지사, 간호사) 등이 신청인의 심신상태를 나타내는 장기요양인정조사 52개 항목에 대해 방문하여 조사를 실시한 후 등급판정 기준에 따라 장기요양 인정여부 및 장기요양등급을 최종 판정함

정답 17. ④

수급권자	「의료급여법」 규정에 따른 수급권자는 본인일부부담금의 100분의 50을 감경함
업무관장	장기요양보험가입자의 자격관리와 노인성질환예방사업에 관한 업무는 국민건강보험공단에서 관장함

18 **「감염병의 예방 및 관리에 관한 법령」상 감염병에 대한 설명으로 옳은 것은?**

① 탄저는 집단발생의 우려가 커서 발생 또는 유행 즉시 신고해야 하는 제2급감염병이다.

② 간흡충증은 유행여부를 조사하기 위하여 표본감시 활동이 필요한 제4급감염병이다.

③ 바이러스성 출혈열은 방역대책이 필요한 제2급감염병이다.

④ 콜레라는 입원치료가 필요하지 않은 감염병이다.

해설 법령상 감염병

탄저	생물테러감염병 또는 치명률이 높거나 집단 발생의 우려가 커서 발생 또는 유행 즉시 신고하여야 하고, 음압격리와 같은 높은 수준의 격리가 필요한 제1급감염병
간흡충증	제1급감염병부터 제3급감염병까지의 감염병 외에 유행 여부를 조사하기 위하여 표본감시 활동이 필요한 제4급감염병
바이러스성 출혈열	세계보건기구가 국제공중보건의 비상사태에 대비하기 위하여 감시대상으로 정한 질환으로서 보건복지부장관이 고시하는 세계보건기구감염병
콜레라	입원치료를 받아야 하는 감염병

정답 18. ②

19 모기가 매개하는 감염병이 **아닌** 것은?

① 황열
② 발진열
③ 뎅기열
④ 일본뇌염

해설 **발진열**

리케차에 의한 급성 감염병으로 가려워서 긁는 등의 이유로 피부에 상처가 나면 몸속으로 감염된 쥐벼룩의 대변에 있는 리케차가 침투해서 발병한다. 동물계의 숙주는 쥐이며 서식이 많은 지역(농촌, 곡물창고 등)에서 발병이 잘 된다.

20 체계이론에 근거한 가족에 대한 설명으로 옳은 것은?

① 가족구성원은 사회적 상호작용을 통해 상징에 대한 의미를 해석하고 행동한다.
② 가족은 내·외부 환경과 지속적으로 교류하고, 변화와 안정 간의 균형을 통해 성장한다.
③ 가족은 처음 형성되고 성장하여 쇠퇴할 때까지 가족생활주기의 단계별 발달과업을 가진다.
④ 가족기능은 가족구성원과 사회의 요구를 충족하는 것으로 애정·사회화·재생산·경제·건강관리 기능이 있다.

해설 **가족체계이론**

가족을 하나의 개방체계로 이해하며, 체계는 상호작용하는 여러 요소들의 복합체로 본다. ①번은 상징적 상호작용 이론, ③번은 가족발달(성장발달) 이론, ④번은 구조기능 이론이다.

전체성	• 가족은 각 부분의 특성을 합친 것 이상의 특징을 지닌 체계이다. • 가족 구성원 간의 상호작용은 가족 구성원의 특성을 합친 것 이상의 실체를 만들어 낸다. • 가족의 행동은 가족이라는 상황(체계) 하에서 잘 이해된다.
향상성	• 가족은 외부체계와의 지속적 상호작용과 교류를 통해 변화와 안정 간의 균형을 유지한다.
경계성	• 가족은 국가와 지역사회의 하위체계이다. • 가족의 하위체계는 배우자 하위체계, 부모–자식 하위체계, 형제–자매 하위체계, 기타 하위체계 등으로 구분한다.

정답 19. ② 20. ②

변화성	• 가족 체계의 일부분이 받은 영향은 다른 부분에 영향을 주며, 전체 체계에 영향을 준다. • 체계 한 부분의 변화는 체계 전체의 변화를 초래할 수 있다. • 한 가족구성원이 변화하면 나머지 가족구성원도 이전과는 다른 형태로 행동한다.
순환성	• 가족에서의 사건(개인행동)은 어떤 원인이 곧 결과가 된다는 직선적 인과관계보다는 원인이 결과이며, 결과가 원인이 될 수 있다는 회환기제로서의 순환적 관계로 보는 것이 더 이해하기 쉽다. • 가족관계는 일회성 만남이 아닌 지속적으로 함께 살면서 서로 영향을 주고 받는 것이므로 순환적 관점에서 이해하여야 한다.

1 우리나라 보건의료제도에 대한 설명으로 가장 옳지 않은 것은?

① 민간보건의료조직이 다수를 차지한다.
② 환자가 자유롭게 의료제공자를 선택할 수 있다.
③ 국민의료비가 지속적으로 증가하고 있다.
④ 예방중심의 포괄적인 서비스가 제공되고 있다.

✏️해설 우리나라 보건의료제도의 특징과 문제점

1	국민의료비의 지속적인 증가
2	공공보건의료의 취약과 민간 위주의 공급체계
3	제약없이 환자가 의료제공자를 선택할 수 있음
4	보건의료공급자의 문제점
5	포괄적인 의료 서비스(건강증진, 예방, 치료, 재활)의 부재
6	의료기관 및 의료인력의 지역 간 불균형 분포
7	공공의료분야의 다원화(이원화)

정답 1. ④

2 「후천성면역결핍증 예방법」상 후천성면역결핍증으로 사망한 사체를 검안한 의사 또는 의료기관은 이 사실을 누구에게 신고하여야 하는가?

① 보건소장
② 시·도지사
③ 질병관리본부장
④ 보건복지부장관

✎해설 **의사 또는 의료기관 등의 신고**

제5조(의사 또는 의료기관 등의 신고) ① 감염인을 진단하거나 감염인의 사체를 검안한 의사 또는 의료기관은 보건복지부령으로 정하는 바에 따라 24시간 이내에 진단·검안 사실을 관할 보건소장에게 신고하고, 감염인과 그 배우자(사실혼 관계에 있는 사람을 포함한다. 이하 같다) 및 성 접촉자에게 후천성면역결핍증의 전파 방지에 필요한 사항을 알리고 이를 준수하도록 지도하여야 한다. 이 경우 가능하면 감염인의 의사(意思)를 참고하여야 한다. 〈개정 2018. 3. 27.〉
② 학술연구 또는 제9조에 따른 혈액 및 혈액제제(血液製劑)에 대한 검사에 의하여 감염인을 발견한 사람이나 해당 연구 또는 검사를 한 기관의 장은 보건복지부령으로 정하는 바에 따라 24시간 이내에 보건복지부장관에게 신고하여야 한다. 〈개정 2018. 3. 27.〉
③ 감염인이 사망한 경우 이를 처리한 의사 또는 의료기관은 보건복지부령으로 정하는 바에 따라 24시간 이내에 관할 보건소장에게 신고하여야 한다. 〈개정 2018. 3. 27.〉
④ 제1항 및 제3항에 따라 신고를 받은 보건소장은 특별자치시장·특별자치도지사·시장·군수 또는 구청장(자치구의 구청장을 말한다. 이하 같다)에게 이를 보고하여야 하고, 보고를 받은 특별자치시장·특별자치도지사는 질병관리청장에게, 시장·군수·구청장은 특별시장·광역시장 또는 도지사를 거쳐 질병관리청장에게 이를 보고하여야 한다.

---

3 우리나라 노인장기요양보험에 관한 설명으로 가장 옳은 것은?

① 국민건강보험 재정에 구속되어 있어서 재정의 효율성을 제고할 수 있다.
② 「국민건강보험법」에 의하여 설립된 기존의 국민건강보험공단을 관리운영기관으로 하고 있다.
③ 재원은 수급대상자의 본인부담금 없이 장기요양보험료와 국가 및 지방자치단체 부담으로 운영된다.
④ 수급 대상자는 65세 이상의 노인 또는 65세 미만의 자로서 치매, 뇌혈관성질환, 파킨슨병 등 노인성 질병을 가진 자 중 6개월 이상 병원에 입원하고 있는 노인이다.

정답 2. ① 3. ②

해설 노인장기요양보험

관리운영기관	「국민건강보험법」에 의하여 설립된 기존의 국민건강보험공단
재원조달	장기요양보험료(건강보험료와 통합하여 징수), 국가지원(20%), 본인일부부담금
대상자	65세 이상의 노인 또는 65세 미만의 자로서 치매·뇌혈관성 질환 등 대통령령으로 정하는 노인성 질병을 가진자

4 B구의 보건문제에 대해 BPRS 우선순위 결정방법에 따라 우선순위를 선정하려고 한다. 1순위로 고려될 수 있는 보건문제는?

보건문제	평가항목		
	문제의 크기	문제의 심각도	사업의 추정효과
높은 비만율	4	3	2
높은 흡연율	3	7	2
높은 암 사망률	2	8	1
높은 고혈압 유병률	3	6	5

① 높은 비만율
② 높은 흡연율
③ 높은 암 사망률
④ 높은 고혈압 유병률

정답 4. ④

1	건강문제의 절대적 크기에 따라 우선순위가 결정되는 방법 중 가장 대표적인 것으로 보건사업의 영역에서 가장 널리 활용되고 있다.	
2	BPRS = (A + 2B) × C	
	A	건강문제의 크기(10점 만점)
	B	건강문제의 심각도(10점 만점)
	C	보건사업의 효과성(10점 만점)
	BPRS	BPRS만점은 300점

---

5 **듀발(Duvall)의 가족발달 이론에서 첫 아이의 연령이 6~13세인 가족의 발달과업으로 가장 옳은 것은?**

① 부부관계를 재확립한다.

② 세대 간의 충돌에 대처한다.

③ 가족 내 규칙과 규범을 확립한다.

④ 서로의 친척에 대한 이해와 관계를 수립한다.

해설) 학령기 가족

1	첫 자녀가 6~13세	5	자녀의 교육성과의 달성
2	자녀들의 사회화 촉진	6	만족스러운 부부관계의 유지
3	가정의 전통과 관습의 전승	7	자녀들의 긍정적인 방향의 공동체 및 사회활동 촉진(건설적인 방식으로 공동생활에 참여)
4	학업성취의 증진 (자녀들의 교육적 성취를 격려)	8	가족 내 규칙과 규범의 확립

정답 5. ③

6 지난 1년간 한 마을에 고혈압 환자가 신규로 40명이 발생하였다. 마을 주민 중 이전에 고혈압을 진단받은 환자는 200명이다. 마을 전체 주민이 1,000명이라면 지난 1년간 고혈압 발생률은?

① 4%

② 5%

③ 20%

④ 24%

〰️ **해설** **발생률**

일정 기간 동안 어떤 질병의 위험요인에 노출된 대상자 중에서 새롭게 그 질병에 걸린 대상자 수를 단위 인구당 계산한 것으로 건강한 전체 인구 중에서 관찰기간에 특정 질병에 새로 발생한 환자수를 단위 인구로 표시한 것이다.

정답 6. ②

7 국가암검진 사업에 포함되는 암 종류별 대상자와 검진주기에 대한 설명으로 가장 옳은 것은?

① 위암 : 만 50세 이상 남녀, 2년

② 대장암 : 만 50세 이상 남녀, 1년

③ 유방암 : 만 40세 이상 여성, 1년

④ 간암 : 만 50세 이상의 남녀 중 간암발생 고위험군, 6개월

🔍**해설** 「암관리법 시행령」

암의 종류	검진주기	연령 기준 등
위암	2년	40세 이상의 남·여
간암	6개월	40세 이상의 남·여 중 간암 발생 고위험군
대장암	1년	50세 이상의 남·여
유방암	2년	40세 이상의 여성
자궁경부암	2년	20세 이상의 여성
폐암	2년	54세 이상 74세 이하의 남·여 중 폐암 발생 고위험군

※ 비고
• "간암 발생 고위험군"이란 간경변증, B형간염 항원 양성, C형간염 항체 양성, B형 또는 C형 간염 바이러스에 의한 만성 간질환 환자를 말한다.
• "폐암 발생 고위험군"이란 30갑년[하루 평균 담배소비량(갑) × 흡연기간(년)] 이상의 흡연력(吸煙歷)을 가진 현재 흡연자와 폐암 검진의 필요성이 높아 보건복지부장관이 정하여 고시하는 사람을 말한다.

정답 7. ②

8 보건소의 방문건강관리사업 사례관리를 받기로 동의한 대상자의 건강위험요인을 파악하였다. 다음 중 정기관리군으로 고려될 대상자는?

① 허약노인 판정점수가 6점인 75세 여성

② 당화혈색소 6.5%이면서 흡연 중인 77세 남성

③ 수축기압 145mmHg이면서 비만인 67세 여성

④ 뇌졸중 등록자로 신체활동을 미실천하는 72세 남성

✍해설 서비스 군별 관리 내용(권고 사항)

군	대상자 특성	권고사항
집중관리군	• 건강위험요인 및 건강문제가 있고 증상 조절이 안 되는 경우	• 2~4개월 동안 6~10회 방문 • 필요 시 전화방문 가능
정기관리군	• 건강위험요인 및 건강문제가 있고 증상이 있으나 조절이 되는 경우(위험군)	• 2~3개월에 1회 이상 방문 • 필요 시 전화방문 가능
자기역량지원군	• 건강위험요인 및 건강문제가 있으나 증상이 없는 경우(정상군)	• 4~6개월에 1회 이상 방문 • 필요 시 전화방문 가능

9 상수의 정수과정으로 가장 옳은 것은?

① 폭기 – 침전 – 여과 – 소독

② 여과 – 침사 – 소독 – 침전

③ 여과 – 침전 – 침사 – 소독

④ 침전 – 폭기 – 여과 – 소독

✍해설 상수의 정수과정

상수의 정수과정으로는 침전 – 폭기 – 여과 – 소독이다.

정답 8.④ 9.④

10 보건소 방문간호사가 최근 당뇨를 진단받은 세대주의 가정을 방문하여 〈보기〉와 같은 자료를 수집하였다. 이를 활용하여 가족밀착도를 작성하고자 할 때, 가장 옳은 것은?

> 가족구성원 : 세대주(남편) – 55세, 회사원, 당뇨
>   배우자(아내) – 50세, 가정주부
>   아들 – 26세, 학생, 알레르기성 비염
>   딸 – 24세, 학생
> 취약점을 가지고 있는 구성원 : 세대주
> 가족밀착도 : 남편 – 아내 : 서로 친밀한 관계
>   아버지 – 아들 : 친밀감이 약한 관계
>   아버지 – 딸 : 매우 밀착된 관계
>   어머니 – 아들 : 갈등이 심한 관계
>   어머니 – 딸 : 서로 친밀한 관계
>   아들 – 딸 : 갈등이 있는 관계

① 세대주는 ○로 표시하였다.
② 세대주를 중심에 배치하였다.
③ 기호 안에 가족 내 위치와 나이를 기록하였다.
④ 아버지와 아들과의 관계는 점선으로 표시하였다.

✎해설 **가족밀착도**

1	현재 동거하고 있는 가족구성원 간의 애정적 결속력, 밀착관계, 애착 정도, 갈등 정도 등을 알 수 있다.
2	가족 구성원 간의 밀착관계와 상호관계를 그림으로 도식화, 가족의 구조뿐만 아니라 구조를 구성하고 있는 관계의 본질을 파악할 수 있다.
3	평소 가족이 알지 못하던 관계를 새롭게 조명해 볼 수 있고, 가족의 전체적인 상호작용을 바로 알 수 있어 가족 간 문제를 확인하기가 용이하다.
4	가족 구성원을 둥글게 배치하여 남자는 네모, 여자는 동그라미로 표시한다.
5	기호 안에는 간단하게 구성원의 가족 내 위치와 나이를 기록하고 가족 2명을 조로 하여 관계를 선으로 나타낸다.

정답 10. ③

11 가족이 경험할 수 있는 문제와 각 단계에서 있을 수 있는 문제상황에 대한 효율적인 결정을 하기 위하여 정보를 알고 평가하는 데 도움을 주며, 이에 대처할 수 있는 능력을 키워주는 것으로, 가족들이 문제에 부딪혔을 때 쉽게 적응할 수 있도록 하는 방법은?

① 조정
② 계약
③ 의뢰
④ 예측적 안내

✎ 해설 **예측적 안내**

1	가족간호중재의 유형이다.
2	가족 생활을 통해 가족들이 경험할 수 있는 문제들을 예측하여 이에 대처할 수 있는 능력을 키워주는 것이다.
3	예측적 안내는 주로 문제해결의 접근방법을 통해 이루어진다.
4	가족이 경험할 수 있는 문제와 각 단계에서 있을 수 있는 문제상황에 대한 효율적인 결정을 하기 위하여 정보를 알고 평가하는 데 도움을 준다.
5	대처할 수 있는 능력을 키워주는 것으로, 가족들이 문제에 부딪혔을 때 쉽게 적응 할 수 있도록 하는 방법이다.

정답 11. ④

12 「재난 및 안전관리 기본법」상 〈보기〉에서 제시된 업무는 재난관리 중 어느 단계에 해당하는가?

> **보기**
> • 재난관리자원의 비축 및 관리
> • 재난안전통신망의 구축 및 운영
> • 재난현장 긴급통신수단의 마련
> • 재난분야 위기관리 매뉴얼 작성 및 운용
> • 안전기준의 등록 및 심의

① 재난예방단계
② 재난대비단계
③ 재난대응단계
④ 재난복구단계

해설 재난대비단계

1	재난관리자원의 비축 및 관리
2	재난안전통신망의 구축 및 운영
3	재난현장 긴급통신수단의 마련
4	재난분야 위기관리 매뉴얼 작성 및 운용
5	안전기준의 등록 및 심의

13 제시된 시나리오를 활용하여 학습에 대한 동기유발, 학습자의 자발적 참여와 자율성, 능동적 태도 및 문제 해결능력이 강화되어 새로운 상황에 대한 효과적인 대처가 가능하도록 교육하는 데 근거가 되는 교육방법과 교육이론을 옳게 짝지은 것은?

① 역할극 – 행동주의 학습이론
② 분단토의 – 인지주의 학습이론
③ 강의 – 인본주의 학습이론
④ 문제중심학습법 – 구성주의 학습이론

해설) 문제중심학습법(구성주의 학습이론)

1	구성주의에서 지식이란 인간이 처한 상황의 맥락 안에서 사전 경험에 의해 개개인의 마음에 재구성하는 것이라고 주장한다. 즉 지식이 인간의 경험과는 별도로 외부에 존재한다는 객관주의와는 상반되는 이론이다.
2	구성주의 학습은 주어진 상황에서 학습자가 자신의 주관적 경험과 사회적 상호작용을 통해 지식이 갖는 내적인 의미를 구성하는 것이다. 즉 자신의 개인적인 경험에 근거해서 독특하게 개인적인 해석을 내리는 능동적이며 개인적인 과정이다.
3	구성주의는 최근 의학이나 간호학의 학습방법으로 도입된 문제중심학습(PBL)의 철학적 배경이 되며, '의미 만들기 이론' 또는 '알아가기 이론'이라고도 한다.
4	구성주의의 교육목적은 학습자들이 환경의 맥락에서 자신이 구성한 의미를 사용함으로써 실생활에서 부딪히는 실제의 문제에 지식을 적용할 수 있는 능력을 기르는 것이다.
5	구성주의에서 교육자는 보조자, 촉진자, 코치로서 학습자 자신이 경험하는 세계에 대하여 학습자 스스로 해석하는 방법을 함께 개발하는 역할을 수행한다.
6	제시된 시나리오를 활용하여 학습에 대한 동기유발, 학습자의 자발적 참여와 자율성, 능동적 태도 및 문제 해결능력이 강화된다.
7	새로운 상황에 대한 효과적인 대처가 가능하도록 교육하는 데 근거가 되는 교육방법이다.

정답 13. ④

14 〈보기〉는 어떠한 역학적 연구방법에 대한 설명이다. 이 연구방법에 해당하는 것은?

> **보기**
>
> 심뇌혈관질환의 유병을 예방하고자 비만한 대상자를 두 개의 집단으로 할당한 후 한 쪽 집단에만 체중관리를 시키고 나머지는 그대로 둔 이후에 두 집단 간의 심뇌혈관질환의 유병을 비교하였다.

① 코호트 연구
② 단면적 연구
③ 환자-대조군 연구
④ 실험 연구

해설 **실험 연구(실험역학)**

1	관찰역학적인 방법으로 얻은 특정 가설을 검정하려고 실험군과 대조군을 추적관찰한다.
2	조직의 효과를 비교하는 역학적 연구방법이다.
3	연구대상자 모집, 기초조사, 확률할당, 조작, 결과측정, 결과분석 등이 속한다.

15 제4차 국민건강증진종합계획(HP2020)의 중점과제와 대표지표가 옳게 연결되지 않은 것은?

① 정신보건 – 자살 사망률(인구 10만명당)
② 노인건강 – 노인 치매 유병률
③ 신체활동 – 유산소 신체활동 실천율
④ 구강보건 – 영구치(12세) 치아우식 경험률

📝**해설** 제4차 국민건강증진종합계획(HP2020)의 대표지표

금연	성인남성 현재 흡연율, 중고등학교 남학생 현재 흡연율(추가)
절주	성인남성 고위험 음주율, 성인여성 고위험 음주율
신체활동	유산소 신체활동 실천율
영양	건강식생활 실천율(지방, 나트륨, 과일/채소, 영양표시 4개 중 2개 이상을 만족하는 인구 비율)
암관리	암 사망률(인구 10만 명당)
건강검진	일반(생애)건강검진 수검률(건강보험적용자)
심뇌혈관질환	고혈압 유병률, 당뇨병 유병률(추가)
비반	성인남성 비만유병률, 성인여성 비만유병률
정신보건	자살 사망률(인구 10만 명당)
구강보건	아동청소년 치아우식 경험률(영구치)
결핵	신고 결핵 신환자율(결핵발생률, 인구 10만 명당)
손상예방	손상 사망률(인구 10만 명당)
모성건강	모성사망비(출생아 10만 명당)
영우아	영아사망률(출생아 1천 명당)
노인건강	노인 활동제한율(일상생활 수행능력 장애율)

정답 15. ②

16 「지역보건법」상 보건소의 기능 및 업무를 〈보기〉에서 모두 고른 것은?

> **보기**
>
> ㄱ. 건강 친화적인 지역사회 여건의 조성
> ㄴ. 지역보건의료정책의 기획, 조사·연구 및 평가
> ㄷ. 국민보건 향상을 위한 지도·관리
> ㄹ. 보건의료 관련기관·단체, 학교, 직장 등과의 협력체계 구축

① ㄱ, ㄴ

② ㄷ, ㄹ

③ ㄱ, ㄴ, ㄷ

④ ㄱ, ㄴ, ㄷ, ㄹ

✏️해설 제11조(보건소의 기능 및 업무)

① 보건소는 해당 지방자치단체의 관할 구역에서 다음 각 호의 기능 및 업무를 수행한다.

---

1. 건강 친화적인 지역사회 여건의 조성
2. 지역보건의료정책의 기획, 조사·연구 및 평가
3. 보건의료인 및 「보건의료기본법」 제3조제4호에 따른 보건의료기관 등에 대한 지도·관리·육성과 국민보건 향상을 위한 지도·관리
4. 보건의료 관련기관·단체, 학교, 직장 등과의 협력체계 구축
5. 지역주민의 건강증진 및 질병예방·관리를 위한 다음 각 목의 지역보건의료서비스의 제공
   가. 국민건강증진·구강건강·영양관리사업 및 보건교육
   나. 감염병의 예방 및 관리
   다. 모성과 영유아의 건강유지·증진
   라. 여성·노인·장애인 등 보건의료 취약계층의 건강유지·증진
   마. 정신건강증진 및 생명존중에 관한 사항
   바. 지역주민에 대한 진료, 건강검진 및 만성질환 등의 질병관리에 관한 사항
   사. 가정 및 사회복지시설 등을 방문하여 행하는 보건의료 및 건강관리사업
   아. 난임의 예방 및 관리

② 제1항에 따른 보건소 기능 및 업무 등에 관하여 필요한 세부 사항은 대통령령으로 정한다.

정답 16. ④

17 〈보기〉와 같은 연령별 내국인 인구를 가진 지역사회의 인구구조에 대한 설명으로 가장 옳은 것은?

보기

연령(세)	인원(명)
0 ~ 14	200
15 ~ 24	200
25 ~ 34	150
35 ~ 44	200
45 ~ 54	250
55 ~ 64	200
65 ~ 74	150
75세 이상	150
계	1,500

① 고령사회이다.
② 노년부양비는 50.0%이다.
③ 노령화지수는 150.0%이다.
④ 유년부양비는 50.0%이다.

해설) **지역사회의 인구구조 사례**

고령사회	주민등록상 기재되어 있는 전체 인구 중 65세 이상 인구가 차지하는 비율이 14% 이상일 경우, 우리나라는 2000년에 이미 7%를 넘어 고령화사회에 진입하였고, 이러한 증가추세는 계속되어 2018년에는 14%를 넘어 고령사회, 2025년에는 20%를 넘어 초고령사회가 될 것으로 예측된다.
노년부양비 (노년부양지수)	생산가능인구(15세 이상 65세 미만) 대비 노년인구(65세 이상)의 분율, 우리나라의 노년부양비는 계속 증가하는 추세이다.
노령화지수	유년인구(15세 미만)에 비해 노년인구(65세 이상)가 차지하는 상대적인 비율, 유년인구 대비 노년인구의 분율로 우리나라의 노령화지수는 급격히 증가하는 추세이다.
유년부양비	15세 이상 64세 이하의 생산 연령 인구에 대한 14세 이하의 유년층 인구의 비율이다.

정답 17. ③

18 Betty Neuman의 건강관리체계이론의 구성요소 중 '유연방어선'에 대한 설명으로 가장 옳은 것은?

① 대상체계가 스트레스원에 의해 기본구조가 침투되는 것을 보호하는 내적요인들이다.

② 개인의 일상적인 대처유형, 삶의 유형, 발달단계와 같은 행위적 요인과 변수들의 복합물이다.

③ 저항선 바깥에 존재하며, 대상자의 안녕상태 혹은 스트레스원에 대해 정상범위로 반응하는 상태를 말한다.

④ 외적변화에 방어할 잠재력을 가지고 환경과 상호작용하며, 외부자극으로부터 대상체계를 일차로 보호하는 쿠션과 같은 기능을 한다.

해설 유연방어선(일차방어선)

1	기본구조를 둘러싸고 있는 선 중 가장 바깥에 위치하여 외부자극으로부터 대상체계를 일차적으로 보호하는 쿠션과 같은 역할을 한다.
2	유연한, 잘 휘어지는 것을 뜻하는 말로 외부환경과 상호작용하여 수시로 변하는 역동적 구조로 되어 있다.
3	스트레스원이 정상방어선을 침범하지 못하도록 그 바깥에서 완충적 역할을 한다.
4	스트레스원이 유연방어선보다 약하면 여기에서 영향이 차단되고 반대로 강하면 정상방어선에 침투하게 된다.
5	유연방어선은 의료체계 부족, 부적절한 보건의료전달체계와 관련된다.

19 「지역보건법」의 내용으로 가장 옳지 않은 것은?

① 보건소는 매년 지역 주민을 대상으로 지역사회 건강실태조사를 실시한다.

② 보건소장은 관할 보건지소, 건강생활지원센터, 보건진료소의 직원 및 업무에 대하여 지도·감독한다.

③ 지역보건의료기관의 전문인력의 자질향상을 위한 기본교육훈련 기간은 1주이다.

④ 보건복지부장관은 지역보건의료기관의 기능을 수행하는 데 필요한 각종 자료 및 정보의 효율적 처리와 기록·관리 업무의 전자화를 위하여 지역보건의료정보시스템을 구축·운영할 수 있다.

정답 18. ④ 19. ③

「지역보건법」 제19조(교육훈련의 대상 및 기간) 법 제16조 제3항에 따른 교육훈련 과정별 교육훈련의 대상 및 기간은 다음 각 호의 구분에 따른다.

기본교육훈련	해당 직급의 공무원으로서 필요한 능력과 자질을 배양할 수 있도록 신규로 임용되는 전문인력을 대상으로 하는 3주 이상의 교육훈련
직무 분야별 전문교육훈련	보건소에서 현재 담당하고 있거나 담당할 직무 분야에 필요한 전문적인 지식과 기술을 습득할 수 있도록 재직 중인 전문인력을 대상으로 하는 1주 이상의 교육훈련

20 지역사회간호사의 역할 중 지역사회의 포괄적인 보건사업을 이끌어 개인, 가족, 지역사회가 건강을 위해 적합한 의사결정을 내리도록 도와주는 역할에 해당하는 것은?

① 변화촉진자　　　　　　　　② 지도자
③ 교육자　　　　　　　　　　④ 옹호자

（✎해설） 변화촉진자

변화촉진자는 간호대상자의 의사결정 과정에 영향력을 행사하여 건강문제에 대처하는 능력을 증진시키고 보건의료를 위한 변화를 효과적으로 가져오게 하며 지역사회의 포괄적인 보건사업을 이끌어 개인, 가족, 지역사회가 건강을 위해 적합한 의사결정을 내리도록 도와주는 역할을 한다.

정답　20. ①

1 지역사회간호사업 수행단계에서 계획대로 사업이 진행되고 있는지를 확인하기 위한 활동으로, 업무수행을 관찰하거나 기록을 검사하여 문제를 파악하고 문제의 원인을 찾는 활동에 해당하는 것은?

① 조정   ② 의뢰
③ 감시   ④ 감독

해설 감시(Monitoring)

감시란 목적 달성을 위해 사업이 계획대로 진행되고 있는지를 확인하는 것으로 계속적인 관찰, 기록의 감시와 검토, 물품 또는 자원의 점검, 요원과 지역사회의 의사소통 등이 있다.

2 제2급 감염병에 속하면서 국가예방접종에 포함된 감염병으로 옳지 않게 짝지워진 것은?

① 폐렴구균 – 결핵   ② 결핵 – A형 간염
③ 일본뇌염 – 결핵   ④ B형 헤모필루스 인플루엔자 – A형 간염

해설 국가예방접종 대상 감염병

제2급 감염병	결핵, 수두, 홍역, 콜레라, 장티푸스, 파라티푸스, 세균성이질, 장출혈성대장균감염증, A형간염, 백일해(百日咳), 유행성이하선염(流行性耳下腺炎), 풍진(風疹), 폴리오, 수막구균 감염증 b형헤모필루스인플루엔자, 폐렴구균 감염증, 한센병, 성홍열, 반코마이신내성황색포도알균(VRSA) 감염증, 카바페넴내성장내세균속균종(CRE) 감염증, E형 간염
필수 예방접종	디프테리아, 폴리오, 백일해, 홍역, 파상풍, 결핵, B형간염, 유행성이하선염, 풍진, 수두, 일본뇌염, b형헤모필루스인플루엔자, 폐렴구균, 인플루엔자, A형간염, 사람유두종바이러스 감염증

※ 일본뇌염은 제3급 감염병이다

정답   1. ③   2. ③

3 「먹는 물 관리법」과 「먹는 물 수질기준 및 검사 등에 관한 규칙」에 따른 수돗물의 수질 기준으로 가장 옳지 않은 것은?

① 납은 수돗물 1L당 0.01mg을 넘지 아니할 것
② 비소는 수돗물 1L당 0.01mg을 넘지 아니할 것
③ 수은은 수돗물 1L당 0.01mg을 넘지 아니할 것
④ 암모니아성 질소는 수돗물 1L당 0.5mg을 넘지 아니할 것

✎ 해설 **수은**

수은은 1L당 0.001mg을 넘지 아니하여야 한다.

4 「재난 및 안전관리 기본법」에 따른 사회재난에 해당하지 않는 것은?

① 소행성 등 자연우주물체의 추락으로 인해 발생한 재해
②「감염병의 예방 및 관리에 관한 법률」에 따른 감염병으로 인한 피해
③ 화재, 붕괴 등으로 인해 발생된 대통령령으로 정하는 규모 이상의 피해
④「가축전염병 예방법」에 따른 가축전염병의 확산으로 인한 피해

✎ 해설 **사회재난**

사회재난은 화재, 붕괴, 폭발, 교통사고(항공사고 및 해상사고를 포함한다), 화생방사고, 환경오염사고 등으로 인하여 발생하는 대통령령으로 정하는 규모 이상의 피해와 에너지, 통신, 교통, 금융, 의료, 수도 등 국가기반체계(이하 "국가기반체계"라 한다)의 마비, 「감염병의 예방 및 관리에 관한 법률」에 따른 감염병 또는 「가축전염병예방법」에 따른 가축전염병의 확산, 「미세먼지 저감 및 관리에 관한 특별법」에 따른 미세먼지 등으로 인한 피해를 말한다.

정답 3. ③ 4. ①

5 부모와 32개월 남아 및 18개월 여아로 이루어진 가족은 듀발(Duvall)의 가족생활 주기 8단계 중 어디에 해당되며, 이 단계의 발달과업은 무엇인가?

① 양육기–임신과 자녀 양육 문제에 대한 배우자 간의 동의
② 학령전기–가정의 전통과 관습의 전승
③ 양육기–자녀들의 경쟁 및 불균형된 자녀와의 관계에 대처
④ 학령전기–자녀들의 사회화 교육 및 영양관리

🖊 해설) 학령전기 가족

1	첫 자녀 30개월~ 6세
2	자녀들의 사회화 교육 및 영양관리
3	안정된 결혼(부부)관계의 유지
4	자녀들의 경쟁 및 불균형한 자녀와의 관계 대처

6 우리나라 사회보장제도에 대한 설명으로 가장 옳은 것은?

① 산재보험은 소득보장과 함께 의료보장을 해주는 사회보험이다.
② 의료급여는 저소득층의 의료보장을 위한 사회보험에 해당한다.
③ 건강보험은 공공부조로 공공적 특성을 가지며 강제성을 띤다.
④ 노인장기요양보험은 공공부조로 재원조달은 국고지원으로 이루어진다.

🖊 해설) 우리나라의 사회보장제도

1	산재보험은 소득보장과 의료보장을 함께 하는 사회보험
2	의료급여는 저소득층의 의료보장을 위한 공공부조
3	건강보험은 공공적 특성을 갖고 강제성을 띤 사회보험
4	노인장기요양보험은 사회보험

정답 5. ④ 6. ①

7 블룸(Bloom)은 학습목표 영역을 세 가지로 분류하였다. 다음 중 다른 종류의 학습목표 영역에 해당하는 것은?

① 대상자들은 담배 속 화학물질인 타르와 니코틴이 건강에 미치는 영향을 비교하여 설명할 수 있다.

② 대상자들은 흡연이 건강에 미치는 해로운 영향을 5가지 말할 수 있다.

③ 대상자들은 흡연이 자신이나 가족들에게 매우 해로우므로 금연을 하는 것이 긍정적인 행위라고 말한다.

④ 대상자들은 자신이 직접 세운 금연 계획의 실천 가능성이 얼마나 되는지 평가할 수 있다.

해설 인지적 영역과 심리운동적 영역

①, ②, ④번은 인지적 영역(주로 안다는 일과 관계되는 기초적인 정신적, 지적 과정)이며, ③번은 심리운동적 영역(신체적 행위를 통한 신체적 능력과 기능을 발달시키는 것과 연관된 영역)이다.

정답 7. ③

8 어떤 사업장에서 근로자 건강진단을 실시하여 〈보기〉와 같은 결과가 나왔다. 이에 대한 설명으로 가장 옳은 것은?

건강관리구분		단위(명)
A		2,000
C	C_1	200
	C_2	300
D	D_1	20
	D_2	150
계		2670

① 일반 질병으로 진전될 우려가 있어 추적관찰이 필요한 근로자는 300명이다.
② 직업성 질병의 소견을 보여 사후관리가 필요한 근로자는 200명이다.
③ 일반 질병의 소견을 보여 사후관리가 필요한 근로자는 20명이다.
④ 직업성 질병의 소견을 보여 사후관리가 필요한 근로자는 150명이다.

해설 근로자 건강진단 결과표

C_1	직업성 질환으로 진전될 우려가 있어 추적조사 등 관찰이 필요한 자(요관찰자)
C_2	일반 질병으로 진전될 우려가 있어 추적관찰이 필요한 자(요관찰자)
D_1	직업성 질환의 소견을 보여 사후관리가 필요한 자(직업병 유소견자)
D_2	일반질병의 소견을 보여 사후관리가 필요한 자(일반질병 유소견자)

정답 8. ①

9 관할지역에서 탄저로 죽은 소가 발견되었다는 신고를 받은 읍장이 취해야 할 행동으로 가장 옳은 것은?

① 즉시 보건소장에게 신고

② 즉시 시장·군수·구청장에게 신고

③ 즉시 보건소장에게 통보

④ 즉시 질병관리본부장에게 통보

✎**해설** 인수공통감염병의 통보(「감염병의 예방 및 관리에 관한 법률」 제14조)

> ① 「가축전염병예방법」 제11조제1항제2호에 따라 신고를 받은 국립가축방역기관장, 신고대상 가축의 소재지를 관할하는 시장·군수·구청장 또는 시·도 가축방역기관의 장은 같은 법에 따른 가축전염병 중 다음 각 호의 어느 하나에 해당하는 감염병의 경우에는 즉시 질병관리본부장에게 통보하여야 한다.
> 1. 탄저
> 2. 고병원성조류인플루엔자
> 3. 광견병
> 4. 그 밖에 대통령령으로 정하는 인수공통감염병
> ② 제1항에 따른 통보를 받은 질병관리본부장은 감염병의 예방 및 확산 방지를 위하여 이 법에 따른 적절한 조치를 취하여야 한다. 〈신설 2015. 7. 6.〉
> ③ 제1항에 따른 신고 또는 통보를 받은 행정기관의 장은 신고자의 요청이 있는 때에는 신고자의 신원을 외부에 공개하여서는 아니 된다. 〈개정 2015. 7. 6.〉
> ④ 제1항에 따른 통보의 방법 및 절차 등에 관하여 필요한 사항은 보건복지부령으로 정한다.

정답 9. ④

10 임신 22주인 산모 A씨는 톡소플라즈마증으로 진단받았다. A씨가 취할 수 있는 행위로 가장 옳은 것은?

① 법적으로 인공임신중절수술 허용기간이 지나 임신을 유지하여야 한다.

② 인공임신중절수술 허용기간은 지났지만 톡소플라즈마증은 태아에 미치는 위험이 높기 때문에 본인과 배우자 동의하에 인공임신중절수술을 할 수 있다.

③ 인공임신중절수술을 할 수 있는 기간이지만 톡소플라즈마증은 태아에 미치는 위험이 낮기 때문에 임신을 유지하여야 한다.

④ 인공임신중절수술을 할 수 있는 기간이고 톡소플라즈마증은 태아에 미치는 위험이 높기 때문에 본인과 배우자 동의하에 인공임신중절수술을 할 수 있다.

해설 톡소플라즈마

원인	• 톡소플라즈마 기생충은 일생의 대부분을 고양이 몸속에 있으며 감염된 고양이는 매일 대변을 통해 수 백만 마리의 톡소플라즈마 기생충을 배설하기 때문에 톡소플라즈마증은 고양이와 같이 사는 다른 동물들에게도 쉽게 전파될 수 있다. • 사람의 경우 대부분 입을 통해 톡소플라즈마 기생충이 체내로 들어오게 된다. 사람이 더러운 손으로, 특히 고양이의 깔개를 교체한 후 입을 만지거나 완전히 익히지 않은 돼지고기, 양고기, 사슴고기를 먹은 경우에 발생할 수 있다. • 입을 통해 감염되는 것 이외에도 톡소플라즈마 기생충은 오염된 수혈이나 감염된 공여자로부터 이식받은 장기를 통해서도 체내로 들어올 수 있다. 또한 임산부에서 발생하면 기생충이 태반을 통해 영아에서 톡소플라즈마증을 일으킬 가능성이 50%나 된다. 이것을 선천성 톡소플라즈마증이라고 한다.
증상	• 정상적인 면역 방어체계를 가진 톡소플라즈마증 감염 환자들 90% 정도는 아무런 증상을 못 느끼며 감염을 인식하지 못한다. 면역체계가 약화된 사람, 특히 후천적 면역결핍증 환자에서는 톡소플라즈마증의 증상들은 흔히 뇌와 연관되어 심하게 나타난다. • 눈을 침범하면 시야가 흐려지고 시야 내에 '점'이 보이며 눈의 통증과 함께 빛에 매우 예민해질 수 있다. 톡소플라즈마증이 폐에 침범하면 호흡 곤란, 발열, 마른 기침, 객혈, 결국에는 호흡 부전을 초래하기도 한다. • 여성이 임신 중에 또는 임신하기 전 6주 이내에 톡소플라즈마증이 발생하면 아이는 선천성 톡소플라즈마증을 가지고 태어날 수 있다. 대개 영아의 눈에서 감염의 징후들을 발견할 수 있다.

11 〈보기〉의 ( ) 안에 들어갈 말은?

┤ 보기 ├

모성사망 측정을 위해 개발된 지표 중 가장 많이 사용되는지표인 모성사망비는 해당
연도 ( ) 10만 명당 해당연도 임신, 분만, 산욕으로 인한 모성사망의 수로 산출
한다.

---

① 여성
② 출생아
③ 사망 여성
④ 가임기 여성

✎)해설) **모성사망비**

모성사망비	모성사망 측정을 위해 개발된 지표 중 가장 많이 사용되는 지표로 출생아 10만명당 모성사망비는 모성사망의 수로 표시된다.
모성사망	임신 중 또는 출산 후 42일 이내에 임신이 직접적인 원인이 되었거나 또는 임신이 기존 질병을 악화시킨 간접적 원인이 되어 산모가 사망한 경우에 한정되며 임신 중 감염된 감염병, 만성질병 및 사고에 의한 사망은 제외된다.

12 지역사회간호사업의 평가계획에 대한 설명으로 가장 옳은 것은?

① 평가의 객관성을 최대한 유지하기 위해 사업의 내부 최고책임자를 포함한다.

② 평가자, 시기, 범주, 도구의 구체적인 계획은 사업평가 시에 작성한다.

③ 평가도구의 타당성은 평가하고자 하는 내용을 올바르게 평가하는 것을 의미한다.

④ 평가계획은 사업 시작 전 단계, 사업 수행 단계, 사업종결 단계에서 수시로 가능하다.

해설) 지역사회간호사업의 평가계획

평가자	• 평가자는 평가를 지역사회간호사 혼자서 할 것인지, 사업의 참여 인원 모두가 할 것인지, 평가위원회를 구성해서 할 것인지를 결정한다.
평가시기	• 평가시기는 사업이 완전히 끝났을 때와 사업이 진행되는 도중에 수시로 할 수 있다. 따라서 사업이 시작되기 전에 평가표를 작성해야 한다.
평가도구	• 타당성은 평가하고 있는 기준이 정확한 것인지를 의미한다. 즉, 평가하려는 내용을 어느 정도 정확하게 검사결과가 반영해 주는지를 보는 것이다. • 신뢰성은 평가도구를 이용하여 반복 측정할 때 얼마나 일치된 결과를 나타내느냐를 말하며 이는 평가하려는 목표와 내용을 얼마나 사실과 가깝게 정확하게 측정하는지 알아보는 것이다.
평가범위	• 목표달성 정도, 투입된 노력, 사업진행과정, 사업의 적합성, 사업의 효율 등이 있다. 즉 사업의 평가를 평가범위 중 어느 것에 중점을 두고 평가할 것인가를 결정한다.

13 세계보건기구(WHO)에서 제시한 일차보건의료의 특성에 대한 설명으로 가장 옳지 않은 것은?

① 지역사회의 적극적 참여를 통해 이루어져야 한다.

② 지역사회의 지불능력에 맞는 보건의료수가로 제공되어야 한다.

③ 지리적, 경제적, 사회적으로 지역주민이 이용하는데 차별이 있어서는 안 된다.

④ 자원이 한정되어 있으므로 효과가 가장 높은 사업을 선별하여 제공해야 한다.

정답) 12. ③ 13. ④

접근성	• 지역주민이 원할 때는 언제나 서비스 제공이 가능하여야 한다. • 지역주민이 보건의료이용에 지역적, 지리적, 경제적, 사회적 이유 등으로 차별이 있어서는 안 되고, 특히 국가의 보건의료활동은 소외된 지역 없이 벽·오지까지 전달될 수 있어야 하며, 이러한 지역이 일차보건의료 활동의 핵심이다.
수용가능성	• 지역사회가 쉽게 받아들일 수 있는 방법으로 사업이 제공되어야 한다. 즉, 주민들이 수용할 수 있도록 과학적인 방법으로 접근하여 실용적인 서비스가 제공되어야 한다.
주민의 참여	• 지역사회의 적극적인 참여를 통해 이루어져야 한다. • 일차보건의료는 국가의 보건의료체계상 핵심으로서 지역사회 개발정책의 일환으로 진행되고 있으므로 지역 내의 보건의료발전을 위한 지역주민의 참여는 필수적이라고 할 수 있다.

---

14 〈보기〉에서 설명하고 있는 학습이론은?

> **보기**
>
> 학습이란 외적인 환경을 적절히 조성하여 학습자의 행동을 변화시키는 것으로 학습자에게 목표된 반응이 나타날 때, 즉각적인 피드백과 적절한 강화를 사용하도록 한다. 또한, 학습목표의 성취를 위하여 필요한 학습과제를 하위에서 상위로 단계별로 제시하고 반복연습의 기회를 제공한다.

① 구성주의 학습이론　　　　　　　② 인본주의 학습이론
③ 인지주의 학습이론　　　　　　　④ 행동주의 학습이론

✍️해설 행동주의 학습이론

1	행동주의 학습은 유기체가 어떠한 자극으로부터 반응하는지 행동변화의 과정을 중요시한다. 행동주의 이론은 파블로브의 고전적 조건화, 손다이크의 도구적 조건화 및 스키너의 조작적 조건화 학습 등이 있다.
2	학습이란 외적인 환경을 적절히 조성하여 학습자의 행동을 변화시키는 것으로 학습자에게 목표된 반응이 나타날 때, 즉각적인 피드백과 적절한 강화를 사용하도록 한다.

정답 14. ④

3	학습목표의 성취를 위하여 필요한 학습과제를 하위에서 상위로 단계별로 제시하고 반복연습의 기회를 제공한다.

15 규칙적 운동 미실천과 고혈압 발생과의 관련성을 알아보기 위하여 코호트 연구를 실시하여 〈보기〉와 같은 자료를 얻었다. 운동 미실천과 고혈압 발생에 대한 상대위험비는?

┤ 보기 ├

〈단위 : 명〉

	고혈압 발생	고혈압 없음	계
규칙적 운동 미실천	100	400	500
규칙적 운동 실천	500	2,500	3,000
계	600	2,900	3,500

① 1.15 ② 1.20
③ 1.25 ④ 1.30

(해설) **상대위험도(비교위험도)**

코호트 연구에서 특정 노출과 특정 질병발생 사이의 연관성 크기는 요인에 노출된 집단과 비노출 집단의 질병발생률 비로 산출할 수 있는데 이것이 상대위험도이다.

	고혈압 발생(환자군)	고혈압 없음(대조군)	계
규칙적 운동 미실천	100(A)	400(B)	500(A + B)
규칙적 운동 실천	500(C)	2500(D)	3,000(C + D)
계	600(A+C)	2,900(B + D)	3,500

정답 15. ②

$$\text{상대위험도} = \frac{\text{노출군에서 발생률}}{\text{비노출군에서 발생률}} = \frac{\dfrac{A}{(A+B)}}{\dfrac{C}{(C+D)}}$$

16 우리나라의 제4차 국민건강증진종합계획(Health Plan 2020)의 총괄목표에 해당하는 것은?

① 삶의 질 향상, 건강수명 연장
② 건강형평성 제고, 사회물리적 환경조성
③ 삶의 질 향상, 사회물리적 환경조성
④ 건강수명 연장, 건강형평성 제고

📝**해설** 국민건강증진종합계획

국민건강증진종합계획(Health Plan 2020)의 총괄목표는 건강형평성 제고, 수명연장이다.

정답 16. ④

17 지역사회 통합건강증진사업의 특징은?

① 사업 산출량 지표를 개발하여 모든 지역에 적용함으로써 객관적으로 지역 간 비교가 가능하다.

② 기존 건강증진사업이 분절되어 운영되었던 것에 비해 사업을 통합하여 지역특성 및 주민수요 중심으로 서비스를 제공한다.

③ 모든 지역에서 동일한 사업을 수행할 수 있도록 중앙에서 표준화된 사업계획이 제공된다.

④ 사업별로 재원을 구체적으로 배분하여 일정 정해진 사업을 지역에서 수행하도록 하여 중앙정부의 목표에 집중하도록 한다.

해설 지역사회 통합건강증진사업의 특징

특징	• 기존의 보건소 건강증진 사업이 소규모 세부 단위로 구분하여 예산이 편성되어 사업운영이 분업적이던 것이 보건소 지역사회 통합건강증진 국고보건사업 통합(17개 →1개 사업) 및 국가 건강증진목표에 부합되도록 대상자 중심의 통합서비스를 제공함으로써 사업의 효율성 제고 • 지역의 건강문제, 주민의 요구를 반영하지 못하고 모든 보건소에서 지침에 따라 획일적으로 운영되어 경직적이던 것이 지방자치단체가 지역의 여건에 맞추어 세부내역을 자율적으로 설계·집행할 수 있도록 탄력적으로 운영할 수 있어서 지방자치단체의 자율성 확대 • 획일적 지침에 따른 수동적인 산출결과 평가에서 지방자치단체별 사업목적·목표 달성 여부를 평가하여 지방자치단체의 재정운용에 대한 책임성(평가) 제고	
용어	중앙	• 건강정책과(사업총괄 조정), 사업부서(중심과제별 보건소사업 전략 제시, 사업운영 및 교육지원)
	지방자치단체	• 사업영역 중 선택하여 지자체 자율적으로 세부사업 설계
	재원배분	• 지방자치단체 재정여건, 사업 성과 등과 연동된 재원비중을 단계적으로 확대
	평가	• 개별사업 중심이 아닌 Health Plan 2020 목표에 맞춘 평가 도입

18 〈보기〉의 우리나라 공공보건사업의 발전 순서를 바르게 나열한 것은?

보기

ㄱ. 보건소 기반 전국 방문건강관리사업 시행
ㄴ. 우리나라 전 국민을 위한 의료보험 실행
ㄷ. 국민건강증진법 제정으로 바람직한 건강행태 고취를 위한 토대 마련
ㄹ. 농어촌 보건의료를 위한 특별조치법 제정으로 일차 보건의료서비스 제공

① ㄱ → ㄴ → ㄷ → ㄹ
② ㄹ → ㄴ → ㄷ → ㄱ
③ ㄴ → ㄷ → ㄱ → ㄹ
④ ㄹ → ㄴ → ㄱ → ㄷ

해설 우리나라 공공보건사업의 발전 순서

1	1980년 12월에 「농어촌 등 보건의료를 위한 특별조치법」이 공포되면서 읍·면 이하 단위의 무의촌 지역에 보건진료소가 설치되고 간호사로서 24주간의 직무교육을 받은 보건진료 전담공무원이 배치되었다.
2	건강보험제도는 1981년 농어촌 지역을 대상으로 지역의료보험이 확대 실시되었고 1989년 도시지역의 지역의료보험이 실시되면서 전 국민 건강보험이 실현되었다.
3	2007년부터 전국 254개 보건소를 중심으로 시작된 방문건강관리사업이 시작되었다.
4	「국민건강증진법」에 근거하여 2002년부터 건강증진정책의 방향을 제시하는 장기종합계획으로 국민건강증진종합계획이 범정부적으로 수립해 오고 있다.

19 〈보기〉가 설명하는 실내오염 물질은?

| 보기 |
- 지각의 암석 중에 들어있는 우라늄이 방사성 붕괴 과정을 거친 후 생성되는 무색, 무취, 무미의 기체임
- 토양과 인접한 단독주택이나 바닥과 벽 등에 균열이 많은 오래된 건축물에 많이 존재함
- 전체 인체노출 경로 중 95%는 실내 공기를 호흡할 때 노출되는 것임
- 지속적으로 노출되면 폐암을 유발함

① 라돈
② 오존
③ 폼알데하이드
④ 트리클로로에틸렌

해설) 라돈

1	지각의 암석 중에 들어있는 우라늄이 방사성 붕괴 과정을 거친 후 생성되는 무색, 무취, 무미의 기체이다.
2	토양과 인접한 단독주택이나 바닥과 벽 등에 균열이 많은 오래된 건축물에 많이 존재한다.
3	전체 인체노출 경로 중 95%는 실내 공기를 호흡할 때 노출되는 것이다.
4	지속적으로 노출되면 폐암을 유발한다.

20 만성질환 환자를 둔 가족의 역할갈등을 해결하기 위하여, 가족구성원 간의 상호작용, 친밀감 정도 및 단절관계를 가장 잘 파악할 수 있는 사정도구는?

① 가족구조도
② 가족밀착도
③ 외부체계도
④ 사회지지도

🖎 **해설** **가족밀착도**

가족밀착도는 가족의 구조를 구성하고 있는 가족 구성원 간의 상호관계와 밀착 정도를 도식화함으로써 가족관계의 본질을 파악하는 것이다. 가족밀착도를 통해 평소에 인지하지 못하던 가족 간의 관계를 확인하거나 새롭게 조명할 수 있으며 가족의 전체적인 상호작용과 정서적지지 정도를 확인할 수 있다.

🏳 **정답** 20. ②

간호직공무원
기출문제

부록

8 9급

2020년 간호관리 기출문제

2020년 지역사회간호 기출문제

1 간호관리체계 모형에서 다음 내용을 포함하는 것은?

• 간호사 만족도 • 응급실 재방문율 • 환자의 욕창발생률

① 조정 ② 투입
③ 변환과정 ④ 산출

📝해설 간호관리체계 모형의 투입요소와 산출요소

구분		생산자(간호사, 병원)측면	소비자(환자)측면
투입요소	인적측면	간호인력(수, 특성, 배합), 간호직원의 기술, 경험, 교육훈련, 간호업무량, 간호사의 환자에 대한 태도 등	환자상태(환자중증도), 환자분류, 간호요구도(간호강도지표), 간호소비자의 특성, 환자의 간호사에 대한 태도 등
	물적측면	물자(시설, 장비, 장치, 공급품, 소모품, 약품 등), 건물설계(건물 디자인, 건물 크기 등), 자금(재정), 정보, 기술(테크놀로지), 시간 등	
산출요소		간호교육, 간호생산성, 조직개발, 조직의 활성화, 직무만족도, 간호사의 성장과 만족, 간호사의 결근율 및 이직률, 인력개발, 간호연구, 간호원가, 비용편익	환자재원일수, 간호서비스의 양과 질(환자간호시간, 직접간호시간, 질평가, 점수 등), 환자의 간호상태(건강회복, 재활, 질병으로부터 보호, 건강증진, 존엄성 있는 죽음 등), 환자만족도, 사망률, 질병발생률, 합병증 발생률, 응급실재방문률, 욕창발생률

정답 1. ④

2 **조직 유형을 정태적 조직과 동태적 조직으로 구분할 때 다른 유형에 속하는 것은?**

① 위원회 조직   ② 매트릭스 조직

③ 프로젝트 조직   ④ 라인-스태프 조직

해설 동태적 조직

1	동태적 조직은 주로 애드호크라시로 불리는 조직으로, 구성원의 자발성, 창의적인 행동을 중심으로 구성되기 때문에 구조적인 면에서 융통성과 적응력이 높은 것을 특징으로 한다.
2	동태적 조직은 구조가 복잡하지 않고, 형식이나 공식에 얽매이지 않으며, 의사결정권이 분권화되어 있는 것이 특징이다. 이러한 조직구조상 특징으로 인해 정치·경제·사회·문화적 환경변화에 빠르게 적응할 수 있다. 이러한 동태적 조직에는 프로젝트 조직, 매트릭스 조직, 위원회 조직 등이 있다.

3 **간호사가 수행하는 간접 간호활동은?**

① 투약   ② 산소투여

③ 인수인계   ④ 섭취량 및 배설량 측정

해설 간호사 간접 간호활동

투약, 산소투여, 섭취량 및 배설량 측정은 직접 간호활동이고 인수인계는 간접 간호활동이다.

정답 2. ④   3. ③

4 다음 글에서 설명하는 환자의 권리는?

> • 의료진은 환자에게 특정 의료행위를 하기 전에 설명과 동의를 구해야 한다.
> • 환자는 의료진에게 질병상태, 치료방법, 예상결과 및 진료비용 등에 관하여 질문할
> 수 있다.

① 진료받을 권리
② 비밀을 보호받을 권리
③ 알 권리 및 자기결정권
④ 상담·조정을 신청할 권리

🖎해설 **알 권리 및 자기결정권**

환자는 담당 의사·간호사 등으로부터 질병상태, 치료방법, 의학적 연구대상 여부, 장기이식 여부, 부작용 등 예상
결과 및 진료비용에 관하여 충분한 설명을 듣고 자세히 물어볼 수 있으며, 이에 관한 동의 여부를 결정할 권리를
갖는다.

5 간호관리과정에 대한 설명으로 옳은 것은?

① 기획은 실제 업무성과가 계획된 목표나 기준에 일치하는지를 확인하는 것이다.
② 조직은 공식 구조를 만들고, 적합한 간호전달체계를 결정하며 업무활동을 배치하는 것이다.
③ 지휘는 유능한 간호사를 확보하고 지속적으로 개발·유지하기 위해 적절히 보상하는 것
 이다.
④ 통제는 간호조직의 신념과 목표를 설정하고 목표달성을 위한 행동지침들을 결정하는 것
 이다.

정답 4. ③

해설 간호관리과정

기획 기능	• 첫 번째 관리 기능으로 모든 다른 기능에 영향을 미치며 조직의 신념과 목표를 설정하고 목표달성을 위한 행동방안을 결정하는 과정이다. • 개념적 사고와 의사결정을 필요로 하고, 간호기획에는 전반적인 목적과 목표로부터 극히 세부적인 활동에 이르기까지 그 형태가 매우 다양하다. • 미래에 무엇이 요구되는가를 예측하여 바람직한 결과를 얻기 위한 목표를 설정하고, 우선순위를 정한다. • 목표를 달성하는 방법이나 전략을 개발하여 방침과 표준, 절차가 개발된다. • 자원을 분배하기 위한 기획과 통제의 장치로서 예산이 이용된다. • 기획은 시간관리의 기초가 되며 수행을 촉진한다.
조직 기능	• 두 번째 관리과정으로 기획이 수립되면 직원들이 계획을 효율적 으로 수행할 수 있도록 조직한다. • 조직구성원들이 조직목표를 달성하기 위하여 가장 효과적으로 협력할 수 있게 직무내용을 편성하고, 직무수행에 관한 권한과 책임을 명확히 하며 수직적·수평적으로 권한 관계를 조정하여 상호관계를 설정하는 과정이다. • 조직구조가 설정되고 조직기구표가 만들어지며 이 조직기구표에 따라 관계가 설정된 책임, 관계, 권한의 범위가 정해진다.
인적자원관리 기능	• 인적자원관리란 조직 내 인적자원을 관리하는 하부과정으로서 조직의 목표가 달성되도록 하기 위해 첫째, 직무설계·직무분석 및 직무평가를 포함한 직무관리, 둘째, 인적자원계획에 따라 필요인력의 모집, 선발 및 배치하는 확보관리, 셋째, 간호사의 능력개발을 포함한 보상관리, 마지막으로 인간관계, 노사관계, 협상과 같은 유지관리 기능이 포함된다.
간호지휘 기능	• 조직구성원들로 하여금 조직목표를 달성하는 데 기여하도록 그들에게 영향을 미치는 과정이며 다른 사람을 통해서 업무를 수행하려면 관리자는 리더십을 발휘해야 한다. • 미래에 대한 비전을 제시하고 행동모델이 되고, 업적을 격려하고, 권한을 부여해줌으로써 간호사들을 이끌어가야 하며 직원에게 동기를 부여하고 갈등을 해결해야 한다. 이 모든 과정에서는 의사소통과 집단관리에 대한 기술이 요구된다.
간호통제 기능	• 관리과정의 마지막 단계로 기획과 목표에 따라 표준을 설정하고, 업무수행에 대해 표준에 근거하여 성과를 측정하며, 표준과 성과 간의 차이를 파악하여 교정활동을 시행함으로써, 기획과 목표의 달성을 보장하려는 과정이다.

정답 5. ②

6 다음 글에서 설명하는 직무수행평가 오류는?

> A간호관리자는 간호사의 직무수행을 평가하면서 정해진 시간보다 일찍 출근하는 간호사가 업무를 더 잘 수행한다고 판단하여 직무수행능력을 '우수'로 평가하였다.

① 혼효과   ② 근접오류

③ 규칙적 착오   ④ 논리적 오류

✎해설 논리적 오류(논리적 착오, Logical Error)

논리적 착오는 두 가지 평정요소 간에 논리적인 상관관계가 있는 경우, 어느 한 요소가 우수하면 다른 요소도 우수하다고 쉽게 판단하는 경향을 말하며 근면한 직원은 직무수행의 양도 다른 직원들보다 많을 것이라고 판단하는 경우가 논리적 오류의 예이다.

7 「의료법」상 의료인의 면허취소 사유는?

① 의료인의 품위를 심하게 손상시키는 행위를 하였을 때

② 의료기관 개설자가 될 수 없는 자에게 고용되어 의료행위를 하였을 때

③ 진료기록부를 거짓으로 작성하거나 고의로 사실과 다르게 추가기재·수정하였을 때

④ 의료관련 법령을 위반하여 금고 이상의 형을 선고받고 그 형의 집행이 종료되지 아니하였을 때

해설 의료인의 면허취소 사유

1	제8조(의료인의 결격사유) 각 호의 어느 하나에 해당하게 한 경우 다음 각 호의 어느 하나에 해당하는 자는 의료인이 될 수 없다. 1. 「정신건강증진 및 정신질환자 복지서비스 지원에 관한 법률」 제3조 제1호에 따른 정신질환자. 다만, 전문의가 의료인으로서 적합하다고 인정하는 사람은 그러하지 아니하다. 2. 마약 · 대마 · 향정신성의약품 중독자 3. 피성년후견인 · 피한정후견인 4. 이 법 또는 「형법」 제233조, 제234조, 제269조, 제270조, 제317조 제1항 및 제347조(허위로 진료비를 청구하여 환자나 진료비를 지급하는 기관이나 단체를 속인 경우만을 말한다), 「보건범죄단속에 관한 특별조치법」, 「지역보건법」, 「후천성면역결핍증 예방법」, 「응급의료에 관한 법률」, 「농어촌 등 보건의료를 위한 특별 조치법」, 「시체 해부 및 보존 등에 관한 법률」, 「혈액관리법」, 「마약류관리에 관한 법률」, 「약사법」, 「모자보건법」, 그 밖에 대통령령으로 정하는 의료 관련 법령을 위반하여 금고 이상의 형을 선고받고 그 형의 집행이 종료되지 아니하였거나 집행을 받지 아니하기로 확정되지 아니한 자
2	자격정지 처분 기간 중에 의료행위를 하거나 3회 이상 자격정지 처분을 받은 경우
3	면허 조건을 이행하지 아니한 경우
4	면허증을 빌려준 경우
5	일회용 주사 의료용품 재사용 금지를 위반하여 사람의 생명 또는 신체에 중대한 위해를 발생하게 한 경우

8 마약류 약품관리 활동에 대한 설명으로 옳은 것은?

① 마약 처방전은 1년 보관 후 폐기하였다.
② 마약은 이중 잠금장치가 된 철제 금고에 별도 저장하였다.
③ 마약 파손 시 깨어진 조각은 정리 후 분리 수거하여 폐기하였다.
④ 냉장·냉동 보관이 필요한 마약류는 잠금장치 없이 보관하였다.

──────────────────────────────────

📝 **해설** 마약류 약품관리

마약 처방전은 2년간 보존하여야 하며, 마약, 예고 임시마약 또는 임시마약의 저장시설은 이중으로 잠금장치가 된 철제금고에 보관해야 한다. 마약 파손 시 파손상태 그대로 깨어진 조각까지 보존하고, 사고마약류 발생보고서를 작성하여 약과 함께 약재부로 보낸다. 냉장보관을 요하는 향정신성의약품은 시건장치가 되어있는 냉장고에 보관한다.

9 다음 글에서 설명하는 의사결정 방법은?

> A간호관리자는 병원 감염률을 낮추기 위해 병원 감염 담당자들과의 대면 회의를 소집하였다. 이때 참석자들은 어떠한 압력도 없이 자신의 아이디어를 자유롭게 제안하고 그 내용에 대해서는 어떠한 평가나 비판도 받지 않도록 하였다. 그 결과, 병원 감염을 효과적으로 감소시킬 수 있는 창의적인 방법들이 다양하게 개발되었다.

① 델파이법   ② 전자회의
③ 명목집단법   ④ 브레인스토밍

──────────────────────────────────

📝 **해설** 브레인스토밍의 4대 원칙

1	어떤 아이디어도 제안할 수 있다.
2	자유로운 분위기 속에서 진행되어야 한다.
3	제안된 어떤 아이디어에 대해서도 평가하거나 비판하지 않는다.
4	개인이 제안한 아이디어는 집단이 공유하는 아이디어가 된다. 따라서 구성원 모두는 제안된 모든 아이디어를 활용하고, 결합하고 수정하여 제안할 수 있다.

정답 8. ② 9. ④

10 **다음 글에서 설명하는 예산 과정은?**

> • 회계연도 중, 부서의 수입과 지출의 실적을 확정적 계수로서 표시하는 행위이다.
> • 부서의 사후적 재정보고로, 재무활동을 평가할 수 있다.

① 예산 편성　　　　　　　　　② 예산 심의

③ 결산 및 보고　　　　　　　　④ 회계 감사

해설 예산결산 및 보고

예산결산은 객관적 사실에 입각한 정확한 계수로 작성하며 결산의 기능에는 예산 범위 내에서 재정활동을 했는가를 확인하는 기능, 장래의 예산 편성, 심의, 재정계획 등을 위한 자료제공의 기능 등이 있다.

11 의료서비스 마케팅에 대한 설명으로 옳은 것은?

① 가변성은 동시성이라 불리며, 생산과 소비가 동시에 이루어지는 것을 뜻한다.

② 소멸성은 의료서비스의 저장이 불가능하여, 의료서비스를 보관할 수 없음을 뜻한다.

③ 내부마케팅은 환자를 소비자로 생각하여 환자만족을 위해 필요한 환경을 제공하는 것을 가리킨다.

④ 비분리성은 이질성으로 불리며, 서비스의 질이나 수준, 내용, 과정이 항상 같을 수 없음을 뜻한다.

✎해설 의료서비스 마케팅

가변성(이질성)	• 서비스의 이질성 또는 가변성은 서비스의 생산 및 인도과정에서 여러 가변적 요소가 많기 때문에 한 고객에 대한 서비스가 다음 고객에 대한 서비스와 다를 가능성이 있다는 특성을 말한다. • 서비스의 이질성 때문에 서비스의 표준화와 품질관리가 어렵고, 이로 인해 서비스 질 관리의 중요성이 강조된다.
비분리성(동시성)	• 서비스의 동시성 또는 비분리성이란 서비스는 생산과 소비가 동시에 일어나고 서로 분리될 수 없다는 특성을 말한다. 즉, 서비스 제공자에 의해 서비스가 발생됨과 동시에 고객에 의해 소비되는 성격을 갖는다. • 일반 제품들은 생산에서 저장, 판매, 소비의 단계를 거치는 반면, 서비스는 생산과 동시에 소비가 이루어지기 때문에 소비자는 제공되는 시점에 항상 현존해야 하며, 서비스 제공자와 상호작용하고 그들의 참여 여부와 정도가 서비스 결과에 큰 영향을 미친다.
소멸성	• 서비스의 소멸성은 서비스가 저장될 수 없고 바로 소멸된다는 특성을 말하며 생산과 소비의 비분리성이라는 특성에 기인하는 것이다. • 야구장과 연주회, 항공기나 유람선 등의 빈 좌석과 같이 판매되지 않는 서비스는 저장될 수 없고 소멸되는 특성을 갖는다. 따라서 서비스는 재고로 보관될 수 없으며 서비스의 생산에는 재고와 저장이 불가능하므로 재고조절이 곤란하다.
내부마케팅	• 내부마케팅은 직원을 최초의 소비자로 생각하여 외부소비자의 만족을 위해 내부소비자에게 동기를 부여하는 마케팅 활동이다. • 의료기관의 관리자는 직원이 만족하지 않으면 소비자 만족이 이루어질 수 없다는 인식을 가지고 직원과 내부마케팅의 중요성을 인지하고 직원에 대한 조직차원의 지원을 아끼지 말아야 한다.

12 간호단위 환경관리에 대한 설명으로 옳은 것은?

① 적절한 냉·난방 시설이 필요하며 습도는 20~25%가 적절하다.

② 중환자실이나 수술실, 결핵 병동은 자주 창문을 열어 환기시킨다.

③ 환자병실의 소음은 대화가 가능한 60데시벨(decibel) 이상으로 유지한다.

④ 조명은 자연채광이 되도록 노력해야 하지만 강한 햇빛을 가릴 수 있는 커튼이나 블라인드를 설치한다.

✍️해설 **간호단위 환경관리**

	일반적으로 인체에 쾌적한 온도는 18~20℃이다.				
1	입원실	온도 18~24℃	신생아중환자실과 신생아실		온도 26~28℃
		습도 40~60%			습도 40~60%
	중환자실	온도 25~27℃	수술실		온도 18~24℃
		습도 50~60%			습도 50~55%
2	환기방법은 중앙조절 환기방법을 이용한다. 입원실 창문은 일반 상황에서는 열리지 않도록 하고 정화된 공기가 시간당 4회 이상 유입되는 방식을 사용한다.				
3	입원실은 30데시벨, 중환자실은 35데시벨, 간호사실, 준비실, 처치실은 40데시벨 이하로 유지한다. 보통의 대화소리는 40~60데시벨이다.				

정답 12. ④

13 간호사고를 예방하기 위한 조직적 예방 방안은?

① 근본적 원인 해결을 위하여 필요하다면 병원의 구조적 변화를 요청한다.

② 사건보고와 인사고과를 연결하여 효율적으로 사고 예방 체계를 마련한다.

③ '왜 문제가 발생되었는가'보다 '누가 과오를 범하였는가'에 대한 책임 소재를 명확히 규명한다.

④ 사고예방을 위하여 사례 중심의 문제해결 교육보다는 지침서 위주의 교육으로 전환하는 것이 더 효과적이다.

해설) 간호사고를 예방하기 위한 조직적 대응방안

1	간호과오의 근본적 원인해결을 위해 필요하다면 병원의 구조적 변화를 요청하며 효과적인 사건보고 및 의사소통 체계를 마련한다. 이는 문제를 신속하고 정확히 발견 및 해결하는 데 필수적이며, 사건보고와 인사고과를 분리시켜 처벌에 대한 두려움 때문에 간호사고를 숨기지 않도록 하여야 한다.
2	누가 과오를 범하였는지보다 왜 문제가 발생되었는지를 따져 근본적인 원인을 분석하여 간호사의 실무관련 법적 의무에 대한 교육을 강화한다. 법적 의무에 대한 정기적 교육은 간호사의 법적 의무 및 책임인식을 높인다. 특히 지침서 위주의 형식적 교육보다는 사례중심의 문제해결식 교육이 바람직하다.
3	효과적인 사건보고 및 의사소통 체계를 마련한다. 이는 문제를 신속하고 정확히 발견하고 해결하는 데 필수적이며, 사건보고와 인사고과를 분리시켜 처벌에 대한 두려움 때문에 간호사고를 숨기지 않도록 하여야 한다.
4	조직적 위험관리를 제도화하고 능력을 갖춘 위험관리 전담자를 양성하여 체계적 위험분석 및 예방 전략을 구축한다.
5	간호실무표준과 간호실무지침을 마련하며 간호실무표준은 간호사의 주의의무를 판단하는 기준이 되고, 전문간호사의 주의의무 최소화의 법적인 기준이 된다. 또한 간호실무지침은 간호업무의 구체적 기준이 된다.

14 다음 글에서 설명하는 의료의 질 평가 방법은?

> • 환자의 입장에서 진료 및 치료경로를 따라 의료진 및 환자와의 대화, 기록검토, 관찰 등을 통합적으로 살펴보는 방법
> • 환자가 의료기관에 도착해서 퇴원할 때까지 환자에게 제공되는 실제 경로를 조사하는 방법
> • 개별 환자뿐만 아니라 조직 시스템을 대상으로 함

① 추적조사 방법
② 국가고객만족도조사
③ BSC(Balanced Score Card) 기법
④ PDCA(Plan−Do−Check−Act) 방식

📝**해설** 추적조사 방법

환자의 입장에서 진료 및 치료경로를 따라 의료진 및 환자와의 대화, 기록검토, 관찰 등을 통합적으로 살펴보는 방법으로 환자가 의료기관에 도착해서 퇴원할 때까지 환자에게 제공되는 실제 경로를 조사하는 방법으로 개별 환자뿐만 아니라 조직 시스템을 대상으로 한다.

정답 14. ①

15 다음 글에서 설명하는 리더십 이론은?

> • 소수의 사람은 위대해질 수 있는 자질을 가지고 태어난다는 이론
> • 리더십이란 타고난 것이지 개발될 수 없는 것으로 간주하는 이론

① 행동이론   ② 특성이론
③ 상황이론   ④ 거래적 리더십이론

해설 특성이론

1	성공적인 리더들이 갖고 있는 일련의 공통적인 특성을 규명하려는 이론이며 지도자가 갖추어야 할 자격이나 능력, 속성연구에 초점을 맞추고 있는 접근방법이다.
2	특정 자질을 지녔기 때문에 항상 리더가 될 수 있다고 생각하는 관점으로 리더의 자질은 선천적으로 타고나는 것이라는 입장이다.
3	소수의 사람들만이 위대해질 수 있는 특성을 가지고 태어난다는 위인이론이다.

16 의료의 질(Quality)을 구성하는 요소에 대한 설명으로 옳은 것은?

① 접근성(Accessibility)-6시간 걸리던 병원 방문시간을 원격진료를 통하여 단축하였다.

② 효율성(Efficiency)-의료자원의 분배는 공정성에 입각하여 지역별 균형을 맞추었다.

③ 지속성(Continuity)-입원환자 1인당 간호서비스 투입비용을 전년대비 10% 감소시켰다.

④ 형평성(Equity)-환자를 전원하면서 의료정보를 공유하여 환자에게 제공되는 진료와 간호를 일관성 있게 하였다.

해설 **의료의 질 구성요소**

접근성	시간이나 거리, 비용 등의 요인에 의해 의료서비스의 이용에 제한을 받는 정도
효율성	의료서비스 제공 시 자원이 불필요하게 소모되지 않고 효율적으로 활용되었는지에 대한 정도를 말하며 최소 자원의 투입으로 최대의 건강수준을 얻을 수 있는 정도
지속성(계속성)	의료서비스가 시간적, 지리적으로 상관성을 갖고 연결되는 정도
형평성	보건의료의 분배와 주민 혜택에서 공정성을 결정하는 원칙에 대한 순응 정도

17 **활동성 결핵으로 입원한 환자의 효과적인 병원감염 관리방법은?**

① 대상자를 음압격리실에 배치한다.

② 개인정보보호를 위하여 환자 침상에 경고스티커를 부착하지 않는다.

③ 격리실을 나온 후에 장갑과 가운을 벗고 일반 폐기물통에 버린다.

④ 다인실에 입원한 환자의 경우 커튼을 쳐서 옆의 맹장수술 환자와 격리시킨다.

해설 **활동성 결핵환자의 관리방법**

1	모든 대상자는 1인실이나 음압격리실에 배치하고 격리표시를 하며 환자의 침상카드와 챠트에 호흡기 주의라는 경고스티커를 부착하며 Caution 등록을 한다.
2	공기전파주의를 적용한다. 감염을 유발하는 작은 입자(5마이크로미터 이하)가 공기 중에 남아 있다가 취약한 숙주에게 흡입되어 감염시키는 것을 방지하기 위한 주의법이다.
3	공기순환은 시간당 12회 이상, 음압을 유지하고 출입문을 닫으며 격리실 안에서 오염된 장갑이나 가운을 벗고 손을 씻고 나온다. 격리실 사용이 불가능할 경우 코호트 격리를 하며 동일한 균이 검출되는 환자끼리 둔다.
4	N95를 항상 착용하며 인공호흡기 사용 시 호기부 말단에 필터를 연결하고, 적어도 24시간마다 교환한다. 기관 흡입 시 폐쇄형 기관흡인 카테터를 사용한다.

정답 17. ①

18 질 관리 정도를 평가하기 위해 각 영역별 실제 수행 정도와 기대되는 수행 정도를 점선, 실선 등으로 표시하여 그 차이까지도 볼 수 있는 도구는?

① 산점도(Scatter Gram)　　　　　　　② 레이더 차트(Radar Chart)

③ 파레토 차트(Pareto Chart)　　　　　④ 원인 결과도(Fishbone Diagram)

🖊해설) **레이더 차트(Radar Chart)**

여러 측정치에 대한 실제적인 수행 정도뿐만 아니라 기대되는 수행 정도 간의 차이를 보여주며, 차트의 모양 때문에 거미줄 차트라고도 불린다. 점선은 기대되는 수행정도를 나타내고, 실선은 실제 수행정도를 나타내므로 기대와 실제 간의 차이점을 확인할 수 있는 챠트가 되며 레이더 차트는 각 항목별로 원의 중심에서 멀수록 평가점수가 높다.

19 A병동 간호사들은 업무에 대한 능력은 낮고, 의지가 높은 상태이다. 이 경우, 허쉬와 블랜차드(Hersey & Blanchard)의 상황적 리더십 이론(Situational Leadership Theory)을 적용할 때, A병동 간호관리자의 효과적인 리더십 유형과 리더십 행동 유형으로 옳은 것은?

	리더십 유형	리더십 행동 유형	
		관계지향 행동	과업지향 행동
①	설득형 리더	높음	높음
②	설득형 리더	높음	낮음
③	참여형 리더	낮음	낮음
④	참여형 리더	낮음	높음

✎해설 상황대응 리더십 이론

| 사분면 | 과업-관계 | | 리더십
유형 | 부하의 특성 | | 부하의
성숙도 | 부하의
위치 |
	과업지향	관계지향		직무수행 능력	직무수행 의지		
S1	고지시	저협력	지시형	낮음	낮음	하	M1
S2	고지시	고협력	설득형	낮음	높음	중하	M2
S3	저지시	고협력	참여형	높음	낮음	중상	M3
S4	저지시	저협력	위임형	높음	높음	상	M4

20 **다음 글에서 설명하는 조직의 구성요소는?**

> • 조직 내 자원 배분과 관련된 의사결정의 집중도
> • 직무수행에 있어서 직위 간 권한의 분배 정도

① 복잡성   ② 공식화
③ 집권화   ④ 전문화

✎해설 권한의 배분(집권화와 분권화)

집권화	조직의 상층부에서 모든 의사결정을 하는 것
분권화	조직 내 각 부문에 권한을 배분하는 것

정답 20. ③

1 〈보기〉에서 설명하는 간호관리 과정의 기능으로 가장 옳은 것은?

> **보기**
>
> 미래에 대한 비전을 제시하고 직원에게 동기를 부여하며 갈등을 해결한다. 이 과정에서 의사소통, 조정, 협력 등의 집단관리 기술이 요구될 수 있다.

① 조직   ② 지휘

③ 기획   ④ 통제

해설 지휘의 기능

1	업무를 구체적으로 지시하고 방향을 제시하는 기능이다.
2	조직의 목적을 달성하기 위해 지도하고 조정하는 관리활동이다.
3	목표를 달성하기 위해 과업을 적극적으로 수행하도록 이끄는 관리기능이다.
4	생산성 향상을 위해 상호작용을 통해 조직을 이끌어 가는 기능이다. 지휘라고 하여 리더가 구성원들을 획일적으로 지시하거나 강요하는 것은 옳지 않다.
5	리더십(지도성), 동기부여, 의사소통(커뮤니케이션), 주장행동, 조정과 협력, 갈등관리, 직무스트레스 관리 등이 포함된다.
6	조직의 목적을 효과적으로 실현하기 위해 집단 전체 행동을 통솔하는 기능이다.

정답 1. ②

2 최고관리자의 총괄 감독 하에 전문화된 기능에 따른 부서를 구성하고, 권한을 부여받은 전문가 스태프가 부서를 지휘하고 감독하는 조직으로 가장 옳은 것은?

① 라인조직　　　　　　　　　　② 라인-스태프 조직
③ 직능조직　　　　　　　　　　④ 매트릭스 조직

해설 직능조직의 개념

1	라인-스태프 조직의 등장배경과 마찬가지로 조직이 커짐에 따라 라인조직만으로는 운영이 힘들게 되어 이번에는 직무를 비슷한 유형별로 통합하여 기능적으로 조직을 구조화하는 방법을 선택한 것이 바로 직능조직이다.
2	Function은 기능 또는 직능으로 번역할 수 있으며 직능조직은 말 그대로 기능적으로 조직을 부문화한 것이다.
3	직능조직은 기능이나 역할에 따른 전문화 원리에 의해 설계된 조직이다. 직능조직은 조직의 효율성을 높이기 위하여 구성되며, 일반 기업에서는 기능에 따라 생산부, 마케팅부, 인적자원부, 회계부 등으로 나타난다. 일반적으로 직능조직은 표준화된 제품이나 저가의 대량적인 서비스를 생산하는데 적절하다.
4	직능조직은 각 직무를 하나의 부서단위로 만들어 조직을 직무의 기능단위별로 편성하는데, 여기서 스태프는 단순히 충고나 조언 등의 역할을 넘어 라인조직에 있는 직원들에게 직접 명령을 내릴 수 있다.
5	직능조직도 라인조직처럼 모든 의사결정이 조직의 상층부에서 이루어지고 명령 형태로 내용이 하달되는 피라미드식 중앙구조의 형태를 취한다.
6	간호조직에서 직능조직은 간호부서를 입원병동부서, 특수병동부서, 외래부서, 간호행정부서, 간호교육부서 등으로 분류할 때 볼 수 있다.

정답 2. ③

3 **환자분류체계의 목적으로 가장 옳지 않은 것은?**

① 간호수가의 산정을 위한 정보를 제공한다.

② 간호인력의 배치에 활용한다.

③ 병원표준화 실현에 활용한다.

④ 간호사의 승진체계 책정에 활용한다.

───

✎ 해설 **환자분류체계의 목적**

1	환자들의 다양한 간호요구를 고려하여 간호인력 산정 및 배치, 병원표준화 실현에 활용한다.
2	생산성 감지기능(평가기능), 간호수가 선정, 간호비용 분석, 예산수립, 간호의 질 평가 등 간호행정 및 질 관리를 위한 중요한 정보 원천으로 사용한다.
3	간호조직과 각 간호단위에서 간호사의 근무배치를 계획할 때 가장 효과적인 할당 및 효율적인 간호사의 근무시간 배치를 한다.

정답 ▶ 3. ④

4 목표관리법(MBO)에 관한 간호사의 직무수행평가에 대한 설명으로 가장 옳은 것은?

① 직무를 수행하는 간호사 당사자의 자율성을 강조하는 평가방법이다.
② 조직이 정한 목표에 따라 간호사가 자신의 직무 업적과 성과를 통제하고 관리하도록 유도한다.
③ 간호사가 수행한 실적인 아닌 자질에 대한 평가가 이루어진다.
④ 직선적이고 권위적인 간호관리자가 선호하는 평가방법이다.

🖎 **해설** 목표관리

1	목표관리는 조직의 상급관리자와 하급관리자가 조직의 공동목표를 함께 규정하고, 기대되는 결과의 측면에서 각자 주요 책임분야를 규정하고 거기에서 정해진 기준에 따라 조직단위들의 활동과 각 구성원의 기여도를 측정·평가하는 하나의 총체적인 과정이다.
2	목표관리는 부하들로 하여금 상급자와 제휴하여 우선순위와 시간계획에 관하여 목표를 협의할 것을 요구하는 평가방법이다.
3	목표관리는 상위관리자와 하위관리자에 의해 의견불일치를 본 목표의 설정을 강조하는 하나의 경영기법이다.

5 〈보기〉의 상황에서 간호관리자가 수행해야 할 간호사 훈육 진행과정에 대한 설명으로 가장 옳은 것은?

> ┤ 보기 ├
>
> 내과병동 간호관리자는 병동에 배치된 지 1달 된 신규 간호사가 아무런 연락 없이 결근하여 면담을 시행하였다. 그러나 면담 1주일 후 신규 간호사는 사전 연락 없이 낮번 근무 출근을 하지 않았다.

① 면담 후에도 규칙을 위반하였기 때문에 일정 기간 동안 정직시킨다.
② 무단 결근 문제뿐만 아니라 평상시 행동에도 문제가 있다는 점을 포함해서 훈육시킨다.
③ 규칙을 위반하는 행동이 또 다시 발견되었기 때문에 신규 간호사에게 구두로 경고한다.
④ 면담을 했음에도 불구하고 간호사의 행동이 개선되지 않았기 때문에 다른 부서로 이동시킨다.

〰️

🖋️(해설) **직원 훈육의 진행과정**

면담	• 관리자는 대상 간호사와 개별적으로 비공식적인 면담을 갖는다. • 공식적인 행동규범을 상기시키고 이를 위반했음을 주지하며 행동을 개선하도록 충고한다.
비공식적 질책(견책) 또는 구두경고(구두견책)	• 처음에 친절하게 위반사항에 대해 이해를 증진한다. • 비공식적 질책이나 구두경고는 직원의 행동이 기대하는 표준에서 이탈된 행동이며 바람직하지 못한 행동의 재발은 해고를 포함한 과중한 징계조치를 받을 수 있다는 내용을 포함하는 확고한 통보이어야 한다.
공식적 견책 또는 서면경고(서면견책)	• 공식적 견책이나 서면경고는 구두경고로 직원의 행동이 수정되지 않고 위반행동이 계속 반복될 경우에 실시한다. • 근무태도가 개선되지 않을 때 해고될 수 있음을 경고한다. 이는 과중한 징계조치와 해고 가능성을 경고하는 공식적인 문서이다.
무급정직	• 상담과 견책에도 바람직하지 못한 행동이 계속된다면, 직원에게 일정 기간 정직 처분을 내린다. 즉, 위반의 경중에 따라 장기와 단기로 구분하여 업무에서 격리한다.
사임이나 해고	• 기회를 부여해도 개선되지 않거나 또는 중대한 과실, 치명적인 과오를 저질렀을 경우 해고가 불가피하다. • 해고는 최종책임자의 결재를 얻어 시행하고 노조의 증거 요구에 대비하여 사유를 증명할 수 있어야 하며 상세한 기록을 남긴다.

〰️

6 **간호조직에서 통제기능의 필요성으로 가장 옳지 않은 것은?**

① 권한위임과 분권화의 확대
② 조직 구성원들의 실수 및 오류 발생 가능성
③ 간호인력의 업무수행 능력 개발
④ 외부평가의 강화

<hr>

✒️해설 **통제의 필요성**

조직환경 변화에 따른 불확실성	의료조직은 미래 환경을 예측하여 계획을 세우지만 이러한 예측은 빗나가는 경우가 많고, 조직환경 변화에 맞게 항상 그 타당성을 확인하고 목표와 계획을 수정할 수 있는 통제시스템이 필요하다.
조직규모의 확대 (보건의료기관의 대형화)	의료조직의 규모가 확대되면 조직구조와 조직활동이 복잡해지므로, 각 부문의 관리자들은 다양한 행동들을 통합하고 조정을 하기 위해 통제시스템이 필요하다.
권한위임과 분권화의 확대	현대사회의 복잡성에 발빠르게 대응하기 위해 많은 조직들이 권한위임과 분권화를 시행하고 있는데, 이러한 권한위임과 분권화를 조정하기 위해서는 최종책임자에 의한 통제시스템이 잘 갖춰져 있어야 한다.
인간능력의 한계	조직구성원들은 모두 실수나 오류를 범할 가능성이 있기 때문에 관리자는 통제시스템을 이용하여 시정조치를 하여야 한다.
비용효과적인 의료관리의 필요성 증대	개선과 시정, 질 통제, 책임 강화 등을 포함하는 통제활동은 낮은 질로 인하여 발생하는 비용을 절감시켜 준다.
외부평가의 강화	조직 내에서의 통제뿐만 아니라 조직 밖에서의 외부평가를 강화함으로써 평가의 실효성을 높이고, 보다 객관적인 평가를 강화할 수 있다.

정답 6. ③

7 질 관리 자료분석 도구 중 작은 범주별로 아이디어를 논리적으로 그룹화하기 위한 방법으로, 만족스러운 수준에 도달할 때까지 아이디어를 생각해 내고 평가하는 방법은?

① 런 차트
② 파레토 파트
③ 우선순위 매트릭스
④ 유사성 다이아그램

✍️해설 유사성 다이아그램

1	유사성 다이아그램은 아이디어를 유사그룹으로 묶기 위한 접근법이다.
2	팀원들은 여러 주제에 관하여 브레인스토밍이나 다른 접근법을 통해 아이디어를 많이 생각해내고 평가한다.
3	유사성 다이아그램은 작은 범주별로 아이디어를 논리적으로 그룹화하는 집중적 사고의 한 형태이다.
4	참여자들은 조용히 항목을 재배열하고, 항목은 테이블에 있는 카드에 기록되거나 벽 차트에 떼었다 붙일 수 있는 형태로 기록된다. 그룹의 아이디어가 만족스러운 수준에 도달할 때까지 누구나 개별적으로 참여하고 이동이 계속된다.

8 특정 시점에서 조직의 재무상태를 보여주는 재무제표를 통해 알 수 있는 정보로 가장 옳은 것은?

① 조직의 당기 순이익 금액을 확인할 수 있다.
② 조직의 손실 내역을 확인할 수 있다.
③ 조직이 유동부채를 상환할 수 있는지를 확인할 수 있다.
④ 현금이 유입된 영업활동을 확인할 수 있다.

해설 재무상태표의 개념 및 중요한 재무정보

1	재무상태표는 특정 시점에서의 기업의 재무상태를 나타낸다. 특정 시점은 재무상태표 작성일 현재로 재무상태표일이라고도 한다.
2	작성자는 재무상태표일 현재의 모든 자산, 부채, 자본을 정확하게 표시하여야 하며, 이때 재무상태표의 왼편을 차변이라 하여 자산을 기록하고, 오른편은 대변이라 하여 부채와 자본을 기록한다.
3	기업의 경제적 자원에 대한 정보를 제공한다. 즉, 재무상태표를 통하여 기업의 자산, 부채와 자본의 구성을 알 수 있다.
4	기업의 유동성과 지급능력을 알 수 있다. 유동자산과 유동부채를 비교하여 기관의 유동성과 단기 지급능력을 파악할 수 있다.
5	기업 재무구조의 건전성 및 안전성을 알 수 있다.

9 카츠(Kartz)가 제시한 관리자의 위계에 따라 요구되는 관리기술(Managerial Skill)에 대한 설명으로 가장 옳은 것은?

① 일선관리자는 중간관리자에 비해 실무적 기술(Technical Skill)이 더 요구된다.

② 일선관리자, 중간관리자, 최고관리자는 모두 같은 정도의 개념적 기술(Conceptual Skill)이 필요하다.

③ 중간관리자는 최고관리자와 일선관리자 사이에서 교량적 역할을 하므로 개념적 기술(Conceptual Skill)이 가장 많이 요구된다.

④ 최고관리자는 구성원에 대한 효과적인 지도성 발휘와 동기부여를 위해 인간적 기술(Interpersonal or Human Skill)이 다른 관리자보다 더 요구된다.

해설 카츠의 관리기술

인간적 기술은 일선관리자, 중간관리자, 최고관리자에게 모두 요구되는 기술이다.

일선관리자	중간관리자에 비해 실무적 기술(Technical Skill)이 더 요구된다.
최고관리자	개념적 기술이 가장 많이 요구된다.

정답 9. ①

10 갈등은 둘 이상의 개인, 집단 또는 조직이 상호작용하는 과정에서 발생할 수 있다. 갈등의 원인에 대한 설명으로 가장 옳지 않은 것은?

① 갈등은 둘 이상의 서로 다른 행동 주체가 양립될 수 없는 목표를 동시에 추구할 때 발생할 수 있다.

② 갈등은 의사결정의 과정에서 집단 간에 정보의 교환이나 의사소통이 충분히 이루어지지 않을 때 발생할 수 있다.

③ 갈등은 후배가 상관으로 승진하는 경우, 업무나 기술적인 면에서 앞서가는 부하의 지시를 받게 되는 경우 발생할 수 있다.

④ 작업의 상호의존성이 작을수록 과업수행 과정에서 갈등이 발생할 위험이 커진다.

─────────────────────────────────

🖋해설) **작업의 상호의존성**

작업의 상호의존성이 클수록 과업수행 과정에서 갈등이 발생할 위험이 커진다.

11 〈보기〉에서 설명하는 마케팅 믹스전략으로 가장 옳은 것은?

> **┤ 보기 ├**
>
> 고객접점은 고객이 조직의 일면과 접촉하면서 간호서비스의 품질에 관하여 무엇인가
> 인상을 얻을 수 있는 순간이다. 조직의 일면은 시설, 사람, 물건, 환경에 관한 모두를
> 의미하며, 고객접점은 마케팅 믹스 전략에 있어 중요하게 고려할 점이다.

① 제품전략   ② 가격전략

③ 유통전략   ④ 촉진전략

📝해설) 고객접점

1	얀 칼슨은 고객접점이란 고객이 조직의 일면과 접촉하면서 그 서비스의 품질에 관하여 무엇인가 인상을 얻을 수 있는 순간이라고 말하며, 조직의 일면은 시설·사람·물건·환경에 관한 모두를 뜻한다고 하였다.
2	오늘날 의료서비스의 질은 병원이 제공하는 총체적 고객가치에 대한 고객 만족도로서 설명한다. 즉, 병원이 제공하는 유·무형의 서비스에 대해 의료소비자들의 만족정도가 병원 의료서비스의 질을 결정하게 된다는 것이다.
3	의료서비스자들의 의료에 대한 만족, 불만족은 병원 의료서비스의 일면과 접촉하면서 그 의료서비스의 질에 대해서 무엇인가를 인식하고 경험하게 되는 고객접점에서 이루어진다. 즉 고객이 병원 의료서비스를 직접 체험하는 순간에 의료서비스의 질에 관하여 무엇인가 인상을 얻게 된다는 것으로, 바로 고객접점에서의 고객경험이 의료서비스의 질에 대한 판단을 하게 된다.

12 **기획의 원칙에 대한 설명으로 가장 옳은 것은?**

① 계층화의 원칙 : 구체성이 높은 계획부터 시작하여 추상성이 높은 계획까지 점진적으로 수립한다.

② 균형성의 원칙 : 목표와 계획은 이해하기 쉬운 용어를 사용하여 간결하고 명료하게 표현한다.

③ 탄력성의 원칙 : 환경의 변화에 따라서 수정할 수 있도록 목표와 계획을 융통성 있게 수립한다.

④ 간결성의 원칙 : 목표와 계획이 조화롭게 균형을 유지하도록 수립한다.

해설) 기획의 원칙

계층화(계속성)의 원칙	• 상위 수준의 기획에서 시작하여 순차적으로 여러 개의 하위 수준의 기획이 파생되도록 한다. • 기획은 일반적이고 추상성이 높은 것부터 시작하여 구체화 과정을 통해 연차적으로 기획을 파생시킨다.
균형성의 원칙	• 어떠한 기획이든 그와 관련된 다른 기획 및 업무 사이에 적절한 균형과 조화를 이루지 않으면 안 된다. • 목표달성에 필요한 자원, 제반 중요요소 간 상호균형과 조화가 있어야 한다.
탄력성(신축성, 융통성, 수정가능성)의 원칙	• 기획은 변동되는 상황에 대응할 수 있고, 하부 조직이 창의력을 발휘할 수 있도록 탄력성을 가져야 한다. • 기획은 유동적인 환경과 상황의 변화에 대하여 융통성과 탄력성을 가지고 필요에 따라 수정될 수 있어야 한다.
간결성(단순성)의 원칙	• 기획은 간결하고 명료한 표현이어야 한다. • 기획안의 문서화 과정에는 미사여구나 수식어 사용이 불필요하다. • 기획은 어려운 용어나 전문용어를 피하고 기획의 대상을 표준화하여야 한다. • 기획은 그것이 확정될 때까지 여러 조직계층의 심의를 거치게 되므로 이런 과정에서 관계자들이 쉽게 이해할 수 있도록 평이하게 작성되어야 한다.

13 〈보기〉에서 설명하는 집단 의사결정방법으로 가장 옳은 것은?

> ┤ 보기 ├
> • 조직구성원들이 대면하여 상호 간의 대화나 토론 없이 각자 서면으로 아이디어를 제출하고 토론 후 표결로 의사결정을 하는 기법이다.
> • 새로운 사실의 발견과 아이디어를 얻고자 할 때, 정보의 종합이 필요할 때, 최종 결정을 내릴 때 효과적이다.

① 브레인스토밍
② 명목집단법
③ 델파이법
④ 기능적 분담법

해설) 명목집단법

명목집단법은 아이디어 도출에 널리 사용되어 온 브레인스토밍 기법에 토의 및 투표 등의 요소를 결합시켜 만든 것으로 1968년 델베크와 반데반이 개발하였다고 전해진다.

1	명목집단법은 구두 커뮤니케이션으로 인한 의사결정의 왜곡을 막기 위해 구두 커뮤니케이션을 일체 하지 못하게 하고 종이 또는 노트북 등에 의견을 적도록 하는 개선방법으로 의견 제출까지는 상호 간의 의사소통을 금한다.
2	명목집단법은 구성원 상호 간의 대화나 토론 없이 각자 서면으로 아이디어를 제출하고 토론을 진행한 후 표결로 의사결정을 하는 기법이다.
3	명목집단법은 의사결정이 진행되는 동안 구성원들이 한 자리에 모이기는 하나 말에 의한 토론이나 언어적 의사소통이 없는 이름뿐인 집단(Nominal Group)이라는 점에서 붙여진 용어이다.
4	명목집단법은 전통적인 회의에서와 같이 집단의 구성원들이 존재하지만, 그들은 독립적으로 활동하도록 제한받는다.
5	명목집단법은 의사결정에 참여한 모든 구성원은 상호 간 대화 없이 각자 독립적으로 자신의 의견을 제시할 수 있기 때문에, 의사결정을 방해하는 타인의 영향력을 줄일 수 있다.
6	명목집단법은 새로운 사실 발견과 아이디어를 얻으려 할 때, 정보의 종합이 필요할 때, 최종결정을 내릴 경우에 효과적이다.

정답 13. ②

14 〈보기〉와 같은 상황에서 주로 나타나는 의사소통 네트워크의 특성으로 가장 옳은 것은?

> **보기**
>
> 병원 감염을 예방하고 환자안전을 위하여 창의적인 방안을 모색하기로 하고, 병원 내 모든 부서의 모든 구성원이 자유롭게 의견을 교환하고 아이디어를 제시하도록 하였다.

① 권한의 집중도가 높다.
② 구성원의 만족도가 높다.
③ 정보전달이 특정 리더에 집중되는 경향이 있다.
④ 구성원 간의 상향적, 하향적 의사소통만 가능하다.

해설 완전연결형(개방형, All Channel Type)

완전연결형은 집단의 모든 구성원들이 다른 모든 구성원들과 자유롭게 정보를 교환하는 의사소통 형태이며 팀에 리더가 없거나 공식적인 구조가 없어 구성원 누구라도 의사소통을 주도할 수 있다.

15 빌딩이나 일정 기간 사용되는 주요 장비 구입 등에 대한 예산으로 가장 옳은 것은?

① 운영예산
② 자본예산
③ 현금예산
④ 인력예산

정답 14. ②   15. ②

해설) 자본예산

자본예산은 주요 물품구입이나 프로젝트에 대한 비용으로 일정기간에 반복적으로 재사용되는 장비의 항목을 말한다. 즉, 빌딩이나 주요장비(보통 5~7년으로 수명이 긴) 구입 예산, 토지, 건물 또는 시설투자, 비품 구입비 등의 예산, 신제품 개발 및 사업확장 예산, 광고비, 시장조사비 및 연구개발 등에 대한 투자 예산 등이며, 의료기관은 병원확장, 고가 의료장비 구입, 의료연구소 설립과 유지 등이 이에 해당한다.

---

16 **직무관리 과정 중 직무설계의 방법에 관한 설명으로 가장 옳지 않은 것은?**

① 직무 충실화는 맥클리랜드(Mcclelland)의 성취동기 이론을 기초로 적극적인 동기유발을 위하여 직무수행자 스스로가 그 직무를 계획하고 통제하는 기법이다.

② 직무 단순화는 과학적 관리의 원리와 산학공학 이론을 기초로 과업을 단순하고 반복적이고 표준적으로 설계하여 한 사람이 담당할 과업의 수를 줄여 직무를 단순화시키는 기법이다.

③ 직무순환은 조직구성원들을 한 직무에서 다른 직무로 체계적으로 순환시킴으로써 다양한 과업을 수행할 수 있도록 하는 기법이다.

④ 직무확대는 과업을 수평적으로 확대하는 기법으로 수행하는 과업의 수를 증가시켜서 과업의 단순함이 감소함으로써 직무에 대한 만족도를 높이고 결근이나 이직을 감소시키려는 기법이다.

해설) 직무 충실화

직무 충실화는 허즈버그의 2요인론(동기-위생이론)에 기초한 것으로 직원들이 수행하는 과업의 수와 빈도를 변화시킴으로써 직무수행 과정에서 성취감, 인정감 기타 고차원적인 동기요인들을 발휘할 수 있도록 직무를 설계하는 것을 말한다.

17 블레이크와 모튼(R. Blake and J. Mouton)의 관리격자 리더십 이론 중 〈보기〉에 해당하는 리더십 유형으로 가장 옳은 것은?

---| 보기 |---

인간과 생산성에 관한 관심이 모두 높으며, 구성원들에게 공동목표와 상호의존관계를 강조하고 상호신뢰와 상호존중의 관계 속에서 구성원들의 몰입을 통하여 과업을 달성한다.

① 팀형
② 타협형
③ 과업형
④ 인기형

✑해설 **팀형(팀경영형, 이상형)**

리더는 인간과 생산에 대한 관심이 모두 높다. 리더는 구성원과 조직의 공동목표 및 상호의존 관계를 강조하고, 상호 신뢰적이고 존경적인 관계와 구성원의 몰입을 통하여 과업을 달성하며 가장 이상적인 리더십 유형이다.

18 도나베디언(Donabedian)의 간호업무 질 관리 접근방법에서 고려될 수 있는 평가 항목을 과정적 측면과 결과적 측면 순서대로 바르게 나열한 것은?

	과정적 측면	결과적 측면
①	직무기술서 구비	경력개발프로그램 유무
②	경력개발프로그램 유무	낙상 위험요인 사정 여부
③	낙상 위험요인 사정	여부 환자의 기능수준
④	환자의 기능수준	직무기술서 구비

간호업무표준과 질 평가방법

구분	구조적 평가	과정적 평가	결과적 평가
특징	간호가 수행되는 구조, 환경, 전달체계	간호실무과정, 간호과정 측정	목표달성 정도
질 평가시 표준	물리적 시설, 직원의 자격, 정책, 절차, 인력개발 프로그램, 직무기술서 구비, 경력개발프로그램 유무	간호업무수행, 환자교육, 의사소통, 낙상위험요인 사정	자가간호수준, 환자기능수준, 환자만족도
문제점	간호의 질 관련 지표로 보기 어려움, 비용 많이 듦	정확한 간호표준이 없는 경우 평가가 어려움	시간이 많이 걸리므로 측정시기의 적정기준 어려움

19 「의료법」에 따라 의료기관 인증의 기준에 포함하여야 할 사항으로 가장 옳지 않은 것은?

① 의료서비스의 제공과정 및 성과

② 의료인과 고객의 만족도

③ 환자의 권리와 안전

④ 의료기관의 의료서비스 질 향상 활동

해설 의료기관 인증기준(「의료법」 제58조의 3)

1	환자의 권리와 안전
2	의료기관의 의료서비스 질 향상 활동
3	의료서비스의 제공과정 및 성과
4	의료기관의 조직·인력관리 및 운영
5	환자 만족도

정답 19. ②

20 환자의 권리 중 자기결정권과 관련하여 간호사가 상대적으로 가지게 되는 법적의무사항으로 가장 옳은 것은?

① 주의의무
② 확인의무
③ 결과예견의무
④ 설명 및 동의의무

✎**해설** 설명 및 동의의무

설명의무는 수술 등 침습을 하는 과정과 그 후에 나쁜 결과(악결과)가 발생할 개연성이 있는 의료행위를 하는 경우 또는 사망 등의 중대한 결과발생이 예측되는 의료행위 등과 같이 환자의 자기결정이 요구되는 경우, 환자에게 의료행위를 받을지를 결정하는 데 필요한 정보를 제공하고 동의를 구하여야 할 의무를 말하며 설명 및 동의의무의 궁극적 목적은 알권리를 통한 대상자의 자기결정권 존중이다.

1 다음 글에 해당하는 우리나라 지방보건행정 조직은?

> • 지역보건법령에 근거하여 설치함
> • 보건소가 없는 읍·면·동마다 1개씩 설치할 수 있음
> • 진료 서비스는 없으나 지역주민의 만성질환 예방 및 건강한 생활습관 형성을 지원함

① 보건지소   ② 보건진료소
③ 정신건강복지센터   ④ 건강생활지원센터

해설 건강생활지원센터

「지역보건법」 제14조 (건강생활지원센터의 설치)	지방자치단체는 보건소의 업무 중에서 특별히 지역주민의 만성질환 예방 및 건강한 생활습관 형성을 지원하는 건강생활지원센터를 대통령령으로 정하는 기준에 따라 해당 지방자치단체의 조례로 설치할 수 있다.
「지역보건법령」 제11조 (건강생활지원센터의 설치)	법 제14조에 따른 건강생활지원센터는 읍·면·동(보건소가 설치된 읍·면·동은 제외한다)마다 1개씩 설치할 수 있다.

정답 1. ④

2 베티 뉴만(Betty Neuman)의 건강관리체계이론에 대한 설명으로 옳은 것은?

① 역할 기대는 스트레스원 중 외적 요인에 해당한다.

② 저항선은 유연방어선보다 바깥에 위치하면서 대상 체계를 보호한다.

③ 유연방어선을 강화시키는 활동은 일차예방에 해당한다.

④ 정상방어선은 기본구조 내부에 위치하면서 대상 체계를 보호한다.

해설 베티 뉴만(Betty Neuman)의 건강관리체계이론

1	역할기대는 대인적 요인 즉 체계간 요인에 속한다. 개체 간에 일어나는 자극요인을 말한다. 사람과 사람 사이에 생겨나는 역할기대와 역할갈등 등을 예로 들수 있다.
2	저항선은 3차 방어선으로 기본 구조에 가장 가까운 곳에 위치한 방어선이다. 기본구조를 보호하는 3개의 선 중 가장 내면적인 힘으로, 저항선이 외부에서 침입하는 스트레스원 때문에 무너지면 기본구조가 손상되어 생명이나 존재에 위협을 받게 되고, 이를 잘 중재하면 다시 재구성을 이루게 할 수 있다.
3	유연방어선은 1차 방어선으로 기본구조를 둘러싸고 있는 선 중 가장 바깥에 위치하여 외부자극으로부터 대상체계를 일차적으로 보호하는 쿠션과 같은 역할을 한다. 유연방어선을 강화하거나 스트레스원의 제거 또는 약화시키는 것이 일차예방이다.
4	정상방어선은 저항선 바깥에 존재하는 방어선으로, 대상자의 안녕상태 또는 스트레스원에 대해 정상범위로 반응하는 상태를 말한다. 유연방어선을 침입한 스트레스원에 의해 영향을 받는다.

3 보건소 절주 프로그램의 과정 평가 지표는?

① 프로그램 참여율

② 금주 실천율

③ 프로그램 예산의 적정성

④ 음주 관련 질환에 대한 지식 수준의 변화

해설 과정 평가

과정 평가에서의 평가 기준에는 목표 대비 사업의 진행정도, 자원의 적절성과 사업의 효율성 정도, 사업 이용자의 특성, 사업전략 및 활동의 적합성과 제공된 서비스의 질 등이 있다. 사업 진행 중에 사업의 수행상태, 즉 대상자의 프로그램 참여율과 출석률을 체크하는 것도 과정 평가에 해당된다.

정답 2. ③ 3. ①

4 다음 글에 해당하는 범이론적 모형(Transtheoretical model)의 건강행위 변화단계는?

> 저는 담배를 10년간 피웠더니 폐도 좀 안 좋아진 것 같고 조금만 활동을 해도 너무 힘이 들어요. 요즘 아내와 임신에 관해 얘기하고 있어서 담배를 끊기는 해야 할 것 같은데, 스트레스가 너무 많아서 어떻게 해야 할지 모르겠어요. 그래도 태어날 아기를 생각해서 앞으로 6개월 안에는 금연을 시도해볼까 해요.

① 계획 전 단계(Precontemplation Stage)
② 계획 단계(Contemplation Stage)
③ 준비 단계(Preparation Stage)
④ 행동 단계(Action Stage)

해설 계획단계(관심단계, 인식단계, 고려단계)

문제를 인식하고 6개월 이내에 문제의 장단점과 해결책의 장단점을 고려하여 변화하고자 하는 의도를 갖고 있으며 계획단계에 있는 사람은 행동변화로 인한 유익한 점과 장애 요인을 모두 잘 파악하고 있어 상당히 오랫동안 행동변화를 망설이는 단계에 해당한다.

정답 4. ②

5 교육부의 「학생 감염병 예방·위기대응 매뉴얼(2016)」에 따르면, 평상시 학교에서 감염병 유증상자를 처음 발견하여 감염병 여부를 확인하는 시점까지의 단계는?

① 예방 단계   ② 대응 제1단계

③ 대응 제2단계   ④ 대응 제3단계

> **해설** 대응 제1단계

상황	감염병 유증상자가 있음
기간	감염병 유증상자를 발견한 후부터 의료기관 확인을 통해 감염병 (의심)환자 발생 혹은 감염병이 아닌 것을 확인할 때 까지
주요 내용	의료기관에 진료를 의뢰하여 결과를 확인한 후 감염병 (의심)환자 발생 여부 확인

6 MATCH(Multi-level Approach to Community Health) 모형의 단계별 활동으로 옳지 않은 것은?

① 목적 설정 단계 – 행동요인 및 환경요인과 관련된 목적을 설정한다.

② 중재 계획 단계 – 중재의 대상과 접근 방법을 결정한다.

③ 프로그램 개발 단계 – 사업의 우선순위가 높은 인구집단을 선정한다.

④ 평가 단계 – 사업의 과정, 영향, 결과에 대해 평가한다.

> **해설** MATCH(Multi-level Approach to Community Health) 모형

질병과 사고예방을 위한 행동 및 환경적 요인이 알려져 있고, 우선순위가 정해져 있을 때 적용하며 요구도에 대한 충분한 자료가 있어 현황분석이나 요구도 조사, 자료수집의 과정을 거치지 않고 프로그램의 목적을 선택하고 기술하는 것부터 시작한다.

7 **가족 이론에 대한 설명으로 옳지 않은 것은?**

① 구조 – 기능이론 : 가족 기능을 위한 적절한 가족 구조를 갖춤으로써 상위체계인 사회로의 통합을 추구한다.

② 가족발달이론 : 가족생활주기별 과업 수행 정도를 분석함으로써 가족 문제를 파악할 수 있다.

③ 가족체계이론 : 가족 구성원을 개별적으로 분석함으로써 가족 체계 전체를 이해할 수 있다.

④ 상징적 상호작용이론 : 가족 구성원 간 상호작용이 개인 정체성에 영향을 주므로 내적 가족 역동이 중요하다.

📝 **해설** **가족체계이론**

1	가족체계이론은 가족을 하나의 개방체계로 이해하며, 체계는 상호작용하는 여러 요소들의 복합체로 본다.
2	가족은 구성원 개개인들의 특성을 합한 것 이상의 실체를 지닌 집합체이며 가족 구성원 간의 상호작용은 가족구성원의 특성을 합친 것 이상의 실체를 만들어 낸다.
3	가족 구성원 개인의 성격, 가치관, 목표, 배경 등의 특성을 아무리 많이 안다고 해도 그들 간의 상호작용을 잘 파악하지 않으면 이는 가족체계를 제대로 파악하지 못하는 것이다.
4	가족 일원의 문제는 가족 전체에 영향을 주며 가족의 행동은 가족이라는 상황 하에서 잘 이해된다.

8 **부양비에 대한 설명으로 옳은 것은?**

① 유년부양비는 생산인구에 대한 0~14세 유년인구의 백분비이다.

② 노년부양비 15%는 전체 인구 100명당 15명의 노인을 부양하고 있음을 의미한다.

③ 부양비는 경제활동인구에 대한 비경제활동인구의 백분비이다.

④ 비생산인구수가 동일할 때 생산인구수가 증가할수록 부양비가 증가한다.

해설 **부양비**

1	유년부양비는 생산인구에 대한 0~14세 유년인구의 백분비이다.
2	노년부양비 15%는 15~64세 인구가 65세 이상 인구(노인)를 부양하고 있음을 의미한다.
3	부양비는 경제활동 연령인구(생산가능인구, 15-64세)에 대한 비경제활동 연령인구(비생산인구, 0-14세와 65세 이상)의 비를 말한다.
4	비생산인구수가 동일할 때 생산인구수가 증가할수록 부양비가 감소한다.

9 **다음 글에서 설명하는 학습이론은?**

> • 보상이나 처벌이 행동의 지속이나 소멸에 영향을 줌
> • 개인 고유의 내적 신념과 가치를 무시하는 경향이 있음
> • 즉각적인 회환은 학습 향상에 효과적임

① 인지주의   ② 행동주의
③ 인본주의   ④ 구성주의

✎해설 행동주의 학습이론

1	행동은 강화에 의해 증가된다.
2	행동은 과거의 경험에 의해 영향을 받으며 다음에 올 결과에 의해 더 큰 영향을 받는다.
3	처벌은 행동을 억제한다. 하지만, 처벌이 제거되면 행동이 일어나는 비율은 원래의 수준으로 되돌아가는 경향이 있다.
4	각성은 주의집중에 영향을 준다.
5	반복은 학습을 증진시키고 행동을 강화시킨다.
6	대상자가 원하는 보상일 때 행동이 증가한다.
7	명백하게 행동과 연결된 보상이나 벌이 행동을 강화시킨다.
8	결과에 상응하는 즉각적인 회환과 보상이 효과적이다.
9	욕구를 충족시키지 못하는 행위는 소멸된다.
10	개인 고유의 내적 신념과 가치를 무시하는 경향이 있다.

정답 9. ②

10 **지역사회간호사의 역할에 대한 설명으로 옳지 않은 것은?**

① 조정자 – 대상자의 행동이 바람직한 방향으로 변화되도록 유도하는 역할

② 의뢰자 – 문제해결을 위해 대상자를 적절한 지역사회 자원이나 기관에 연결해주는 역할

③ 사례관리자 – 대상자의 욕구를 충족시키고 자원을 비용–효과적으로 사용하도록 유도하는 역할

④ 사례발굴자 – 지역사회 인구 집단 중 서비스가 필요한 개인 및 특정 질환 환자를 발견하는 역할

해설 **조정자**

1	조정자는 최대한 효과적인 방법으로 대상자의 요구를 충족하는 최선의 서비스를 조직하고 통합하여야 한다. 만약 서비스나 제공인력에 중복이나 누락이 있다면 이를 보완하고 재구성해야 한다.
2	조정자는 서비스를 제공하는 타 부서요원들과 의사소통 및 정보교환을 통해 대상자의 특별한 상태나 요구를 서로 알게 하여야 한다.
3	조정자로서 지역사회간호사는 본인, 대상자, 서비스 제공인력들이 참여하는 사례집담회를 준비하여 이러한 자리에서 정보를 교환하고 서비스를 조정하기도 한다.

11 김씨 가계도(Genogram)에 대한 설명으로 옳지 않은 것은?

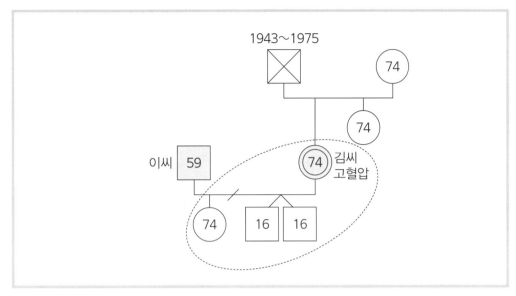

① 김씨는 남편과 이혼한 상태이다.

② 김씨의 아버지는 사망한 상태이다.

③ 김씨의 자녀는 2남 1녀이다.

④ 김씨의 두 아들은 쌍둥이이다.

✎해설) **김씨 가계도**

위의 사례에서 김씨는 남편과 별거상태이다.

12 Petak의 재난관리 과정 중 완화·예방단계에 해당하는 활동은?

① 생필품 공급
② 부상자의 중증도 분류
③ 위험지도 작성
④ 이재민의 거주지 지원

해설) **완화·예방단계**

1	재난예방 장기계획의 수립, 재난 발생 시 관련 부처 및 기관 협조대책 수립
2	개발규제나 건축기준, 안전기준 등 법규의 마련, 안전관리법 제정
3	위험요인과 위험지역의 분석을 통한 위험지도의 작성
4	재난보험제도나 재난피해 보상제도의 마련, 재난관리조직, 비상활동계획, 자원관리
5	재난 발생 시 지휘체계의 구축, 홍보 및 예방활동

13 듀발(Duvall)의 가족생활주기 중 진수기 가족이 성취해야 하는 발달과업은?

① 가족계획
② 은퇴와 노화에 대한 적응
③ 자녀의 사회화와 학업 성취 격려
④ 자녀의 출가에 따른 부모 역할 적응

해설) **진수기 가족**

1	첫 자녀 결혼부터 막내 결혼까지로 자녀들이 집을 떠나는 단계
2	자녀를 성인으로 독립, 자녀를 출가시킴
3	부부관계의 재조정
4	늙어가는 부모 부양
5	자녀의 출가에 다른 부모의 역할 적응
6	성인이 된 자녀와 자녀 배우자와의 관계 확립, 재배열
7	새로운 흥미의 개발과 참여

정답) 12. ③ 13. ④

14 지역별 비례사망률에 대한 설명으로 옳지 않은 것은?

지역	당해 연도 특정 원인별 사망자수		당해 연도 총사망자수	당해 연도 총인구수
	결핵	폐암		
A	8	16	400	10,000
B	5	10	500	8,000
C	15	18	1,000	15,000

〈단위 : 명〉

① 폐암의 비례사망률은 A지역이 가장 높다.

② 폐암의 비례사망률은 A지역이 B지역보다 2배 높다.

③ 결핵의 비례사망률은 A지역이 가장 높다.

④ 결핵의 비례사망률은 A지역이 C지역보다 2배 높다.

해설 비례사망률

• 어느 기간에 사망한 100명 중 특별한 원인으로 사망한 사람의 비율

• 결핵의 비례사망률은 C지역이 A지역보다 높다.

정답 14. ④

15 면허 또는 자격증 관련 실태와 취업상황을 보건복지부장관에게 신고하여야 하는 의료인력만을 모두 고르면?

| ㄱ. 간호사 | ㄴ. 한의사 |
| ㄷ. 간호조무사 | ㄹ. 임상병리사 |

① ㄱ, ㄴ
② ㄷ, ㄹ
③ ㄱ, ㄴ, ㄷ
④ ㄱ, ㄴ, ㄷ, ㄹ

16 BPRS(Basic Priority Rating System)를 적용할 때, 우선순위가 가장 높은 건강문제는?

건강 문제	평가항목		
	건강 문제의 크기 (0~10)	건강 문제의 심각도 (0~10)	사업의 추정 효과 (0~10)
①	5	5	7
②	5	6	6
③	6	5	5
④	7	5	5

> **해설** BPRS(Basic Priority Rating System)

$(A+2B) \times C$
만점은 300점이며 $(10+2\times10)\times10= 300$이다.

- A : 건강문제의 크기(10점 만점)
- C : 보건사업의 효과성(10점 만점)
- B : 건강문제의 심각도(10점 만점),

---

17 다음 ㉠, ㉡에 들어갈 용어로 옳게 짝 지은 것은?

(㉠) – 감염병 일차 환자(primary case)에 노출된 감수성자 중 해당 질병의 잠복기 동안에 발병한 사람의 비율
(㉡) – 병원체가 현성 감염을 일으키는 능력으로, 감염된 사람 중 현성 감염자의 비율

	㉠	㉡
①	평균 발생률	병원력
②	평균 발생률	감염력
③	이차 발병률	병원력
④	이차 발병률	감염력

> **해설** 이차 발병률

이차 발병률은 감염병 일차 환자에 노출된 감수성자 중 해당 질병의 잠복기 동안에 발병한 사람의 비율이고 병원력은 병원체가 현성 감염을 일으키는 능력으로 감염된 사람 중 현성 감염자의 비율을 말한다.

> **정답** 17. ③

18 지역사회 간호사업의 평가에 대한 설명으로 옳지 않은 것은?

① 평가 계획은 사업 수행 단계 전에 수립하여야 한다.

② 평가의 계획 단계부터 주요 이해당사자를 배제한다.

③ 평가 결과는 차기 간호사업 기획에 활용한다.

④ 사업의 목표 달성 정도를 파악하기 위해 효과성 평가를 실시한다.

해설

평가 초기 단계부터 주요 이해 당사자를 평가에 참여시킴으로써 실제적 평가가 될 수 있도록 한다.

19 다음 글에서 설명하는 「산업재해보상보험법」상 보험급여는?

> 업무상 사유로 부상을 당하거나 질병에 걸린 근로자에게 요양으로 취업하지 못한 기간에 대하여 지급하되, 1일당 지급액은 평균임금의 100분의 70에 상당하는 금액으로 한다. 다만, 취업하지 못한 기간이 3일 이내이면 지급하지 아니한다.

① 요양급여　　　　　　　　② 장해급여

③ 간병급여　　　　　　　　④ 휴업급여

해설 「산업재해보상보험법」제52조(휴업급여)

휴업급여는 업무상 사유로 부상을 당하거나 질병에 걸린 근로자에게 요양으로 취업하지 못한 기간에 대하여 지급하되, 1일당 지급액은 평균임금의 100분의 70에 상당하는 금액으로 한다. 다만, 취업하지 못한 기간이 3일 이내이면 지급하지 아니한다.

20 Smilkstein이 개발한 가족기능 평가도구(Family APGAR)의 평가영역이 아닌 것은?

① 가족의 적응 능력(Adaptation)

② 가족 간의 성숙도(Growth)

③ 가족 간의 애정 정도(Affection)

④ 가족이 가진 자원의 크기(Resource)

───────────────────────────────

✎해설 **가족기능 평가도구(Family APGAR)의 5가지 평가항목**

1	가족의 적응 능력
2	가족 간의 동료의식 정도
3	가족 간의 성숙도
4	가족 간의 애정도
5	문제해결

1 〈보기〉에 나타난 지역사회간호사의 역할로 가장 옳은 것은?

> **보기**
>
> 코로나19(COVID-19) 사태에서 사회적 약자들이 방치되는 것을 방지하기 위해 지역사회의 차상위계층, 기초생활수급자, 독거노인, 신체장애인에 전화를 걸어 호흡기 등의 건강상태와 정신건강 상태를 확인하였다.

① 상담자　　　　　　　　　　② 사례관리자
③ 교육자　　　　　　　　　　④ 변화촉진자

✎**해설** **사례관리자**

지역사회간호사는 지역사회에 거주하고 있는 고위험군을 발굴하여 대상자의 문제를 사정, 계획, 수행, 평가하고 지역사회 내의 다양한 보건의료서비스로 연계시켜 주는 역할을 담당한다.

정답 1. ②

2 A간호사는 지역 보건소에 처음 발령을 받고 주민센터 동장님을 만나 지역사회 건강 문제에 대한 의견을 물어 보았다. 이때의 자료수집 방법으로 가장 옳은 것은?

① 정보원 면담
② 설문지 조사
③ 차창 밖 조사
④ 참여관찰

✎**해설** 정보원 면담(지역사회 지도자 면담)

정보원 면담은 지역사회의 공식–비공식 지역지도자와 면담하여 자료를 수집하는 방법이다. 여기서 지역지도자란 지역사회 보건의료사업에 영향을 줄 수 있는 공식적·비공식적 지도자들로 지역유지, 행정기관장(면장, 동장, 구청장, 시장, 군수 등), 종교지도자, 사회사업가, 지역사회단체장(부녀회장, 청년회장, 노인회장 등)이 있다.

3 간호사는 금연 교육 프로그램을 기획하고 학습목표를 기술하였다. 블룸(Bloom)의 인지적 학습 목표에 따를 때, 가장 높은 수준에 해당하는 것은?

① 대상자는 심장질환과 니코틴의 작용을 관련지어 말할 수 있다.
② 대상자들은 자신들이 계획한 금연계획을 실천가능성에 따라 평가한다.
③ 대상자들은 흡연으로 인한 증상과 자신에게서 나타나는 증상을 비교한다.
④ 대상자들은 금연방법을 참고하여 자신의 금연계획을 작성한다.

✎**해설** 인지적 학습영역

지식의 증가와 이를 활용하는 능력을 나타내는 지적 영역으로 행동의 복합성에 따라 가장 낮은 수준의 지식습득부터 가장 높은 수준의 평가까지 지식 → 이해 → 적용 → 분석→ 종합(합성)→ 평가의 6가지 수준으로 분류한다.

평가	주어진 목표에 대해 자료나 방법의 가치에 관해 판단하는 것으로 자료와 방법이 범주를 충족시키는 정도에 관해 질적·양적으로 판단한다.
평가의 예	대상자들은 자신들이 직접 세운 금연계획의 실천가능성(실현가능성)이 얼마나 되는지 평가할 수 있다.

정답 2. ① 3. ②

4 「학교보건법」에 근거한 학교장의 업무로 가장 옳지 않은 것은?

① 학생 건강검사 결과 질병에 감염된 학생에 대하여 질병의 치료에 필요한 조치를 하여야 한다.

② 학생 정신건강 상태를 검사한 결과 필요하면 해당 학생에 대해 의료기관을 연계하여야 한다.

③ 안전사고를 예방하기 위하여 학생에 대한 안전교육 및 그 밖에 필요한 조치를 하여야 한다.

④ 학생이 새로 입학한 날로부터 180일 이내에 시장·군수 또는 구청장에게 예방접종증명서를 발급받아 예방접종을 모두 받았는지를 검사한 후 이를 교육정보시스템에 기록하여야 한다.

📝**해설** 학교장의 업무

초등학교와 중학교의 장은 학생이 새로 입학한 날로부터 90일 이내에 시장·군수·구청장에게 예방접종 증명서를 발급받아 예방접종을 모두 받았는지를 검사한 후 이를 교육 정보시스템에 기록하여야 한다.

5 〈보기〉는 보건소에서 실시하는 방문건강관리사업의 일부이다. 이에 해당하는 사례관리의 단계로 가장 옳은 것은?

┤보기├
- 전문 인력의 판단과 팀 구성에 따라 건강관리서비스 내용 조정
- 서신발송, 전화, 방문, 내소, 자원연계 실시

① 요구사정
② 목표설정 및 계획수립
③ 대상자 선정 및 등록
④ 개입 및 실행

📝해설 사례관리의 6개 과정

6개 과정	대상자 선정 및 등록 → 요구사정 → 목표설정과 관리계획 수립 → (수행)중재, 개입 → 점검 및 재사정 → 평가 및 종결
수행(실행) 중재·개입	• 대상자가 원활하게 질 좋은 서비스나 지원을 받을 수 있도록 직·간접적으로 개입을 실행하는 단계이다. • 사례관리자가 소속 기관 내 서비스나 프로그램을 대상자에게 직접 제공하는 것이 직접개입이고, 그 지역사회 내 타 기관 또는 자원을 연계하는 것이 간접개입이다. • 수행단계에서는 사례회의를 통해 제공자의 어려움 등을 파악하고 해결하도록 노력해야 하며, 타 서비스 제공기관 간 중복된 중재를 조정한다.

정답 5. ④

6 〈보기〉에서 설명하는 의료비 지불제도로 가장 옳은 것은?

| 보기 |

- 진단, 치료, 투약과 개별행위의 서비스를 총합하여 의료행위를 한 만큼 보상하는 방식이다.
- 서비스 행위에 대한 보상을 일단 점수로 받고, 그 점수들을 일정비율에 의해서 금액으로 환산하여 의료비 총액을 계산하는 방법인 점수제의 형태로 많이 사용된다.
- 종류로는 시장기능에 의해 수가가 결정되는 관행수가제와 정부와 보험조합의 생산원가를 기준으로 계산한 후 의료수가를 공권력에 의해 강제 집행하는 제도수가제가 있다.
- 장점으로 의료인의 자율성 보장, 양질의 서비스 제공을 들 수 있다.

① 인두제
② 봉급제
③ 행위별수가제
④ 총액예산제(총괄계약제)

📖 **해설** 행위별수가제

1	행위별수가제는 진료서비스에 대한 수가를 뜻한다. 즉, 행위별수가제는 진단, 치료, 투약과 개별행위의 서비스를 총합하여 의료행위를 한 만큼 보상하는 방식이다.
2	행위별수가제는 진료보수가 진료행위의 내역에 따라 결정되는 방식으로 진료내역이라 함은 진료내용과 진료의 양을 의미한다. 즉, 제공된 의료서비스의 단위당 가격에 서비스 양을 곱한 만큼 보상하는 방식이다.
3	장점으로 의료인의 자율성 보장, 양질의 서비스 제공 등이다.

정답 6. ③

7 UN에서 발표한 새천년개발목표(Millennium Development Goals, MDGs)에 해당하지 않는 것은?

① 절대빈곤 및 기아 퇴치
② 모든 사람의 건강한 삶을 보장하고 웰빙을 증진
③ 보편적 초등교육 실현
④ 지속가능한 환경의 확보

해설) 새천년개발목표(Millennium Development Goals, MDGs)

1	극빈층 및 기아의 일소
2	보편적 초등교육 달성
3	젠더 평등과 여성지위 향상
4	영아사망률 감소
5	모성보건 증진
6	HIV/에이즈, 말라리아, 기타 질병 퇴치
7	지속 가능한 환경 보장
8	전지구적 개발 파트너십 구축

정답 7. ②

8 〈보기〉와 같은 인구 구조를 가진 지역사회의 2020년 6월 13일 현재 인구구조를 나타내는 지표값으로 가장 옳은 것은?

┤보기├

연령(세)	남	여	계
0-14세	700	900	1,600
15-64세	1,600	1,600	3,200
65세 이상	700	700	1,400
계	3,000	3,200	6,200

〈단위 : 명〉 2020년 6월 13일 현재

① 유년부양비는 $\left(\dfrac{3,200}{3,000}\right)\times100$이다.

② 노년부양비는 $\left(\dfrac{1,400}{1,600}\right)\times100$이다.

③ 2차 성비는 $\left(\dfrac{3,200}{3,000}\right)\times100$이다.

④ 3차 성비는 $\left(\dfrac{3,000}{3,200}\right)\times100$이다.

✍해설 인구구조를 나타내는 지표

유년부양비	$\left(\dfrac{15세\ 미만\ 인구}{15\sim64세\ 인구}\right)\times100$
노년부양비	$\left(\dfrac{16세\ 이상\ 인구}{15\sim64세\ 인구}\right)\times100$
2차 성비	$\left(\dfrac{출생\ 시\ 남자수}{여자수}\right)\times100$
3차 성비	$\left(\dfrac{현재\ 남자수}{여자수}\right)\times100$

9 **작업환경 관리의 기본원리 중 대치에 해당하는 것은?**

① 교대근무를 실시하도록 한다.

② 페인트를 분무하던 것을 전기이용 흡착식 분무로 한다.

③ 개인용 위생보호구를 착용하도록 한다.

④ 인화물질이 든 탱크 사이에 도랑을 파서 제방을 만든다.

📝 **해설** 대치

공정의 변경	공정과정 중 유해한 과정을 안전하고 효율적인 공정과정으로 변경하는 것을 말한다. 예 페인트 성분의 비산방지를 위해 페인트를 분무하던 방식 대신에 페인트에 담그거나 전기흡착식 방법으로 변경하는 것, 소음감소를 위해 금속을 톱으로 자르는 것, 물질을 분쇄할 때 분진때문에 작업 전에 물을 뿌리는 공정작업으로 변경하는 것
시설의 변경	공정의 변경이 안 된다면 사용하고 있는 위험시설이나 기구를 바꿈으로써 효과를 볼 수 있다. 예 화재예방을 위해 가연성 물질을 철제통에 저장하는 것, 용해나 파손방지를 위해 염화탄화수소 취급장에서 폴리비닐알코올 장갑을 사용하는 것 등
물질의 변경	가장 흔히 사용하는 대책으로 물질의 변경은 유사한 화학구조를 갖고 있는 다른 물질로 대치하는 경우가 많다. 예 성냥제조 시 황인을 적인으로 대치하는 것, 야광시계 자판의 라듐을 인으로 대치하는 것 등

10 〈보기〉에서 설명하는 가족건강사정도구로 가장 옳은 것은?

> **보기**
>
> 가족 중 가장 취약한 구성원을 중심으로 부모형제관계, 친척관계, 친구와 직장동료 등 이웃관계, 그 외 지역사회와의 관계를 그려봄으로써 취약 가족구성원의 가족 하위체계뿐만 아니라 가족 외부체계와의 상호작용을 파악할 수 있다.

① 외부체계도   ② 사회지지도

③ 가족밀착도   ④ 가계도

해설 사회지지도

1	사회지지도는 가족 내 가장 취약한 가구원을 중심으로 가족관계를 나타내고, 자원활용과 개발할 수 있는 것을 확인하여 가족 내·외의 상호작용을 확인할 수 있는 가족사정도구이다.
2	가구원 중 취약하거나 우선적으로 간호중재가 필요한 가족에 대한 지지정도와 외부사회의 상호작용을 사정하는 도구이다.

11 〈보기〉에서 설명하는 지구온난화 및 기후변화 대비협약으로 가장 옳은 것은?

> **보기**
>
> 2015년에 채택되었으며 지구 평균온도 상승폭을 산업화 이전 대비 2℃ 이상 상승하지 않도록 합의

① 몬트리올 의정서   ② 바젤협약

③ 파리협약   ④ 비엔나협약

정답 10. ②   11. ③

1	2015년 12월 12일 프랑스 파리에서 선진국과 개도국 모두 195개 협약 당사자들이 참여하여 책임을 분담하며 전 세계가 기후 재앙을 막는데 동참하기로 결의하였다.
2	선진국과 개도국 모두 의무를 지는 2020년 이후 신기후체제를 출범시키기로 결의하였다.
3	파리협정의 주된 목표는 21세기 동안 지구 온도 상승폭을 산업화(산업혁명)이전 수준과 비교하여 2℃보다 훨씬 낮게 유지하고, 더 나아가 1.5℃까지 제한하는 데 노력하기로 하는 것이다.

12 〈보기〉에서 설명하는 작업환경에서의 건강장애로 가장 옳은 것은?

보기

옥외 작업환경에서 격심한 육체노동을 지속하는 경우 일어나는 현상이다. 중추성 체온조절 기능장애로서, 체온 방출 장애가 나타나 체내에 열이 축적되고 뇌막혈관의 충혈과 뇌 내 온도 상승에 의해 발생한다. 땀을 흘리지 못하여 체온이 41~43℃까지 급격히 상승하여 혼수 상태에 이를 수 있으며, 피부 건조가 나타나게 된다.

① 열피로(Heat Exhaustion)
② 열경련(Heat Cramp)
③ 열사병(Heat Stroke)
④ 열실신(Heat Syncope)

해설 열사병

1	체온조절의 부조화로 뇌온상승에 의해 중추신경장애가 원인이 된다.
2	체온의 이상상승, 두통, 현기증, 이명, 복시, 혼수, 동공반응 소실 등이 있다. 고온 스트레스를 받았을 때 열을 발산시키는 체온조절 기전에 문제가 생겨 발한은 거의 없고 피부가 건조하며 심부체온이 섭씨 40도 이상 증가하는 것을 특징으로 한다. 의식장애, 고열, 비정상적인 활력징후, 고온 건조한 피부 등이 나타난다.

정답 12. ③

13 〈보기〉에 제시된 우리나라 지역사회간호 관련 역사를 시간순으로 바르게 나열한 것은?

| 보기 |

㈎ 「산업안전보건법」의 제정으로 보건담당자인 간호사가 상시근로자 300명 이상인 사업장에 배치되었다.

㈏ 「노인장기요양보험법」의 제정으로 노인장기요양사업이 활성화되었다.

㈐ 「국민건강증진법」이 제정되어 지역사회 간호사의 역할이 더욱 확대되는 계기가 되었다.

㈑ 「의료법」의 개정으로 전문간호사 영역이 신설되어 가정, 보건, 노인, 산업 등의 지역사회 실무가 강화 되었고, 이후 13개 분야로 확대되었다.

① ㈎–㈏–㈐–㈑
② ㈎–㈐–㈑–㈏
③ ㈏–㈐–㈑–㈎
④ ㈐–㈎–㈑–㈏

📝해설) 지역사회관련 역사

1981년	산업안전보건법 제정
1995년	국민건강증진법 제정
2007년	노인장기요양보험법 제정
2000년	전문간호사 의료법 개정

14 지역사회 간호과정에서 목표 설정 시 고려해야 할 사항으로 가장 옳지 않은 것은?

① 추상성
② 관련성
③ 성취가능성
④ 측정가능성

해설 **목표설정의 기준 SMART**

Specific(구체성)	목표는 구체적으로 기술해야 한다.
Measurable(측정가능성)	목표는 측정가능해야 한다.
Achievable(성취가능성)	목표는 진취적이면서 성취가능한 현실적인 것이어야 하나, 별 노력없이 자연적으로 달성되는 소극적 목표는 안 된다.
Relevant(연관성)	사업 목적 및 문제 해결과 직접 관련성이 있어야 한다. 즉, 해당 건강문제와 인과관계가 있어야 한다.
Time limited(시간제한성)	목표 달성의 기한을 밝혀야 한다.

---

15 SWOT 분석의 전략을 옳게 짝지은 것은?

① SO 전략–다각화 전략

② WO 전략–공격적 전략

③ ST 전략–국면전환 전략

④ WT 전략–방어적 전략

해설 **SWOT 분석의 전략**

구분	전략	내용
SO 전략	강점– 기회 전략	• 시장기회와 내부강점을 결합한 공격적 전략 • 사업구조, 사업영역, 사업대상을 확대하는 내용의 전략수립
WO 전략	강점–위협 전략	• 시장위협과 내부강점을 결합한 다각화 전략 • 신사업, 신기술, 신공적, 새로운 소비자층 개발을 위한 내용으로 전략 수립
ST 전략	약점–기회전략	• 시장 기회와 내부약점을 결합한 상황전환(국면전환)전략 • 구조조정, 혁신운동 등을 내용으로 전략 수립
WT 전략	약점–위협전략	• 시장 위협과 내부약점을 결합한 방어적 전략 • 사업의 축소, 사업의 철수·폐지 등의 내용 전략 수립

정답 15. ④

16 〈보기〉에서 설명하는 학습이론으로 가장 옳은 것은?

| 보기 |

학습이란 개인이 이해력을 얻고 새로운 통찰력 혹은 더 발달된 인지구조를 얻는 적극적인 과정이다. 이러한 학습은 동화와 조절을 통해 이루어진다. 동화란 이전에 알고 있던 아이디어나 개념에 새로운 아이디어를 관련시켜 통합하는 것이다. 학습자는 자신의 인지구조와 일치하는 사건을 경험할 때는 끊임없이 동화되어 학습하지만 새로운 지식이나 사건이 이미 갖고 있는 인지구조와 매우 달라서 동화만으로 적응이 어려울 때는 조절을 통해 학습하고 적응한다.

① 구성주의 학습이론   ② 인본주의 학습이론
③ 인지주의 학습이론   ④ 행동주의 학습이론

해설 인지주의 학습이론

1	인지는 학습자가 경험을 통해 어떤 의미를 갖게 되는 것과 같은 지각을 말하며, 인지는 곧 인간의 내적 사고과정이라 할 수 있다.
2	이러한 학습은 동화와 조절을 통해 이루어진다. 동화란 이전에 알고 있던 아이디어나 개념에 새로운 아이디어를 관련시켜 통합하는 것이다.
3	인지주의 학습이론에 의하면 학습자가 상황을 지각할 때 여러 부분들을 조직하고 연결시키는 방법에 따라 지각이 달라지면, 여러 부분을 조직하고 연결시킬 때 어떤 법칙을 따르게 된다.

17 1952년 영국 런던에서 대기오염으로 대규모의 사상자를 발생시킨 주된 원인물질은?

① SO_2(아황산가스)
② CO_2(이산화탄소)
③ O_2(오존)
④ NO_2(이산화질소)

🖋️해설) 대기오염 주요 원인물질

1952년 영국 런던에서 대기오염으로 대규모의 사상자를 발생시킨 주된 원인물질은 공장으로부터의 아황산가스 및 황산과 미세먼지와의 혼합이다.

18 고혈압에 대한 2차 예방활동으로 가장 옳은 것은?

① 금연
② 체중조절
③ 직장 복귀
④ 고혈압 검진

🖋️해설) 2차 예방활동

2차 예방활동은 조기검진과 조기치료이다.

19 흡연과 뇌졸중 발생의 관계를 알아보기 위해 환자-대조군 연구를 실시하여 〈보기〉와 같은 결과를 얻었다. 흡연과 뇌졸중 발생 간의 교차비는?

		뇌졸중		계
		유	무	
흡연	유	30	70	100
	무	10	90	100
계		40	160	200

〈단위 : 명〉

① $\dfrac{(30 \times 70)}{(10 \times 90)}$

② $\dfrac{(30 \times 10)}{(70 \times 90)}$

③ $\dfrac{(30 \times 100)}{(10 \times 100)}$

④ $\dfrac{(30 \times 90)}{(70 \times 10)}$

해설 교차비

교차비 $= \dfrac{a \times d}{b \times c} = \dfrac{(30 \times 90)}{(70 \times 10)}$

		뇌졸중		계
		유	무	
흡연	유	30(a)	70(b)	100
	무	10(c)	90(d)	100
계		40	160	200

20 **보건사업 평가유형과 그에 대한 설명을 옳게 짝지은 것은?**

① 내부평가 – 평가결과에 대한 신뢰성 문제가 제기될 수 있다.

② 외부평가 – 보건사업의 고유한 특수성을 잘 반영하여 평가할 수 있다.

③ 질적평가 – 수량화된 자료를 이용한 통계적 분석을 주로 한다.

④ 양적평가 – 평가기준의 신뢰성과 객관성을 보장 받기 어렵다.

해설 **보건사업 평가유형**

내부평가	평가결과에 대한 신뢰성 문제가 제기될 수 있다.
외부평가	보건사업의 고유한 특수성을 잘 반영하여 평가할 수 없다.
양적평가	수량화된 자료를 이용한 통계적 분석을 주로 한다.
질적평가	평가기준의 신뢰성과 객관성을 보장 받기 어렵다.

정답 20. ①

간호직공무원 기출문제

부록

2021년 간호관리 기출문제

2021년 지역사회간호 기출문제

1 **과학적 관리론과 인간관계론에 대한 설명으로 옳은 것은?**

① 과학적 관리론보다 인간관계론이 공식 조직구조를 더 강조한다.

② 과학적 관리론보다 인간관계론이 노동 효율성을 더 강조한다.

③ 과학적 관리론과 인간관계론 모두 조직 외부환경을 강조한다.

④ 과학적 관리론보다 인간관계론이 인간의 심리·사회적 측면을 강조한다.

🖎해설) **과학적 관리론**

과학적 관리론은 공식 조직구조, 노동 효율성, 조직 외부환경을 강조하고 인간관계론은 인간의 심리·사회적 측면을 강조한다.

---

2 **조직이 분권화될수록 기대할 수 있는 효과는?**

① 구성원의 창의성과 능동성을 높일 수 있다.

② 조직 전체의 통합적 업무 조정이 용이하다.

③ 업무의 중복과 비용 낭비를 줄일 수 있다.

④ 최고 관리자의 리더십 발휘가 용이하다.

🖎해설) **분권화의 장점**

1	최고관리층의 의사결정 부담을 경감함
2	구성원의 창의성과 능동성을 높임
3	신속한 업무처리와 신속한 의사결정
4	참여의식 권장과 자발적 협조 유도
5	조직 내 의사전달 개선
6	실정에 맞는 업무처리 가능

정답) 1.④ 2.①

3 다음에서 설명하는 의료인의 의무는?

> • 환자의 자율성 존중 원칙을 바탕으로 한다.
> • 이 의무를 위반할 경우 전단적 의료(Unauthorized Medical Care)에 해당한다.

① 기록의무   ② 설명 및 동의의무

③ 확인의무   ④ 비밀유지 의무

해설) 설명 및 동의의무의 궁극적 목적

설명 및 동의의무의 궁극적 목적은 알 권리를 통한 대상자의 자기결정권 존중이다.

4 간호서비스의 과정적 측면을 평가하는 지표는?

① 환자 확인 절차 준수율

② 수술 후 합병증 발생률

③ 자가간호 실천율

④ 질병군별 재원일 수

✎해설) 간호서비스의 과정적 측면을 평가하는 지표

1	의사소통, 검사·투약·수술·의뢰과정, 환자 간호 수행 및 태도, 간호기록, 환자교육 실시 등 업무수행에 대한 모든 요소가 포함된다.
2	간호의 실제 수행, 즉 간호사가 환자와 상호작용을 하는 간호 활동을 평가한다.

---

5 페이욜(Fayol)의 행정관리론에서 제시한 관리 원칙만을 모두 고른 것은?

> ㄱ. 질서의 원칙　　　　　　　　ㄴ. 고용안정의 원칙
> ㄷ. 통솔 범위의 원칙　　　　　　ㄹ. 지휘 통일의 원칙
> ㅁ. 조직 이익 우선의 원칙

① ㄱ, ㄴ, ㄷ

② ㄱ, ㄷ, ㄹ

③ ㄱ, ㄴ, ㄹ, ㅁ

④ ㄴ, ㄷ, ㄹ, ㅁ

해설 페이욜(Fayol)의 행정관리론에서 제시한 관리원칙

• 분업의 원칙	• 권한의 원칙	• 규율의 원칙
• 공동 목적 우선 원칙	• 합당한 보상 원칙	• 집권화의 원칙
• 계층 연쇄의 원칙	• 질서의 원칙	• 공평(공정성)의 원칙
• 고용안정의 원칙	• 창의성의 원칙	• 사기의 원칙
• 명령 통일(명령 일원화)의 원칙	• 방향의 일관성(지휘일원화)의 원칙	

6 데밍(Deming)의 PDCA 사이클 중 문제 해결을 위해 변화 계획을 소규모로 시범 적용하여 검증하는 단계는?

① Plan   ② Do

③ Check   ④ Act

해설 데밍(Deming)의 PDCA의 4단계

계획(Plan)	문제를 발견하고 해결, 개선하기 위한 변화 계획 수립
실행(Do)	변화를 검증하는 단계로 소규모의 시범 적용 단계
평가(Check)	선별된 변화 업무 프로세스를 검토하고 변화 수행을 관찰하는 단계
개선(Act)	소규모 시범 적용 단계에서 획득된 결과를 기초로 수행 과정을 결정하고, 일상 업무 활동이 되도록 적용하며, 변화로부터 최대의 이익을 얻고자 수행하는 단계

정답 6. ②

7 다음 표는 동기부여 이론 간 유사한 욕구나 관점을 비교한 것이다. (가)~(라)에 들어갈 말로 옳은 것은?

욕구단계이론(Maslow)	성취동기이론(McClelland)	XY이론(McGregor)
자아실현 욕구	(가)	(다)
존경 욕구	(나)	
사회적 욕구	친화욕구	
안전 욕구		(라)
생리적 욕구		

	(가)	(나)	(다)	(라)
①	권력욕구	성취욕구	X이론	Y이론
②	성취욕구	권력욕구	X이론	Y이론
③	성장욕구	권력욕구	Y이론	X이론
④	성취욕구	권력욕구	Y이론	X이론

◇ **해설** 동기부여 이론 간 유사한 욕구나 관점

성취욕구	• 성취욕구가 강한 사람은 도전받기를 원하고 어려운 목표를 설정하고 위험에 대해 현실적인 입장을 취하고 책임지기를 좋아한다. • 자신의 업적에 대해 평가받고자 하며 오랜 시간 동안 일하기를 좋아하고 실패했을 때에도 지나치게 걱정하지 않는다.
권력욕구	• 권력욕구는 다른 사람을 통제하고 영향력을 행사하려는 욕구를 말한다. • 권력욕구가 가장 높은 구성원에게 대규모 프로젝트의 리더 역할을 부여한다.
Y이론	• 인간은 일을 좋아하고 적절히 동기유발이 되면 자율적이고 창의적으로 일을 한다.
X이론	• 자기중심적이고, 수동적 행동을 하며 동기유발은 생리적 욕구나 안전 욕구의 단계에서만 가능하다.

8 **직무분석을 위한 정보수집 방법에 대한 설명으로 옳은 것은?**

① 관찰법 : 직무 수행자가 매일 자신의 직무를 관찰하여 기록한다.

② 면접법 : 직무 수행자에게 설문지를 배포하여 직무 요건을 조사한다.

③ 중요사건법 : 직무 수행자가 매일 작업일지에 직무 내용을 작성한다.

④ 작업표본방법 : 직무 분석자가 전체 직무 활동 중 일부 작업을 표본 선정하여 관찰한다.

해설 **직무분석을 위한 정보수집 방법**

관찰법	직접 정보를 얻는 가장 효과적인 방법으로 조사자가 직접 직무담당자가 수행하는 것을 관찰하는 방법이다.
면접법	직무담당자의 직접적인 면담을 통하여 직무분석에 필요한 자료를 수집하는 방법으로 가장 널리 이용되는 방법이며 가장 많이 활용되는 방법이다.
중요사건 방법	성공적인 직무수행에 결정적인 역할을 한 사건이나 사례를 중심으로 직무를 분석하고 조직목표 달성의 결정적인 역할을 한 사건을 중심으로 효과적인 행동패턴을 분석하는 방법이다.
작업표본 방법	분석자가 일정기간 동안 직원의 활동을 관찰하고 기록한 후 전체 근무 시간과 비교하여 각각의 일에 소요되는 시간을 계산하는 방법이다.

정답 8. ④

9 마케팅 믹스 전략의 예로 옳지 않은 것은?

① 제품·서비스 전략 – 예비부부를 대상으로 건강검진패키지 개발
② 유통 전략 – 대면으로 이루어지던 미숙아 부모 교육을 비대면으로 전환
③ 촉진 전략 – 간호·간병 통합 서비스에 대한 지하철 광고
④ 가격 전략 – 가정의 달 5월에 건강검진 서비스를 받은 노인에게 사은품 지급 행사

해설 **가격 전략**

1	보험수가 책정(경제적, 합리적 적정가격)
2	기존 수가에 대한 조정 전략(가치비용분석)
3	새로운 간호수가체계를 개발

10 「의료법」 제60조의 3에 따라 설치·운영하는 간호인력 취업교육센터의 명시된 업무가 아닌 것은?

① 유휴 및 이직 간호인력의 취업 교육 지원
② 우수한 간호사의 확보와 적절한 공급을 위한 기본시책 수립
③ 지역별, 의료기관별 간호인력 확보에 관한 현황 조사
④ 간호인력의 지속적인 근무를 위한 경력개발 지원

해설 **간호인력 취업교육센터의 업무**

1	지역별, 의료기관별 간호인력 확보에 관한 현황조사
2	제7조 제1항 제1호에 따른 간호학을 전공하는 대학이나 전문대학[구제(舊制) : 전문학교와 간호학교를 포함한다] 졸업 예정자와 신규 간호인력에 대한 취업교육 지원
3	간호인력의 지속적인 근무를 위한 경력개발 지원
4	유휴 및 이직 간호인력의 취업교육 지원
5	그 밖에 간호인력의 취업교육 지원을 위하여 보건복지부령으로 정하는 사항

11 **간호전달체계 유형에 대한 설명으로 옳지 않은 것은?**

① 팀 간호방법 : 비전문직 인력을 포함해 팀이 구성되며 팀 내 의사소통이 중요하다.

② 기능적 분담 방법 : 총체적 간호가 이루어지지 않아 환자와 간호사의 만족도가 낮다.

③ 일차간호방법 : 환자의 입원부터 퇴원까지 일차간호사가 담당하므로 책임소재가 분명하다.

④ 사례관리 : 1명의 간호사가 1~2명의 환자를 담당하여 필요한 모든 간호 서비스를 제공한다.

해설) 사례관리

사례관리는 표준지침서를 사용하여 특정 기간 내에 수행될 건강관리팀의 의무와 이를 통해 기대되는 환자의 결과를 미리 예상하여 건강서비스를 관리하는 간호전달체계이다.

정답 11. ④

12 다음에서 설명하는 권력 유형은?

> A간호팀장은 공정하고 성실한 업무처리와 상대방을 배려하는 인간관계로 평소에 팀은 물론 간호부 내에서도 간호사들의 존경을 받는다.

① 강압적 권력   ② 합법적 권력
③ 준거적 권력   ④ 전문적 권력

해설 준거적 권력

준거적 권력은 개인이 갖는 특별한 자질에 기반을 둔 권력으로 다른 사람들이 호감과 존경심을 갖고 권력 행사자를 닮으려고 할 때 생기는 권력을 말한다.

13 다음에서 설명하는 격리방법이 모두 요구되는 질병은?

> - 의료인은 환자병실에 들어갈 때 수술용 마스크를 착용한다.
> - 코호트 격리를 한 경우에 병상 간 거리는 1m 이상 유지한다.
> - 환자가 병실 밖으로 이동하는 경우 나가기 전에 손 위생을 수행한다.

① 수두   ② 홍역
③ 백일해   ④ B형 간염

해설 비말전파주의

1	감염을 유발하는 큰 입자(5마이크로미터 이상)가 기침이나 재채기, 흡인 시 다른 사람의 코나 점막 또는 결막에 튀어서 단거리(3피트 이내)에 있는 사람에게 감염시키는 것을 방지하기 위한 주의법이다.
2	디프테리아, 폐렴, 백일해, 풍진, 유행성이하선염, 유행성감기, 성홍열, 파보바이러스 B19, 수막알균 감염이 해당된다.

14 다음은 의료법인 재무상태표이다. (가), (나), (다)에 들어갈 말로 바르게 연결한 것은?

(단위 : 천원)

차변		대변	
유동(가)	450,000	유동(나)	150,000
비유동(가)	300,000	비유동(나)	200,000
		(다)	400,000
총계	750,000	총계	750,000

	(가)	(나)	(다)		(가)	(나)	(다)
①	자산	자본	부채	②	자산	부채	자본
③	자본	자산	부채	④	자본	부채	자산

해설 **재무상태표**

1	특정 시점에서 기업의 재무상태를 나타낸다. 특정 시점은 재무상태표 작성일 현재로 재무상태표일 (Balance Sheet Date)이라고도 한다.
2	작성자는 재무상태표일 현재의 모든 자산, 부채, 자본을 정확하게 표시하여야 하며, 이때 재무상태표의 왼편을 차변이라 하여 자산을 기록하고, 오른편은 대변이라 하여 부채와 자본을 기록한다.

정답 14. ②

15 「한국간호사 윤리강령」상 '전문가로서의 간호사 의무' 영역에 해당하는 항목은?

① 대상자 보호   ② 건강 환경 구현

③ 안전한 간호 제공   ④ 관계 윤리 준수

해설 「한국간호사 윤리강령」

전문가로서의 간호사 의무 : 간호표준 준수, 교육과 연구, 전문적 활동, 정의와 신뢰의 증진(신설), 안전한 간호 제공, 건강 및 품위 유지

16 다음 상황에서 브룸(Vroom)의 기대이론에 따른 기대감과 수단성의 수준은?

> A간호사는 질 향상(QI)팀 리더를 맡게 된다면 최고의 성과를 거둘 자신이 있으나, 이 성과가 본인이 기대하는 승진평가에 영향을 주지 않을 것으로 판단하여 리더 역할을 맡는 것을 주저하고 있다.

	기대감	수단성			기대감	수단성
①	높음	높음		②	높음	낮음
③	낮음	높음		④	낮음	낮음

해설 브룸(Vroom)의 기대이론

기대감	특정한 행동(노력)을 통해서 어떤 것을 얻고자 하는 주관적(지각된) 확률로 0~1의 값을 가진다.
수단성	성과가 보상으로 연결되리라는 주관적 기대감을 말한다.

17 「환자안전법령」상 병상 수가 200병상 이상인 병원급 의료기관의 환자안전사고 보고에 대한 설명으로 옳지 않은 것은?

① 의무보고 대상인 환자안전사고가 발생한 경우, 그 의료기관의 장이 보고하여야 한다.

② 진료기록과 다른 의약품이 투여되어 환자에게 경미한 신체적 손상이 발생한 경우, 자율보고 할 수 있다.

③ 의무보고 대상인 환자안전사고를 지체 없이 보고한 경우, 보건의료 관계법령에 따른 행정처분을 감경할 수 있다.

④ 다른 부위의 수술로 환자안전사고가 발생한 경우, 심각한 신체적·정신적 손상의 발생 여부와 관계없이 의무 보고한다.

✍️**해설** 환자안전사고 보고

환자안전법 제14조(환자안전사고의 보고 등)
① 환자안전사고를 발생시켰거나 발생한 사실을 알게 된 또는 발생할 것이 예상된다고 판단한 보건의료인이나 환자 등 보건복지부령으로 정하는 사람은 보건복지부장관에게 그 사실을 보고할 수 있다.
② 보건복지부령으로 정하는 일정 규모 이상의 병원급 의료기관에서 다음 각 호의 어느 하나에 해당하는 환자안전사고가 발생한 경우 그 의료기관의 장은 보건복지부장관에게 그 사실을 지체 없이 보고하여야 한다.
　1. 「의료법」 제24조의2 제1항에 따라 설명하고 동의를 받은 내용과 다른 내용의 수술, 수혈, 전신마취로 환자가 사망하거나 심각한 신체적·정신적 손상을 입은 환자안전사고가 발생한 경우
　2. 진료기록과 다른 의약품이 투여되거나 용량 또는 경로가 진료기록과 다르게 투여되어 환자가 사망하거나 심각한 신체적·정신적 손상을 입은 환자안전사고가 발생한 경우
　3. 다른 환자나 부위의 수술로 환자안전사고가 발생한 경우
　4. 의료기관 내에서 신체적 폭력으로 인해 환자가 사망하거나 심각한 신체적·정신적 손상을 입은 경우
③ 제1항에 따른 보고(이하 "자율보고"라 한다)를 환자안전사고를 발생시킨 사람이 한 경우에는 「의료법」 등 보건의료 관계법령에 따른 행정처분을 감경하거나 면제할 수 있다.

18 **만츠와 심스(Manz & Sims)의 셀프 리더십을 훈련하기 위한 인지전략은?**

① 자기 스스로 목표를 설정하고 우선순위를 결정하여 실행한다.

② 바람직한 행동을 하도록 업무환경에 단서(Cues)를 배치한다.

③ 어려운 상황을 장애물이 아닌 기회로 인식하는 건설적 사고습관을 갖는다.

④ 과업을 성공적으로 수행했을 때 자신이 가치 있게 여기는 보상을 스스로 제공한다.

해설 슈퍼 리더십과 셀프 리더십

슈퍼 리더십	• 흔히 생각하는 리더십으로, 본인을 따르는 사람을 통제하거나 지시, 의사결정을 하고 리드하는 능력을 촉진하도록 지원하는 과정이 슈퍼 리더십이다.
셀프 리더십	• 따르는 사람 입장에서는 타인이 리더가 아니라 자기 자신 스스로가 자신의 리더가 되어 스스로 통제하고 행동하는 것을 셀프 리더십이라 말한다. • 어려운 상황을 장애물이 아닌 기회로 인식하는 건설적 사고습관을 갖는 것은 셀프 리더십에 해당된다.

19 **터크만(Tuckman)의 팀 발전과정을 순서대로 바르게 나열한 것은?**

① 형성기 – 갈등기 – 규범기 – 성취기 – 해체기

② 형성기 – 성취기 – 규범기 – 갈등기 – 해체기

③ 형성기 – 규범기 – 갈등기 – 성취기 – 해체기

④ 형성기 – 갈등기 – 성취기 – 규범기 – 해체기

정답 18. ③ 19. ①

해설 터크만의 팀 발전과정

터크만의 팀 발전과정은 형성기 – 갈등기 – 규범기 – 성취기 – 해체기이다.

---

20 「개인정보 보호 가이드라인」상 의료기관에서 인터넷이나 전화를 통한 진료·검사 예약 시 개인정보 처리기준으로 옳지 않은 것은?

① 인터넷으로 수집한 주민등록번호는 암호화하여야 한다.

② 단순 예약(시간 약속)을 위한 주민등록번호 수집은 원칙적으로 허용되지 않는다.

③ 전화를 통하여 필요한 개인정보를 수집할 때 통화내용은 녹취할 수 없다.

④ 진료 목적일 경우에는 만 14세 미만 아동에게 법정대리인의 동의 없이 개인정보를 수집할 수 있다.

해설 진료 신청 과정에서 환자의 개인정보 처리기준

진료 신청을 위한 개인정보는 진료를 목적으로 한 필요한 최소한의 개인정보를 수집하여야 하며, 수집 목적의 범위에서 이용하여야 한다.

> ① 인터넷, 전화 등을 통한 진료·검사 예약
> 1. 인터넷, 전화 또는 팩스에 의한 진료·검사 예약 시 건강보험 가입 여부, 건강검진 대상 여부 등 확인이 필요한 경우, 의료기관은 필요한 최소한의 개인정보를 수집하여야 함
> 2. 다만, 단순 예약(시간 약속)을 위한 주민등록번호 수집은 원칙적으로 허용되지 않음
> 3. 전화를 통하여 필요한 최소한의 개인정보를 수집할 때에는 통화내용을 녹취하고, 녹취할 때에는 녹취 사실을 정보 주체에게 알려야 하며, 해당 녹취파일에 대하여 안전성 확보조치를 하여야 함

정답 20. ③

1 〈보기〉에서 설명하는 간호전달체계는?

> ┤보기├
> • 서비스의 질과 비용, 효과적인 결과를 증진시키며 개인의 요구를 충족시키고자 도입되었다.
> • 매니지드 케어 모델이 대표적이다.
> • 표준진료지침(Critical Pathway) 등의 도구를 활용한다.

① 팀 간호　　　　　　　　　　② 모듈간호
③ 일차간호　　　　　　　　　　④ 사례관리

해설 사례관리

1	사례관리는 표준 진료 지침서를 사용하여 특정 기간 내에 수행될 건강관리팀의 의무와 이를 통해 기대되는 환자의 결과를 미리 예상하여 건강서비스를 관리하는 간호전달체계이다.
2	사례관리는 양질의 의료서비스를 제공하고 장소의 이동에 따른 간호의 분절화를 감소시키며, 환자의 질을 높이고 건강관리에 필요한 자원 활동의 효율화와 비용억제에 목표를 둔다.

정답 1. ④

2 〈보기〉의 간호조직이 적용한 관리 이론에 대한 설명으로 가장 옳은 것은?

| 보기 |

간호부는 간호업무에 따라 간호사를 배치하는 기능적 간호분담방법을 간호전달체계에 적용하여 업무를 단순화·분업화하여 운영하고 있다.

① 직접 혹은 간접 간호활동에 소요되는 시간을 측정하여 간호인력 산정에 적용하는 간호업무량 분석의 기초가 된 이론이다.

② 관리의 기능을 기획, 조직, 지휘, 조정, 통제로 제시하였다.

③ 인간관계에 초점을 맞춘 이론이다.

④ 지나치게 인간적 요소를 강조하여 '조직 없는 인간'이라는 비판을 받았다.

해설 과학적 관리론이 간호관리에 미친 영향

1	직접 혹은 간접 간호활동에 소요되는 시간을 측정하여 간호인력 산정에 적용하는 간호업무량 분석의 기초가 된 이론이다.
2	과학적 관리론이 간호에 적용된 범위는 기능적 간호업무 분담방법, 차별적 성과급제, 간호인력 산정에 사용되는 간호업무량 분석, 주임상경로, 서브스테이션 등이 적용되었다.

정답 2. ①

3 **직장 내 훈련(On-the Job Training)으로 가장 옳은 것은?**

① 대학원 강의를 원내에서 원격교육으로 이수하였다.

② 전문교육기관의 전문강사로부터 CS 향상전략 교육을 수강하였다.

③ 프리셉터로부터 암환자의 화학약물요법 간호실무기술을 배웠다.

④ 투석환자 간호의 최신 경향이라는 8시간의 보수교육을 수강하였다.

해설 직장 내 훈련(On-the Job Training)

1	직속상관이 부하직원에게 직접적으로 개별지도를 하고 교육훈련을 하는 방식이다.
2	일 중에서 지도·교육훈련을 하는 것이므로 체험학습이라 할 수 있으며, 임상에서 프리셉터를 이용한 교육훈련이 한 예이다.

4 **〈보기〉의 간호조직에서 사용한 인적자원 확보방법으로 가장 옳은 것은?**

┤ 보기 ├

지원자를 여러 명씩 그룹으로 나누어 특정 문제에 대해 자유토론하게 하고, 토론과정에서 지원자들의 현재 행동 및 잠재적 행동을 파악한다.

① 정형적 면접　　　　　　　　② 스트레스 면접

③ 패널면접　　　　　　　　　　④ 집단면접

해설 집단면접

집단별로 특정문제를 자유토론 할 기회를 부여하고 토론과정에서 개별적으로 적격 여부를 심사 판정하는 유형이다. 다수의 피면접자를 동시에 평가할 수 있어서 시간이 절약되고 다수의 우열 비교를 통해 리더십 있는 인재를 발견할 수 있다는 장점이 있다.

정답 3. ③　4. ④

5 〈보기〉에서 설명하는 환자의 권리는?

> **보기**
> • 환자는 진료와 관련된 신체상·건강상의 비밀과 사생활의 비밀을 침해받지 아니한다.
> • 의료인과 의료기관은 환자의 동의를 받거나 범죄 수사 등 법률에서 정한 경우 외에는 비밀을 누설·발표하지 못한다.

① 진료받을 권리   ② 알 권리 및 자기결정권
③ 비밀을 보호받을 권리   ④ 상담·조정을 신청할 권리

✎**해설** 비밀을 보호받을 권리

환자는 진료와 관련된 신체상·건강상의 비밀과 사생활의 비밀을 침해받지 아니하며, 의료인과 의료기관은 환자의 동의를 받거나 범죄 수사 등 법률에서 정한 경우 외에는 비밀을 누설·발표하지 못한다.

정답 5. ③

6 〈보기〉에 해당하는 대학병원 5년 차 간호사에게 허츠버그의 이론에 따라 동기요인을 충족시킨 것으로 가장 옳은 것은?

> ┤ 보기 ├
> • 대학원 진학을 희망한다.
> • 동료애가 부족하다고 생각한다.
> • 타 병원보다 급여가 적다.
> • 경력 간호사를 위한 복지정책이 미흡하다.

① 대학원 진학의 기회를 제공하고 근무표를 조정해 준다.
② 동료들 간 친교 활동을 위해 동아리 지원비를 책정한다.
③ 본 병원의 급여 정책을 비교 분석하여 알리고 비전을 제시한다.
④ 경력에 따른 복지혜택의 요구도를 수렴하여 전략을 수립한다.

✎해설) **동기요인의 구체적 예**

1	성취감(자아개발), 도전감, 책임감, 안정감, 인정, 승진, 직무(일) 그 자체에 대한 보람, 직무충실, 성장 및 발전 등 심리적 요인
2	대학원 진학의 길을 열어주는 것이 동기요인을 충족시켜 주는 것이다.

7 〈보기〉의 간호조직에서 제공한 보상의 종류로 가장 옳은 것은?

> ┤ 보기 ├
> 간호조직에서는 직원의 근속연수, 학력, 연령 등을 기준으로 임금을 차별화하는 제도를 도입해서 운영하고 있다.

① 성과급제도   ② 직능급제도
③ 연공급제도   ④ 직무급제도

정답 ▶ 6. ① 7. ③

연공급제도

1	간호사가 가지고 있는 외형적인 자격기준으로 간호사의 근속연수, 학력, 면허증, 연령 등을 고려하여 결정되는 기본급 체계이다.
2	일반적으로 연령, 근속연수가 많아짐에 따라 임금이 상승하게 되어 있다.
3	간호사가 가진 외형적 자격기준에 따라 임금이 결정되는 속인적 보상체계이다.

8 **조직의 집단의사결정에 대한 설명으로 가장 옳은 것은?**

① 의사결정에 참여한 구성원들의 의사결정에 대한 수용성이 높다.

② 의사결정에 대한 책임소재가 명확하다.

③ 의사결정에 대한 시간과 비용이 절약된다.

④ 개인의 편견이나 특성이 의사결정에 많은 영향을 준다.

개인 의사결정과 집단 의사결정의 선택기준

의사결정의 질, 전문성, 구성원의 수용성, 정확성, 정당성과 합법성 등이 중요한 경우에는 집단 의사결정을 택하는 것이 좋으며 반면에 신속성, 탄력성, 창의성, 비용절감, 책임소재 등이 중요한 경우에는 개인의사결정 선택이 효과적이다.

정답 8. ①

9 브루스 터크만(Bruce Tuckman)의 터크만 모델(Tuckman Model)에서 팀의 형성기에 대한 설명으로 가장 옳은 것은?

① 구성원 간의 갈등과 혼란이 빈번하게 발생하고, 리더의 팀 운영 방식에 대해 불만을 갖는 팀 구성원이 생기기도 한다.
② 팀 구성원 개개인의 역할이 불분명하고, 팀 구성원은 리더에 대한 의존도가 높다.
③ 팀 구성원 사이에서 공동의 목표에 대한 공감대가 형성된다.
④ 팀 내에 문제가 발생해도 스스로 해결할 수 있는 힘이 있다.

해설 팀의 형성기

1	팀 구성원 개개인의 역할이 불분명하고, 팀 구성원은 리더에 대한 의존도가 높은 시기이다.
2	팀워크를 발휘하려는 노력보다는 개인적인 노력으로 성과를 내려고 하는 경향이 강하다. 그룹원들 중에 경험이 많거나 능력이 뛰어난 인물이 있으면 타인의 모범이 되거나 영향력을 발휘하는 시기이다.

10 〈보기〉를 확인하기 위한 질 향상 분석 방법으로 가장 옳은 것은?

보기
병동에서 근무 시간대와 낙상 건수는 관계가 있는가?

① 인과 관계도(Fishbone Diagram)　② 산점도(Scatter Diagram)
③ 파레토 차트(Pareto Chart)　④ 흐름도(Flow Chart)

해설 산점도(Scatter Diagram)

1	산점도는 두 변수 간의 상관관계를 확인하는 데 사용하고 X축에 독립변수, Y축에 종속변수를 두어 각 변수값이 흩어져 있는 양상을 보고 상관관계 정도를 파악한다.
2	좌표 표면상에 점들이 표시되는 이차원 그래프로 두 변수 간의 관계가 시각적으로 표현되므로 변수 간의 관계(상관분석, 회귀분석)의 출발점이 된다.

정답　9. ②　10. ②

11 〈보기〉의 사례에서 일반적으로 지켜야 할 감염관리 지침으로 가장 옳은 것은?

┤ 보기 ├

MRSA로 확인된 A환자가 충수절제술 시행 후 병실로 이동하려 한다. 해당 병동에는 1인실이 없는 상황이다.

① 환자 간호 시 반드시 N95 마스크와 장갑을 착용한다.
② A환자가 사용한 물품은 일반 의료폐기물과 함께 배출한다.
③ 다인실 병실 중 MRSA 코호트 격리가 가능한 병실로 안내한다.
④ 음압이 유지되는 1인실 격리가 필요하므로 타 병동으로 전동한다.

해설 접촉전파주의

1	직접 혹은 간접접촉에 의한 감염을 방지하기 위한 주의법이다. 소화기계, 호흡기계, 피부 또는 창상의 감염이나 다제내성균이 집락된 경우에 적용하여 감염을 방지하기 위한 주의법이다.
2	1인실 사용이 좋으나 불가피할 경우에는 코호트 격리한다.

정답 11. ③

12 **안전한 약품관리방법에 대한 설명으로 가장 옳은 것은?**

① A간호사는 개봉 전 인슐린 주사제에 환자명 바코드를 부착하고 실온에 보관하였다.

② B간호사는 사용 중단된 Nifedipine Capsule을 비품약으로 분류하여 보관하였다.

③ C간호사는 근무 시작 전 응급카트 약물의 종류와 개수가 정확한지 매번 확인하였다.

④ D간호사는 마약장의 열쇠와 잠금장치를 같은 근무번 간호사에게만 알려주어 사용할 수 있게 하였다.

📝해설) **약품관리방법**

1	인슐린, 백신, 좌약, 혼합한 약품은 4℃ 냉장보관한다.
2	사용 중단 된 Nifedipine Capsule(관상동맥 심질환에 사용되는 약)은 약국에 반납한다.
3	근무 시작 전 응급카트 약물의 종류와 개수가 정확한지 매번 확인한다.
4	마약류는 반드시 마약대장과 함께 이중시건장치(잠금장치)가 된 마약장에 보관하며, 마약장은 항상 잠겨있어야 한다.
5	마약은 일일 재고관리를 하고, 근무교대 시마다 마약과 마약장 열쇠를 인수인계하며 마약대장은 사용할 때마다 개인별로 기록한다.

13 **기획의 계층화 단계 중 〈보기〉에 해당하는 것은?**

┤ 보기 ├

조직의 목표를 성취하기 위한 행동의 지침이 되며 구성원들의 활동 범위를 알려준다. 예를 들어 승진대상자의 선정, 승진대상자 선정을 위한 기초자료 분석, 면접 등 간호 활동을 위한 범위와 허용 수준을 정하고 그에 따른 행동 방침을 정하는 과정이다.

① 목적   ② 철학

③ 정책   ④ 규칙

해설) 정책

1	조직의 목표를 성취하기 위한 행동의 지침이 되며 구성원들의 활동 범위를 알려준다.
2	간호서비스 정책들은 간호표준과 간호사들의 지침서로 제공되며, 질 관리를 위한 구조적 접근 방법으로 사용된다.

14 낙상 발생 감소를 위한 지속적 질 관리활동을 기획하고 있다. 1년 동안 수행해야 하는 활동을 시간에 따라 막대 형태로 나타내어 관리자가 진행 중인 업무나 프로젝트를 시각적으로 쉽게 파악할 수 있도록 도와주는 기획 방법으로 가장 옳은 것은?

① PERT(Program Evaluation and Review Technique)
② 간트차트(Gantt Chart)
③ 의사결정나무(Decision Tree)
④ 브레인스토밍(Brainstorming)

해설) 간트차트

1	프로젝트 일정관리를 위한 바(Bar) 형태의 도구이다.
2	프로젝트의 주요 활동을 파악한 후, 각 활동의 일정을 시작하는 시점과 끝나는 시점을 연결한 막대 모양으로 표시하여 전체 일정을 한눈에 볼 수 있게 한다.

정답 14. ②

15 A대학병원 간호부는 5년 이상의 경력 간호사를 대상으로 희망 부서에서 근무하도록 하고 2년 뒤에 다시 원래 부서로 복귀를 희망할 때 가능하도록 하였다. 이러한 직무설계 방법의 장점에 대한 설명으로 가장 옳은 것은?

① 조직의 생산성이 높아진다.

② 다른 기능을 개발할 기회를 제공한다.

③ 간호업무를 기능적으로 분담시킨다.

④ 약간의 훈련과 기술로 과업을 수행할 수 있다.

해설 **직무순환의 장점**

1	업무능률을 향상시키면서 직원들에게 다양한 경험과 자극을 줄 수 있다.
2	직무의 단순성으로 인한 지루함과 단조로움을 줄일 수 있다.
3	직무를 조직 전체적인 관점에서 바라볼 수 있으며 다른 기능을 개발할 기회를 제공한다.

16 「의료법 시행규칙」 제15조(진료기록부 등의 보존)에서 제시하고 있는 의무기록 유형별 보존기간으로 옳지 않은 것은?

① 환자 명부 : 5년

② 수술기록 : 5년

③ 간호기록부 : 5년

④ 진료기록부 : 10년

해설 수술기록 보존기간

수술기록 보존기간은 10년이다.

17 라인-스태프 조직에 대한 설명으로 가장 옳은 것은?

① 책임과 권한의 한계가 명확하다.

② 조직구조가 단순하여 신규 직원이 조직을 이해하기 쉽다.

③ 환경의 변화에 능동적으로 대처하기 어렵다.

④ 종합적인 의사결정을 위해 전문적인 지식과 경험을 활용할 수 있다.

해설 라인-스태프 조직

1	책임과 권한의 한계가 명확하지 않다.
2	조직구조가 단순하지 않다.
3	환경의 변화에 능동적으로 대처하기 쉽다.
4	종합적인 의사결정을 위해 전문적인 지식과 경험을 활용할 수 있다.

정답 17. ④

18 〈보기〉에 해당하는 환자안전의 개념은?

> ┤ 보기 ├
>
> A간호사가 KCl 10mL(20mEq)를 정맥 내 투여해야 하는 NPO환자에게 KCl 20mL (40mEq)를 정맥 내 투여하였다. 이때 이상하게 여기던 B간호사가 행위를 사전에 중단시키고 의사 처방을 재확인한 뒤 정확한 용량으로 투약하였다.

① 위해사건   ② 근접오류

③ 적신호사건   ④ 근본원인분석

🖎해설 근접오류(Near Miss, 아차사고, 위기일발)

1	의료오류가 있었음에도 의료사고로 이어지지 않은 사건을 말한다.
2	의료오류가 발생하여 환자에 대한 위해의 가능성이 있었으나, 우연히 또는 의료진의 회복조치나 완화조치 등에 의해서 원하지 않는 결과가 예방된 경우를 말한다.

19 질 관리 접근방법 중 결과적 접근방법으로 가장 옳은 것은?

① 간호절차 마련

② 정책이나 규정 구비

③ 환자에 대한 태도

④ 병원 감염률

🖎해설 결과적 접근방법의 예

입원환자 수, 재원기간, 낙상발생률, 병상점유율, 활동 정도, 자각하는 기술, 환자의 건강상태 변화, 환자의 지식, 외래방문, 환자의 자가간호능력, 병원 감염률

20 **피들러의 상황적합이론에서 리더십의 유효성을 결정하는 상황조절변수에 해당하지 않는 것은?**

① 부하의 능력과 의지 정도

② 리더에게 부여된 공식적인 영향력 정도

③ 구성원들이 리더를 신뢰하고 존경하는 정도

④ 과업의 목표가 분명하고 달성 수단이 명백한 정도

해설 **상황변수의 분류**

리더의 직위권력	리더에게 부여된 공식적인 영향력 정도
리더와 구성원 간의 관계	구성원들이 리더를 신뢰하고 존경하는 정도
과업의 구조화	과업의 목표가 분명하고 달성 수단이 명백한 정도

정답 20. ①

1 A지역의 노년부양비(%)는?

연령(세)	A지역 주민 수(명)
0~14	100
15~64	320
65 이상	80

① 16　　　　　　　　　　② 20
③ 25　　　　　　　　　　④ 30

해설) 노년부양비

$$노년부양비 = \frac{65세 \ 이상 \ 인구}{15\sim64세 \ 인구} \times 100$$

$$= \frac{80}{320} \times 100$$

$$= 25$$

2 다음에 해당하는 근로자의 건강관리구분은?

직업성 질병으로 진전될 우려가 있어 추적검사 등 관찰이 필요한 근로자

① C_1　　　　　　　　　② C_2
③ D_1　　　　　　　　　④ D_2

정답 ▶ 1. ③　2. ①

해설 C₁

직업성 질병으로 진전될 우려가 있어 추적검사 등 관찰이 필요한 근로자(직업병 요관찰자)

---

3 **고혈압 관리 프로그램을 평가할 경우 평가도구의 신뢰도를 확보하기 위한 질문은?**

① 혈압계를 동일인에게 반복 사용할 때 일정한 값을 갖는가
② 설문 항목이 응답하기에 수월한가
③ 혈압계 구입비용이 경제적인가
④ 설문지는 고혈압 관리 목표를 제대로 측정하고 있는가

해설 신뢰도

1	신뢰도는 동일 대상에 대해 동일한 방법으로 반복 측정할 때 얼마나 일치된 결과를 나타내느냐를 말한다.
2	신뢰도는 반복 측정의 일정성을 뜻하는 척도이다.

4 **다음에 해당하는 근로자 건강진단은?**

> • 근로자는 법적 유해인자에 노출된 작업을 하고 있다.
> • 근로자는 직업성 천식증상을 호소하였다.
> • 이에 사업주는 건강진단 실시를 계획하고 있다.

① 수시 건강진단   ② 일반 건강진단
③ 임시 건강진단   ④ 배치 전 건강진단

✎해설 **수시 건강진단**

특수 건강진단 대상 업무로 인하여 해당 유해인자에 의한 직업성 천식, 직업성 피부염, 그 밖에 건강장해를 의심하게 하는 증상을 보이거나 의학적 소견이 있는 근로자에 대하여 사업주의 비용부담으로, 특수 건강진단의 실시 여부와 관계없이 필요할 때마다 실시하는 건강진단이다.

---

5 **지역사회에서 활동하고 있는 인력과 법적 근거를 바르게 연결한 것은?**

① 보건진료 전담공무원 – 「지역보건법」
② 보건관리자 – 「의료급여법」
③ 보건교육사 – 「국민건강증진법」
④ 가정전문간호사 – 「노인복지법」

✎해설 **법적 근거**

보건진료 전담공무원	농어촌보건의료를 위한 특별조치법
보건관리자	산업안전보건법
보건교육사	국민건강증진법
가정전문간호사	의료법

---

6 다음에서 설명하는 개념은?

> 감수성이 있는 집단에서 감염성이 있는 한 명의 환자가 감염 가능기간 동안 직접 감염시키는 평균 인원 수

① 발생률
② 집단면역
③ 유병률
④ 기본감염 재생산수

해설 기본감염 재생산수

기본감염 재생산수는 확진자 한 명이 주변의 몇 명을 감염시키는지를 나타내는 지표로 이 지수가 1 이상이면 유행확산, 1 미만이면 유행 억제를 뜻한다.

정답 6. ④

7 **우리나라 사회보험이 아닌 것은?**

① 노인장기요양보험   ② 의료급여
③ 국민연금   ④ 산업재해보상보험

🖎 **해설** **의료급여**

의료급여는 공공부조에 포함된다.

---

8 **다음 (가)에 들어갈 장기요양 서비스는?**

> • 장기요양등급을 인정받은 A노인은 치매를 앓고 있으며 종일 신체활동 및 가사활동의 지지가 필요하다.
> • A노인을 부양하고 있는 아들 부부가 3일간 집을 비워야 하는 상황이다.
> • 이 기간 동안 A노인을 돌볼 다른 가족이 없어 아들 부부는 (가)를(을) 이용하고자 한다.

① 방문요양   ② 주·야간보호
③ 단기 보호서비스   ④ 방문간호

🖎 **해설** **단기 보호서비스**

부득이한 사유로 가족의 보호를 받을 수 없어 일시적으로 보호가 필요한 심신이 허약한 노인과 장애노인을 보호시설에 단기간 입소시켜 보호함으로써 노인 및 노인가정의 복지증진을 도모하기 위한 서비스이다.

9 **다음에 해당하는 역학적 연구 방법은?**

> • 초등학교에서 식중독 증상을 보이는 학생군과 식중독 증상을 보이지 않는 학생군
> 을 나누어 선정한다.
> • 식중독 유발 의심 요인을 조사하고, 식중독 유발 의심 요인과 식중독 발생과의 관
> 계를 교차비(Odds Ratio)를 산출하여 파악한다.

① 코호트 연구   ② 실험역학 연구
③ 기술역학 연구   ④ 환자 – 대조군 연구

───────────────────────────────

해설 환자 – 대조군 연구

환자 – 대조군 연구 또는 사례 대조군 연구는 질병에 이환된 환자군과 해당 질병이 없는 대조군으로 구분하여 두 군 사이에 질병의 원인 또는 위험요인이라고 의심되는 요인이 과거에 노출된 여부를 조사하여 두 군 사이를 비교함으로써 질병 발생과의 원인관계를 규명하는 연구 방법이다.

10 다음은 오마하(Omaha) 문제분류체계의 수준에 따른 사례이다. (가)에 들어갈 용어는?

영역	문제	(가)	증상·징후
생리적	전염성 상태	지역사회, 실제적	감염 발열 양성의 감별검사

① 초점
② 판단
③ 구성요소
④ 수정인자

🔖**해설** 오마하 문제분류체계

오마하 문제분류체계의 구성요소는 영역, 문제, 수정인자, 증상·징후이다. 지역사회, 실제적 사례는 수정인자 영역에 포함된다.

11 지역사회 간호활동 중 2차 예방에 대한 설명으로 옳은 것은?

① 보건교사가 여성 청소년의 자궁경부암 예방접종률을 높이기 위해 가정통신문 발송
② 보건소 간호사가 결핵환자에게 규칙적인 결핵약 복용 지도
③ 방문건강관리 전담공무원이 재가 뇌졸중 환자의 재활을 위해 운동요법 교육
④ 보건소 간호사가 지역주민을 대상으로 흡연이 신체에 미치는 영향에 대해 교육

🔖**해설** 2차 예방

조기검진 조기치료가 2차 예방에 포함된다.

정답 10. ④

12 **다음에 해당하는 학습이론은?**

> 채소를 먹으면 어머니에게 보상을 받았던 학습경험을 통해 편식을 하는 아동이 자발적으로 채소를 먹게 되었다.

① 구성주의 학습이론
③ 인본주의 학습이론

② 인지주의 학습이론
④ 행동주의 학습이론

해설 행동주의 학습이론

1	환경을 조절함으로써 인간의 행동을 변화시키거나 수정할 수 있다. 환경을 적절히 조성하면 학습도 의도한 대로 조절이 가능하다.
2	행동은 과거의 경험에 의해 영향을 받으며, 다음에 올 결과에 의해 더 큰 영향을 받는다.

13 재난관리를 위해 대피소 운영, 비상의료지원, 중증도 분류가 이루어지는 단계는?

① 예방단계   ② 대비단계

③ 대응단계   ④ 복구단계

📝**해설** 대응단계(재난 발생 시)

1	대응단계는 재난발생 직전, 도중, 직후에 인명을 구조하고 재산피해를 최소화하며 복구 효과를 증진시키기 위한 단계로, 재해관리 중 가장 중요하고 시간적으로 가장 짧은 단계이다.
2	인명구조, 인도주의적 요구(식량, 주거, 의복, 공중보건과 안전 등), 청소, 피해사정, 자원배분 등을 포함한 재해에 의해 나타나는 문제에 대한 즉각적인 조치를 하는 시기이며, 대응시기가 진행됨에 따라 즉각적인 응급문제를 다루는 것부터 수리, 복구, 공공서비스 운영, 청소과정의 마무리와 같은 활동으로 관심의 초점이 계속 옮겨져야 한다.

14 교육중심 비만예방 관리사업 시 보건사업평가 유형에 따른 내용으로 옳은 것은?

① 구조평가 : 투입된 인력의 종류와 수, 교육 횟수, 교육실의 넓이

② 과정평가 : 교육 내용의 질, 교육 일정 준수, 사업 참여율

③ 적합성평가 : 사업 만족도, 목표 달성도, 교육 인력의 전문성

④ 결과평가 : 비만율 변화 정도, 사업 예산 규모, 사업 요구도의 크기

📝**해설** 보건사업평가 유형

구조평가	인력, 시설, 장비, 예산, 정보 등의 적절성 평가
과정평가	교육 내용의 질, 교육 일정 준수, 사업 참여율
결과평가	목적과 목표 달성도, 건강수준의 변화율

정답 13. ③   14. ②

---

15 다음에서 설명하는 지역사회간호 활동은?

> • 목표를 향하여 계획대로 진행되고 있는지 관련 기록을 감사한다.
> • 도구소독법, 물품의 비축, 상병자 간호, 보건교육 등 업무가 원활하게 수행되는지 관찰한다.
> • 지역사회 주민들과의 대화를 통해 주민의 요구와 사업이 부합되는지 파악한다.

① 조정   ② 옹호
③ 감독   ④ 사례관리

해설 감독

감독계획을 만들어 정기적으로 지역사회를 방문하여 실시하는 것으로 목표 진행 정도의 평가, 주어진 업무수행 수준의 관찰, 사업진행 동안 발생한 문제와 개선점을 토의하고 필요 시 조언을 수행하는 복합적인 활동을 말한다.

16 **가족사정도구에 대한 설명으로 옳은 것은?**

① 가계도 : 3대 이상에 걸친 가족구성원에 관한 정보와 이들의 관계를 도표로 기록하는 방법으로 복잡한 가족 형태를 한눈에 볼 수 있다.

② 가족밀착도 : 가족과 이웃, 외부 기관 등과의 상호관계와 밀착 정도를 도식화한 것이다.

③ 사회지지도 : 가족 중 부부를 중심으로 부모, 형제, 친척, 친구, 직장 동료와 이웃 및 지역사회의 지지 정도와 상호작용을 파악할 수 있다.

④ 가족생활사건 : 가족의 역사 중에서 가족에게 영향을 주었다고 생각되는 중요한 사건들을 순서대로 열거하고, 가족에게 미친 영향을 파악하는 것이다.

해설 가계도

1	가족 전체의 구성과 구조를 한눈에 볼 수 있도록 고안된 그림으로, 3세대 이상 걸친 가족 구성원에 대한 정보와 그들 간의 상호관계를 나타낸다.
2	그림으로 가족 전체의 구성과 구조를 한눈에 파악할 수 있다.
3	3대 이상에 걸친 가족 구성원들의 혈족관계를 알 수 있다.
4	그림으로 복잡한 가족유형의 형태를 알 수 있다.
5	가족 구성원이 자신들을 새로운 시점에서 볼 수 있도록 도와주므로 치료에서 가족과 합류하는 중요한 방법이 될 수 있다.
6	가족체계나 변화, 가족문제, 가족의 질병력 및 상호관계를 짐작할 수 있다.

17 **위암 조기발견을 위한 위내시경 검사의 특이도에 대한 설명으로 옳은 것은?**

① 위암이 없는 검사자 중 위내시경 검사에서 음성으로 나온 사람의 비율

② 위암이 있는 검사자 중 위내시경 검사에서 양성으로 나온 사람의 비율

③ 위내시경 검사에서 음성인 사람 중 위암이 없는 사람의 비율

④ 위내시경 검사에서 양성인 사람 중 위암이 있는 사람의 비율

정답 16. ① 17. ①

해설 특이도

질병이 없는 사람을 질병이 없다고 진단할 수 있는 확률을 말한다. 즉, 해당 질환에 걸리지 않은 사람에게 그 검사법을 적용했을 때 결과가 음성으로 나타나는 비율이다.

---

18 **다음에서 설명하는 보건사업기획 모형은?**

> • 보건사업전략이 생태학적인 여러 차원에 단계적으로 영향을 주도록 고안되었다.
> • 질병이나 사고에 대한 위험요인과 예방 방법이 알려져 있고 우선순위가 정해져 있을 때 적합한 방법이다.

① PATCH (Planned Approach To Community Health)
② MATCH (Multi-level Approach To Community Health)
③ MAPP (Mobilizing for Action through Planning and Partnerships)
④ NIBP (Needs/Impact-Based Planning)

해설 MATCH (Multi-level Approach To Community Health)

1	개인의 행동과 환경에 영향을 주는 요인들을 개인에서부터 조직, 지역사회, 국가 등의 수준으로 나누어 기획한다.
2	질병이나 사고에 대한 위험요인과 예방방법이 알려져 있고, 우선순위가 정해져 있을 때 실제 수행을 위한 보건사업 개발 시 적합한 방법이다.

정답 18. ②

19 다음에 해당하는 오렘(Orem)이론의 자가간호요구는?

> 당뇨로 진단받아 투약 중인 대상자가 식후 혈당이 420mg/dl이었고, 합병증 예방 및 식이조절에 대하여 궁금해하고 있다.

① 생리적 자가간호요구　　　　　② 건강이탈 자가간호요구
③ 발달적 자가간호요구　　　　　④ 일반적 자가간호요구

✎해설　건강이탈 자가간호요구

질병이나 상해 시에 요구되는 자가간호요구로서 자아상의 정립, 일상생활 과정의 변화, 건강이탈로 인한 진단이나 치료에 대처하거나 새로운 생활에의 적응과 관련되어 나타나는 것을 말한다.

---

20 행위별수가제에 대한 설명으로 옳은 것은?

① 진료비 청구절차가 간소하다.
② 치료보다 예방적 서비스 제공을 유도한다.
③ 양질의 의료행위를 촉진한다.
④ 의료비 억제효과가 크다.

✎해설　행위별수가제(상대가치수가제)

1	행위별수가제는 의료인의 자율성 보장, 양질의 서비스 제공, 첨단 의과학기술의 발달유도, 전문적 의료수가 결정에 적합하다.
2	행위별수가제는 가장 현실적이고 합리적이며, 의사와 환자의 원만한 관계 유지, 의사의 생산성 증가, 환자의 의료기관 선택권이 자유로운 장점이 있다.

정답 ▸ 19. ② 　 20. ③

1 **UN의 지속가능개발목표(Sustainable Development Goals, SDGs)에 대한 설명으로 가장 옳은 것은?**

① 2000년 UN 새천년 정상회의에서 제시된 목표이다.

② 제시된 의제(Agenda)는 개도국에만 해당되어 보편성이 부족하다.

③ 경제·사회 문제에 국한되어 환경이나 사회발전에 대한 변혁성이 부족하다.

④ 정부와 시민사회, 민간기업 등 모든 이해관계자들이 참여하는 파트너십을 강조한다.

해설 SDGs

2000년부터 2015년까지 시행된 밀레니엄개발목표(MDGs)를 종료하고 2016년부터 2030년까지 새로 시행되는 UN과 국제사회의 최대 공동목표다. 인류의 보편적 문제(빈곤, 질병, 교육, 성평등, 난민, 분쟁 등)와 지구 환경문제 (기후변화, 에너지, 환경오염, 물, 생물다양성 등), 경제 사회문제(기술, 주거, 노사, 고용, 생산 소비, 사회구조, 법, 대내외 경제)를 2030년까지 17가지 주목표와 169개 세부목표로 해결하고자 이행하는 국제사회 최대 공동목표다.

정답 1. ④

2 **진료비 지불제도에 대한 설명으로 가장 옳지 않은 것은?**

① 포괄수가제는 경영과 진료의 효율화를 가져오고, 과잉진료와 의료서비스 오남용을 억제한다.

② 행위별수가제는 환자에게 양질의 고급 의료서비스 제공이 가능하고, 신의료기술 및 신약 개발 등에 기여한다.

③ 인두제는 과잉진료 및 과잉청구가 발생하고, 결과적으로 국민의료비가 증가한다.

④ 봉급제는 서비스의 양이나 제공받는 사람의 수에 관계없이 일정한 기간에 따라 보상받는 방식으로 진료의 질적 수준 저하가 초래된다.

🖎해설 **인두제**

인두제는 진료의 계속성이 증대되어 상대적으로 저렴하고 의료남용을 줄일 수 있다.

---

3 **우리나라 노인장기요양보험제도에 대한 설명으로 가장 옳은 것은?**

① 노인장기요양보험사업의 보험자는 보건복지부이다.

② 치매진단을 받은 45세 장기요양보험 가입자는 요양인정 신청을 할 수 없다.

③ 장기요양급여는 시설급여와 현금급여를 우선적으로 제공하여야 한다.

④ 국민건강보험공단은 장기요양보험료와 건강보험료를 각각의 독립회계로 관리하여야 한다.

🖎해설 **우리나라 노인장기요양보험제도**

1	노인장기요양보험사업의 보험자는 국민건강보험공단이다.
2	치매진단을 받은 45세 장기요양보험 가입자도 요양인정 신청을 할 수 있다.
3	장기요양급여는 재가급여를 우선적으로 제공하여야 한다.
4	국민건강보험공단은 장기요양보험료와 건강보험료를 각각의 독립회계로 관리하여야 한다.

정답 2. ③   3. ④

4 보건사업의 우선순위 결정방법 중 PATCH(Planned Approach To Community Health)에서 사용된 평가기준으로 옳은 것은?

① 문제의 수용성, 적법성
② 문제의 해결가능성, 심각도
③ 문제의 크기, 사업의 추정효과
④ 문제의 중요성, 변화 가능성

해설 PATCH의 평가기준

건강문제의 중요성	건강문제가 지역사회에 얼마나 심각한 영향을 주는가와 건강문제를 변화시키며 건강수준에 얼마나 효과가 나타나는가를 평가하는 기준이다.
변화 가능성	건강문제가 얼마나 용이하게 변화될 수 있는가를 평가하는 기준으로 과학적 근거에 의해 건강문제의 변화가능성을 측정해야 한다.

5 〈보기〉에 해당하는 법률은?

> **보기**
>
> 이 법은 보건소 등 지역보건의료기관의 설치·운영에 관한 사항과 보건의료 관련기
> 관·단체와의 연계·협력을 통하여 지역보건의료기관의 기능을 효과적으로 수행하는
> 데 필요한 사항을 규정함으로써 지역보건의료정책을 효율적으로 추진하여 지역주민
> 의 건강 증진에 이바지함을 목적으로 한다.

① 「보건의료기본법」
② 「지역보건법」
③ 「의료법」
④ 「농어촌 등 보건의료를 위한 특별조치법」

해설 「지역보건법」

이 법은 보건소 등 지역보건의료기관의 설치·운영에 관한 사항과 보건의료 관련기관·단체와의 연계·협력을 통하여 지역보건의료기관의 기능을 효과적으로 수행하는 데 필요한 사항을 규정함으로써 지역보건의료정책을 효율적으로 추진하여 지역주민의 건강 증진에 이바지함을 목적으로 한다.

6 우리나라의 가정간호사업에 대한 설명으로 가장 옳지 않은 것은?

① 「지역보건법」을 근거로 전문간호사에 의해 제공된다.
② 국민건강보험을 재원으로 민간 및 국공립 의료기관이 운영한다.
③ 입원대체서비스로 환자와 가족의 편의성을 고려하고 의료비 부담을 경감시키기 위함이다.
④ 산모 및 신생아, 수술 후 조기퇴원환자, 뇌혈관질환 등 만성질환자, 주치의가 의뢰한 환자 등을 대상으로 한다.

해설

가정간호사업의 근거법은 「의료법」이다.

정답 5. ② 6. ①

7 뉴만(Neuman B.)의 건강관리체계이론에서 〈보기〉가 설명하는 개념으로 가장 옳은 것은?

┤ 보기 ├

- 신체의 면역체계를 예로 들 수 있음
- 기본구조를 둘러싸고 있는 몇 개의 점선원
- 효과적으로 작동하면 대상체계는 유지되나 비효과적으로 작동하면 사망할 수 있음
- 대상자가 스트레스원에 저항하여 기본구조를 지킬 수 있도록 돕는 자원이나 내적 요인

① 저항선
② 정상방어선
③ 유연방어선
④ 에너지 자원

✎해설 **저항선**

1	기본구조에 가장 가까운 곳에 위치한 방어선이다.
2	기본구조를 보호하는 3개의 선 중 가장 내면적인 힘이다.
3	신체의 면역체계를 예로 들 수 있다. (기본구조가 손상되어 생명이나 존재에 위협을 받게 됨)
4	효과적으로 작동하면 대상체계는 유지되나 비효과적으로 작동하면 사망할 수 있다.

정답 7. ①

8 **사회생태학적 모형에서 제시하는 건강결정요인 중, 〈보기〉에 해당하는 것은?**

> **| 보기 |**
>
> 개인이 소속된 학교나 직장에서 구성원의 행동을 제약하거나 조장하는 규칙이나 규제

① 개인요인(Intrapersonal Factors)
② 개인 간 요인(Interpersonal Factors)
③ 조직요인(Institutional Factors)
④ 지역사회 요인(Community Factors)

✎ **해설**

개인이 소속된 학교나 직장에서 구성원의 행동을 제약하거나 조장하는 규칙이나 규제는 조직요인에 포함된다.

9 **알마아타 선언에서 제시한 일차보건의료서비스의 내용으로 가장 옳은 것은?**

① 공공주택 공급사업
② 백혈병 치료제 공급사업
③ 심뇌혈관질환 관리사업
④ 지역사회 건강문제 예방교육

해설 일차보건의료서비스의 내용

1	만연한 보건의료 문제에 대한 교육과 그 문제의 예방과 관리
2	식량공급과 영양증진
3	안전한 식수제공과 기본 환경위생관리
4	가족계획을 포함한 모자보건
5	주요 감염병에 대한 면역수준 증강(예방접종)
6	그 지역 지방병(풍토병) 예방과 관리
7	흔한 질병과 상해에 대한 적절한 치료(통상질환에 대한 기초적 진료)
8	필수 의약품(기본 의약품)의 공급
9	정신보건의 증진 혹은 심신장애자의 사회의학적재활(의료)

정답 9. ④

10 〈보기〉는 특정 연도의 A, B국가의 연령대별 사망현황이다. 이에 대한 해석으로 가장 옳은 것은?

(단위 : 명) 연령(세)	A국가	B국가
0~9	30	30
10~19	40	50
20~29	120	100
30~39	200	150
40~49	150	120
50~59	300	300
60세 이상	360	450
총 사망자 수	1,200	1,200

① A국가의 비례사망지수는 0.625이다.
② B국가의 건강수준은 A국가보다 높다.
③ A국가와 B국가의 비례사망지수는 모두 0.5 미만이다.
④ 비례사망지수가 낮을수록 건강수준이 높은 것을 의미한다.

해설 통계 해석

1	A국가의 비례사망지수 : $\dfrac{50세\ 이상\ 사망자\ 수}{전체\ 사망자\ 수}\left(\dfrac{660}{1200}=0.55\right)$
2	B국가의 건강수준은 비례사망지수가 높으므로 A국가보다 높다.
3	A국가와 B국가의 비례사망지수는 모두 0.5 이상이다.
4	비례사망지수가 낮을수록 건강수준이 낮은 것을 의미한다.

정답 10. ②

11 **지역사회 간호문제를 파악하기 위한 자료수집 방법 중 직접법에 해당하는 것은?**

① 인구센서스 자료를 통해 지역의 인구증가율 정도를 파악하였다.

② 공공기관의 보고서를 통해 지역의 복지기관의 유형과 수를 파악하였다.

③ 지역의 행사, 의식에 참여하여 주민들의 규범이나 권력구조를 파악하였다.

④ 지역 내 의료기관 통계자료를 통해 병원 입원 및 외래환자의 상병 유형을 파악하였다.

해설

직접 자료수집법에는 차창 밖 조사, 지역지도자 면담, 지역조사, 참여 관찰 등이 있다.

12 **감염성 질환에서 해당 병원체의 감염력 및 전염력을 측정하는 데 가장 유용한 지표는?**

① 발생률　　　　　　　　　　② 유병률

③ 일차발병률　　　　　　　　④ 이차발병률

해설 **이차발병률**

이차발병률은 병원력이 높아 감염되면 발병하는 질병의 경우에 해당하므로 감염성 질병에서 그 병원체의 감염력 및 전염력을 간접적으로 측정하는 데 유용하다.

정답 11. ③　12. ④

13 〈보기〉에서 설명하는 계획된 행위이론의 구성개념으로 가장 옳은 것은?

> **보기**
>
> 최근 당뇨 진단을 받은 환자에게 의사가 당뇨식이를 반드시 실천할 것을 권유하였고, 환자는 의사의 권고를 수용하고 따르려 한다.

① 태도
② 행위신념
③ 주관적 규범
④ 지각된 행위통제

🔍 **해설** 주관적 규범

1	행위자 스스로가 행동에 대해 평가하는 것에서 나아가, 그 행동에 대한 행위자 주변 사람들의 평가를 의미한다.
2	주관적 규범은 행위자에게 중요한 의미를 가지는 준거집단의 의견에 대해 행위자가 지각하는 정도를 의미한다.

14 국제간호협의회(ICN ; International Council of Nurses)에서 제시한 간호사의 재난간호역량 중 〈보기〉에 있는 영역을 포함하는 것은?

> **보기**
>
> 지역사회 관리, 개인과 가족 관리, 심리적 관리, 취약인구집단 관리

① 예방 역량　　　　　　　　　　　② 대비 역량
③ 대응 역량　　　　　　　　　　　④ 복구/재활 역량

해설 대응 역량

1	재해관리 중 가장 중요하고 시간적으로 가장 짧은 단계이다.
2	지역사회 관리, 개인과 가족 관리, 심리적 관리, 취약인구집단 관리 등이 포함된다.

15 흡연과 폐암과의 인과관계를 추정하기 위해 코호트 연구를 실시하여 〈보기〉와 같은 결과를 얻었다. 흡연으로 인한 폐암의 상대위험비(Relative Risk)는?

┤ 보기 ├

(단위 : 명)

흡연 여부	폐암 발생 여부		계
	O	X	
O	100	900	1,000
X	10	990	1,000
계	110	1,890	2,000

① $\left(\dfrac{100}{10}\right)/\left(\dfrac{900}{990}\right)$

② $\left(\dfrac{100}{1000}\right)/\left(\dfrac{10}{1000}\right)$

③ $\left(\dfrac{100}{900}\right)/\left(\dfrac{10}{990}\right)$

④ $\left(\dfrac{100}{110}\right)/\left(\dfrac{900}{1890}\right)$

📝해설 **상대위험비**

$$\frac{a \div (a+b)}{c \div (c+d)} = \left(\frac{100}{1000}\right)/\left(\frac{10}{1000}\right)$$

흡연 여부	폐암 발생 여부		계
	O	X	
O	100(a)	900(b)	1,000(a+b)
X	10(c)	990(d)	1,000(c+d)
계	110(a+c)	1,890(b+d)	2,000

정답 15. ②

16 산업재해 통계지표로 옳은 것은?

① 강도율 $=\left(\dfrac{\text{손실노동일수}}{\text{연근로시간수}}\right) \times 1,000$

② 도수율 $=\left(\dfrac{\text{재해건수}}{\text{상시근로자수}}\right) \times 1,000$

③ 건수율 $=\left(\dfrac{\text{재해건수}}{\text{연근로시간수}}\right) \times 1,000,000$

④ 평균작업손실일수 $= \dfrac{\text{작업손실일수}}{\text{연근로시간수}}$

🖊️ 해설 **산업재해 통계지표**

① 강도율 $=\left(\dfrac{\text{근로손실일수}}{\text{연근로시간수}}\right) \times 1,000$

② 도수율 $=\left(\dfrac{\text{재해건수}}{\text{연근로자수}}\right) \times 1,000$

③ 건수율 $=\left(\dfrac{\text{재해건수}}{\text{평균실근로자수}}\right) \times 1,000,000$

④ 평균작업손실일수 $= \dfrac{\text{근로손실일수}}{\text{재해건수}}$

정답 ▶ 16. ①

17 제5차 국민건강증진종합계획(Health Plan 2030)에 해당하는 내용을 〈보기〉에서 모두 고른 것은?

┤ 보기 ├

ㄱ. 적용대상을 '온 국민'에서 '모든 사람'으로 확대하였다.

ㄴ. 총괄목표는 건강수명연장과 건강형평성 제고이다.

ㄷ. 정신건강관리가 새로운 분과(사업영역)로 설정되어 자살예방, 치매, 중독, 지역사회 정신건강 등의 중점과제가 포함되었다.

ㄹ. 국가와 지역사회의 정책수립에서 주요 건강요인인 경제적 수준 향상을 사업의 기본원칙으로 한다.

① ㄱ, ㄴ ② ㄴ, ㄷ

③ ㄱ, ㄴ, ㄷ ④ ㄴ, ㄷ, ㄹ

📝해설) Health Plan 2030

- 모든 사람 : 성, 계층, 지역 간 건강형평성을 확보, 적용 대상을 모든 사람으로 확대
- 평생 건강을 누리는 사회 : 출생부터 노년까지 전 생애주기에 걸친 건강권 보장, 정부를 포함한 사회 전체를 포괄하는 것으로 경제적 수준 향상을 사업의 기본원칙으로 하는 것이 아닌 건강권 보장이 기본 원칙이다.

18 지역사회 주민을 대상으로 고혈압 관리 사업을 하고 있다. 평가를 위해서 '대상자의 프로그램 만족도'를 평가하였다면, 이에 해당하는 것은?

① 구조평가 ② 과정평가

③ 결과평가 ④ 산출평가

📝해설) 과정평가

- 사업진행 중에 사업의 수행상태, 즉 대상자의 프로그램 참여율과 출석률을 체크하는 것이다.
- 사업의 진행과정에 대한 평가로 대상자의 프로그램 만족도를 평가한 것은 과정평가에 속한다.

19 「학교건강검사규칙」상 건강검진의 내용으로 가장 옳지 않은 것은?

① 척추는 척추옆굽음증(척추측만증)을 검사한다.

② 고등학교 1학년 여학생은 혈액검사 중 혈색소 검사를 한다.

③ 시력 측정은 안경 등으로 시력을 교정한 경우에는 교정시력을 검사한다.

④ 초등학교 4학년과 중학교 1학년 및 고등학교 1학년 학생 중 비만인 학생은 허리둘레와 혈압을 검사한다.

해설 비만

비만은 체질량지수를 보고 평가한다.

20 예방접종을 통해 집단의 면역수준이 높아져 주변 사람들이 감염병에 걸릴 가능성이 감소하는 현상을 설명하는 보건의료서비스의 사회경제적 특성으로 가장 옳은 것은?

① 외부효과
② 의사유인수요
③ 수요와 치료의 확실성
④ 노동집약적 대인서비스

📝**해설** 외부효과

• 각 개인의 자의적 행동이 타인에게 파급되는 좋은 혹은 나쁜 효과로서의 결과를 말한다.
• 예방접종이나 치료를 통하여 감염성 질환에 면역이 되었다면 주위의 다른 사람들이 그 감염성 질환에 걸릴 확률이 줄어드는 경우이다.